ちくま文庫

田中清玄自伝

田中清玄・大須賀瑞夫

筑摩書房

1992年３月撮影。86歳になった直後である。(毎日新聞社提供)

1980年4月、中国を50年ぶりに訪問し、最高実力者鄧小平氏と会見した(上)。以後、6回にわたって訪中している。
続いて同年6月、石油問題でインドネシアを訪れ、スハルト大統領と会見した(下)。場所は大統領の私邸。

(次頁の写真も含めて田中家提供)

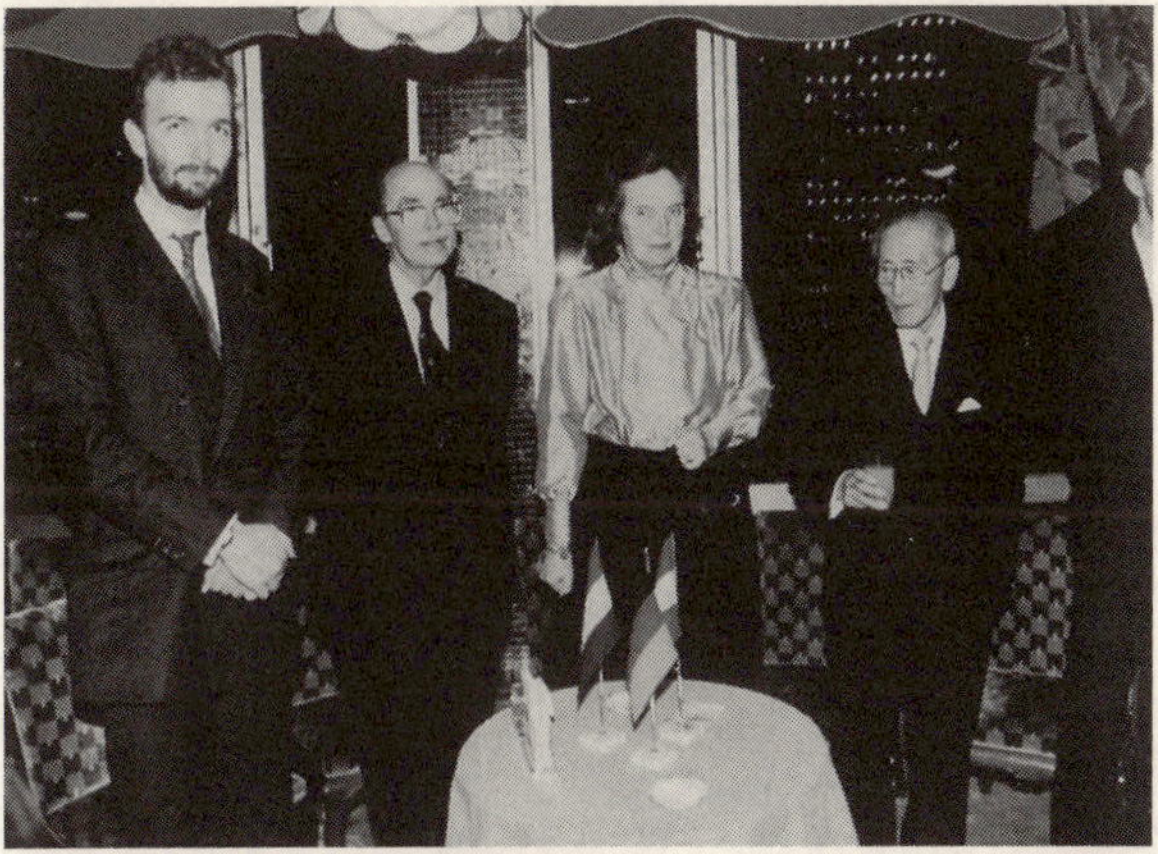

ハプスブルク家のオットー大公との交遊は長い。上の写真は大公が1991年に来日したときのもの。左から大公の長男カール氏、大公、大公夫人。下の写真右の人物は1976年12月に来日したフリードリヒ・ハイエク教授。教授と知り合ったのもオットー大公の紹介による。

伊豆の自宅でひで夫人と一緒に（上、田中家提供）。1933年９月に結婚したとき、田中氏は東京小菅刑務所、夫人は京都宮津刑務所にいた。下の写真（毎日新聞社提供）左は大須賀瑞夫毎日新聞編集委員。インタビューは約２年にわたって行われ、田中氏は波瀾万丈の人生のすべてを率直に語った。

目次

第一章　会津武士と武装共産党　11
流れている会津武士の血／出獄後にもらった一万円／東北学連や新人会の仲間たち／信用できなかったソ連／野坂参三をモスクワへ送る／なぜマルクス主義を捨てたのか

第二章　昭和天皇と玄峰老師　91
獄中結婚のいきさつ／山本玄峰老師の膝下で修行／終戦工作の渦中で／鈴木貫太郎と老師の会話／昭和天皇に拝謁して

第三章　オットー大公と田岡一雄　145
米ソ諜報機関が接触／全学連に資金を提供／山口組三代目は信用できた／尊敬する右翼は二人だけ／オットー大公とその交遊／儲け主義の商社／岸、児玉一派は許せない

第四章　世界の石油と鄧小平　221
アブダビ首長との出会い／失敗した北海原油工作／イラクに援助せねばダメだ／レジスタンスの親分はヤクザ／傍若無人のアメリカ人たち／鄧小平は共産主義を超えた／アジア連盟構想とは何か

第五章　ハイエク教授と今西錦司教授　285
素晴らしい経済人たち／歴代総理の人物月旦／大衆性が政治家をスポイル／靖国公式参拝なぞとんでもない／純一無雑の心境／尊大で傲慢なアメリカ

解　題　大須賀瑞夫　343

インタビューを終えて　365

文庫版あとがき　歴史の地下水脈をたどって　371

関係略年譜

田中清玄自伝

第一章　会津武士と武装共産党

——まず田中さんのお名前の読み方です。世間では「せいげん」と読んでいますが。

正しくは「きよはる」です。でも自分ではどちらでもいいと思っているんです。世間には何かそんなことにけちをつけたがる人もいますけど、私はあんまり細かいことにはこだわらない質《たち》ですから、どちらでもいいんです。話の大筋さえ通っていたら。

私の一生は、戦前、旧制弘前高校時代に革命運動に入り、コミンテルンと日本共産党の仕事で上海に渡ったこと。それから一九三〇（昭和五）年七月十四日に治安維持法違反で逮捕されて獄に繋がれ、獄中で転向。一九四一年四月二十九日に、十年と十カ月の刑期を終えて小菅刑務所を出るとすぐに山本玄峰老師を訪ね、以後、三島・龍沢寺《りゅうたくじ》の老師のもとで修行したこと。それから敗戦直後の一九四五年十二月二十一日に昭和天皇陛下にお目にかかったこと。この三つが、私の今日ある、思想形成に一番大きな基礎を作ったんです。もちろんその土台となった母胎は、青年期以前の、私の大祖父の時代からの会津藩の士風でしょうね。それらが基礎となって、戦後、人類の平和と安定を願い、アジア、アラブ、ヨーロッパ各国で行動してきたということになります。

私が生まれたのは一九〇六（明治三十九）年ですから、その六年後には大正です。ですから明治生まれの大正育ち、そして活動したのは昭和時代ということになります。私のそういう一生が、若い人達に多少なりとも役に立てばと思って、遺言のつもりでこうしてお話しすることにしたんです。

大体、若い頃は「革命家に日記なし」などと生意気なことをいって、日記の類いは全然つけませんでした。非合法運動、革命運動をやる者には日記など必要はないという、誤った考えにとらわれておった。ところが欧米ではみなそうですが、日記は非常に重要視されている。単なるメモワールとか、そんな単純なものじゃない。歴史そのものなんです。それをもって自己の過ちを正していく。今になって、刑務所から出てきた後、走り書きでもいいから、自分の思想と行動を書き残しておけばよかった、俺は誤っていたなと反省しているんです。ですからあなたとのお話は、今までの形式を破って、これで日記の代わりとするようなつもりでやっていきたいのです。さあ、なんでもお聞きください。

流れている会津武士の血

――田中さんの生い立ちですが、旧会津藩の出とうかがいましたが。

私の祖先は初代・田中三郎兵衛正玄《まさはる》(1)以来、代々、会津藩松平侯の家老でした。江戸末期に若年寄、中老から城代家老職をつとめた田中玄純《はるずみ》という者がいた。この人は幕府の命を受け、北海道の陣将代（守護職代理）となったが、樺太、千島列島を巡守したあと、北海道日高の勇払《ゆうふつ》で病死し、函館の高龍寺という曹洞宗の禅寺に葬られました。その従兄弟に田中土佐玄《はる》清《きよ》がいて、玄純の死後、田中家を継いで会津藩の筆頭家老となった。

この人は会津藩主、松平容保《かたもり》侯が京都守護職になると、藩主に従って京都へ赴き、京都警備のために三千人の市中見廻り組を組織し、近藤勇や土方歳三らの新撰組を作った。今でいえば三千人の常雇いを抱える大企業のようなもので、藩にとっては大変な財政負担ですよ。幕府の力も衰えを見せていましたから、どこの藩もそうした損な役回りは引き受けようとしない。容保侯もいわば義理で引き受けたようなものでした。しかも、藩の中は全部反対で、ひとり殿様だけが幕命に従って京都へ行くべしと、強硬に主張したような有様だったんです。しかし、容保侯が「いくさにはしない。必ず平和を貫くから賛成してくれ」というので、田中土佐も、次席家老だった西郷頼母《たのも》と共に藩論をまとめるんです。

さて京都へ行ったまではよかったが、そこで起きたのが蛤御門《はまぐりごもん》の変(2)です。これはいわば長州と公家による一種のクーデターでした。これを会津藩は粉砕したわけですが、そのために長州と公家の恨みを一身に買うことになりました。しかし、そのときの功績で、会津藩主は孝明天皇から御宸筆《ごしんぴつ》(3)を賜《よみ》った。

「汝の忠誠を嘉し、会津侯、今後ともいっそう国のため忠誠を尽くすべし」

というのがその趣旨でした。それと錦の御旗(4)をいただいたんです。

ところが、間もなく孝明天皇がお亡くなりになる。文献ではご病死ということになっているが、我々が聞いているのは、あれは明らかに暗殺といわれています。私は敗戦直後に先帝陛下にお目にかかり、

「どんなことがあろうとも、天皇陛下と皇室をお守り申し上げます」

とお約束申し上げた立場だし、また藩主の松平家からは勢津子姫が秩父宮様に嫁がれたご

縁もあるので、やたらなことは言えないから、こうしたこともこれまでは一切言わずにきたんです。

――明治維新といえば、最近、ロシアをはじめアジアでも、少ない流血で極めてスムーズに近代化を達成したモデルとして、改めて注目を浴びているそうです。

ええ。それはね。二千年も続いた天皇制という中心があったからですよ。あらゆるものには、中心がなければ事は成就しません。人間にはバックボーンがあり、イワシにも背骨がある(笑)。いわんや民族においてをやですよ。その中心がぼやけたり、緩んだら民族の統一ということはならないのです。だからロシアについていえば、私はゴルバチョフの方を支持しますね。彼は少なくとも、それを知っている。エリツィンは器用にやっているけど、彼じゃ治まらないですよ。人徳も足りないしね。さて、話を戻しますよ。

ともあれ会津は正義派ですから、政権を握っていた岩倉具視や山県有朋なんかは、自分らの立場がなくなるというので、孝明天皇から容保侯に下された御宸筆と錦の御旗を、なんとかして取り上げたかった。会津を朝敵にしなければ、名実共に自分ら公家や薩摩、長州の政権とはならないわけですから。

孝明天皇御逝去の後、明治天皇が十六歳で御即位されたが、側近は全部、薩摩と長州と公家です。もうこのときには大政奉還ですから、会津も京都からは引きあげて国へ帰っていました。それで会津に対して飲めない条件を無理に押し付けて、無理やり上野の寛永寺から戦争を始めたんです。

挑発に乗るなと言ったのが、会津藩では田中土佐や西郷頼母であり、全国的には勝海舟、土佐の坂本龍馬や中岡慎太郎もそうでした。しかし、その坂本も中岡も、討幕天誅を唱えるテロリストたちは殺してしまったんですから、馬鹿な話ですよ。彼等が生きていたら西郷や坂本や中岡の政権ができ、軍をしっかり握って、日本国中を戦場とする、あんな惨めなことにはならなかったでしょうね。その後、日本ももっと変わっていたでしょう。

――どういう風に変わっていたと思いますか。

日本の国情をもっとよく生かした革命になっていたのではと思うんですよ。少なくとも後世になって軍国主義を生み出すようなことにはならなかったでしょうね。

それはともかく、結局、戊辰《ぼしん》戦争となり、会津も落城ということになった。家老たちは、「我々が主君・容保侯の京都行きにあくまで反対して、腹を切っていれば戦争にはならなかった。これは藩主に代って藩を預かる家老一同に責任があるんだから、当然のことだが腹を切る」

そういう相談をしていたのですが、官軍の攻撃はますます激しくなったものですから、田中土佐は同じ家老の神保内蔵助とともに敗兵を鼓舞して戦った末、ついにこれまでと覚悟し、藩医の土屋一庵という人の屋敷で、内蔵助と一緒に見事に自決して果てるのです。

このようにしてついに官軍に降る藩の悲しい終焉は、会津にゆかりある人なら誰でも決して忘れることはないのです。みんな祖父母から、そして親から始終聞かされて育ったものですから。

現在セ・リーグ会長の川島廣守さんは、会津にゆかりのある人達で作っている会津会の会長をされており、春秋二回の総会でいつもお会いします。お互いに血の気が多いといわれるのも、戊辰の悲史と風土が生んだ会津士魂のせいかもしれないと語り合っているのです。

ところでその御宸筆と錦の御旗だが、容保侯は田中土佐と相談して、

「これは家老の一人、西郷頼母に預けよう。頼母は京都へいくことに反対の急先鋒だったし、最後まで尊王開国も主張していた。したがってこの西郷までが腹を切ったということになれば、官軍もこれを信じるだろう」

ということになったようです。それで西郷はこの御宸筆と錦の御旗を、家康公を祭った日光東照宮の宮司に託せということになって、西郷さんは戦闘が続いているさなか、夜陰に乗じて供も連れずに一人ふらっと抜け出してしまう。

その後、容保侯は政権返還後に日光の宮司となり、先祖をお祭りすることになるのだが、会津藩への孝明天皇の御墨付きも守ってくださった。明治になってもずっと長い間隠していたので、とうとう取り上げることはできなかった。これが長州・薩摩の手に渡ってしまったら、会津藩は文字通り賊軍となってしまったでしょう。官軍はもちろん賊軍扱いをして過酷な処置をとりましたが、会津の武士たちにとっては、気持ちの上ではそんな事はまったくなかったわけです。だから会津の人は今でも誇り高いですよ。

――昭和三年、秩父宮殿下が松平家の勢津子さんと結婚されたとき、会津の人達は「これで賊軍の汚名は晴らされた」と、泣いて喜んだという話を聞いたことがあります。

その通り。もともと会津武士たちを賊軍扱いにしなかったのは、大本営にいた西郷隆盛さんですよ。実際の司令官で会津まで来ていたのは黒田清隆、その下に板垣退助、中島信行がいた。彼等は会津戦争の悲惨さを実際に見て知っている。田中の家の隣が西郷頼母の家で、そのあたり一帯は梅屋敷と呼ばれていたのですが、西郷家などは、十二歳の少女まで二十一名全員が自決し、最後に奥方が命を絶っているんです。板垣、中島はここへも検分に来ていますが、あまりの悲惨さに、黙って手を合わせただけで出てきたという話も残っています。こうした様子を二人は、大本営にいた西郷隆盛さんにつぶさに報告したんだと思いますね。ですからいくさがすんだ後は、函館の五稜郭に立て籠った榎本武揚、大鳥圭介以下、一人も殺されていないし、みな禁固二年とか四年ぐらいで出てきて、その後、北海道開拓使長官となった黒田清隆が会津の武士たちを積極的に取り立てています。

しかし、田中家としては中老・玄純は北海道で亡くなり、大老・玄清は会津で腹を切り、一族のものは散り散りばらばらですよ。それは悲惨なものでした。とくに新政府の命令で下北半島の斗南《となみ》にやられた者たちは大変でした。これはもう人間の住むところじゃないですよ。核燃料のリサイクル基地か何かにしようと、今もむつ小川原あたりでやっているが、大変な湿地帯のうえに土地が荒れて作物が育たないから、食べ物に難渋しましてねえ。

田中玄純の倅に源之進玄直《はるなお》という者がおりますが、これが私の曾祖父です。この人も黒田清隆に取り立てられた一人です。函館近郊の七飯《ななえ》村というところに開拓使庁の畑や実験場の本拠地を作った。この実験場は後に札幌へ移りますがね。私はその七飯で生まれました。この村は薩摩藩士と会津藩士だけの村でした。父は私が六歳のときに亡くなってしまい、母親と祖父母に育てられたのです。

祖父さんは大変厳しい人で、まがったことが大嫌い。こっちも負けん気だけは強いですから、とにかく目から火が出るくらいひっぱたかれる。火箸や煙管《きせる》で手の甲を叩かれたときの痛さは忘れることはできません。弱音なんか吐くと、冬の寒いときでも家になんか入れてくれなかったし、飯も食わしてくれない。私はこういう気性だから、男はずいぶん殴ったことはあるが、女の人に手を上げたことは、只《ただ》の一度もありません。それは子供の頃の、弱い者いじめをしてはならんという教えが、もう骨身に染みているんです。このように、戊辰戦争当時の話は物心がついてから、ずうっと聞かされて育ちましたので、自分としては北海道生まれではあるが、もちろん生粋の会津人だと思っています。

――結局、会津には一度も住んだことはないのですね。

ありません。しかし、今でも藩主・松平家のご当主、松平保定さんをはじめ、元福島県知事の松平勇雄さん、日本航空ロンドン支店長の松平恒忠さん、松平保興さんなど、ご一族の皆さんとは親しくお付き合いをいただいております。旧会津藩関係の会合に出ると、今でも松平家ご一族と同じテーブルに座らして下さる。会津に住むことはなかったが、会津のことはなんでも知っていますよ。たとえば会津には、昔こんな歌があったそうです。

「山川の清き流れの水よりも　濁り田中の水を飲みたや」

山川というのは、同じ会津藩の家老だった山川家のことです。山川家は、非常に厳格な学者肌の家風だったらしく、明治以後も学者を輩出しています。例えば明治から大正の初めにかけ、二度にわたり東大総長をつとめた山川健次郎、その兄の山川浩は東京高等師範学校の校長で、幕末に藩主・容保侯が上洛した時の模様を『京都守護職始末』にまとめています。また妹の山川二葉は東京女高師の舎監を二十八年もつとめた教育者でした。さらに健次郎の息子の山川健は、文部省の局長から貴族院議員となり、中等野球など、今日の体育教育の基礎を作った人物といわれています。

このように山川家は歴代、学者、教育者を生んでいるが、わが田中家は一貫して政治家の道を歩んできた。容保侯に従って京都へ行き、ならず者どもを集めてこれを市中見廻り組に組織し直して、治安維持に努めたのも、北方の警護ということで幕府の命令を受け、会津から北海道に陣将代として派遣されたのも、みな政治家としての血筋でした。ですから、どちらかといえば懐が深い。この歌はそのあたりの機微を、実によくとらえているとは思いませんか。

もう二十年以上も前のことになりますが、文藝春秋の池島信平君に紹介され、ロンドンで作家の司馬遼太郎君に会ったことがある。ロンドンで司馬君の講演会があったんです。たしか舞台の袖で言葉を交わした記憶がある。そのとき、司馬君は、

「田中さん、私はあなたの先祖の田中土佐よりも、田中清玄その人に興味を持つ」

と、こう言うんだよな。私に言わせれば彼は薩長代表のようなもんだからね。長州に必要以上にのめり込んでいますからね。それで僕は「あんたも人が悪いなあ。俺は自分に対して

なんか、もう絶望しているよ」と、思わずそう答えた。

――司馬さんは作家特有の感性で、本当にそう思ったんじゃありませんか。

さあ、全然分かりません。こっちは土佐はもっとはるかに偉いと思っていましたから。田中家には俺ぐらいのはゴロゴロしているという気持ちだった。爾来《じらい》、司馬遼太郎君とは、どこかパーティーなどで顔を合わせても、「やあ」と言うぐらいですよ。まあ、会津人の唯一の欠点は、狭量なことかも知れませんなあ（笑）。

私がいま自分の一生を振り返って言うのは、自分が会津藩の筆頭家老の家柄に生まれたという自覚があったことで、いいかげんな連中と妥協をしなくてすんだということなんです。これはもちろん一歩間違うと、鼻持ちならん面にもなるんですが、半面、よかった点でもあると、自分では思っているんです。

（1）田中三郎兵衛正玄（一六一三～七二）　会津藩家老。十五歳で信州・高遠藩主、保科正之に仕え、保科が会津・最上に移封されると、これに従って会津へ。家老として藩政に執権をふるった。人々の信望厚く、幕府の大老・土井利勝は尾張の成瀬隼人、紀伊の安藤帯刀、会津の田中正玄を「天下の三家老」と称し、正玄をその筆頭にあげたという。

（2）蛤御門の変　禁門の変ともいう。一八六四年七月、長州藩と朝廷を固める会津・薩摩などの諸藩との間に起きた戦闘。尊王攘夷を叫ぶ長州藩は前年の「八月十八日の変」で京都を追われたが、池田屋事件で志士が切られたことなどから強硬論が高まり、一時は御所近くまで長州藩兵が迫った。しかし、会津、薩摩、桑名藩兵らが応戦、長州藩兵は敗走した。

(3) 御宸筆「堂上以下、暴論を疎《つら》ね、不正の所置増長につき、痛心たえがたく、内命を下せしところ、すみやかに領掌し、憂患掃攘、朕の存念貫徹の段、まったくその方の忠誠にて、深く感悦のあまり、右壱箱これを遣わすもの也。文久三年十月九日」

(4) 錦の御旗　実際は孝明天皇の御製二首

「たやすからざる世に、武士《もののふ》の忠誠のこころをよろこひてよめる
和《やわ》らくもたけき心も相生《あいおい》の　まつの落ち葉のあらす栄えん
武士《もののふ》とこころあはしていはほをも　つらぬきてまし世々のおもひて」

出獄後にもらった一万円

——函館中学時代のことを話してください。

まず函館の町について触れましょう。ご承知のように函館は、明治維新前から下田、横浜、兵庫（神戸）、新潟とともに開港されていた。いわゆる五港開港ですね。高田屋嘉兵衛はもちろんだが、北洋漁業をはじめとする遠洋漁業、海運業、倉庫業が非常に発展し、商人道が発達してスケールの大きい商人が輩出した町でした。たとえば日魯漁業を作った堤清六、玄洋社で頭山満(1)先生に薫陶を受けた真藤慎太郎(2)という人もいた。真藤さんなどは戦争中でも軍を頭からどなりつけて黙らせるぐらいの豪傑でした。

それからロシア人のデンビー商会、ロシアの貴族たちが来ていたんです。ロシア正教会、ハリストス教会、トラピスト修道院などの宗教家、それに榎本武揚や大島圭介に招かれてフランスの陸軍が五稜郭にきていた。こういう外国の連中は料理人なども引き連れてきていたので、函館の町を国際的に、また文化的にすることにも寄与したんです。五島軒というレストランが今でもありますが、あれは明治二年に開店している。フランス人がきて料理を教えたわけだ。私は七飯から函館中学に入って、函館へ出たのですが、そのころ生意気だったし、家もわりあい裕福なほうでしたから、よくこの五島軒へ食べにいったものです。東京でもカレーライスが十銭ぐらいのときに、五島軒では三十銭とか五十銭ぐらいとりましてね、得意だった。五島軒の親父は若林といって現在は四代目ですが、先代は喧嘩が強くて丁稚《でっち》組の大将だった。

——丁稚組って、何ですか。

小学校までは一緒でも、中学へ進む頃になると、家業を継ぐために普通の中学校へ行かずに、商業学校や工業学校などへ進む者と分かれてくる。官吏の子弟などはどちらかといえば中学校へ行きますが、親が商売をしていたりすると、金持ちでも商業学校へ子供をやったものです。

これが市内の対抗試合などで顔を合わせると、中学校の方は「おい、丁稚」だとか「小僧」とか言って、からかうんです。商業学校の方も負けてはいません。「なにい、すねかじり」ってね（笑）。

それから音楽が盛んだし、至る所モダーンな西欧風の雰囲気が函館にはありました。作家も多いですよ。中学の同級に亀井勝一郎(3)がいました。ハリストス教会の下が亀井の屋敷で、親父さんは函館の古い商家の一人で銀行屋さんだった。

函館新聞社の社長に長谷川淑夫《よしお》という人がいて、その長男が『丹下左膳』を書いた林不忘《ふぼう》です。彼は本名を海太郎といい、牧逸馬《いつま》、谷譲次というペンネームでも書いていた。俺よりも六つ上だが、中学のストライキ事件の首謀者と見なされ、反発して自ら退校、アメリカに渡ったんだ。その弟が洋画家の潾二郎《りんじろう》、ロシア文学者の濬《しゅん》、作家の長谷川四郎です。私ととくに仲が好かったのは濬だ。お父さんという人は犬養毅とも親交のあった新聞人で、日露戦争のときには戦争反対論者だった。ですから、男の子供がたくさんいたけど、だれも軍隊になんか行きませんよ。そういう自由の気風がありましたね。

それから久生十蘭《ひさおじゅうらん》(4)がいました。本名阿部正雄、俺よりも四つ上で、亀井の家の隣だった。これは林不忘とは従兄弟同士でね。彼は天才でしたね。そのかわり学校じゃ不良少年だ。あまり学校などは来ずに、いつもギターを弾いていたなあ。水谷準も函館です。本名は納谷三千男。大正末期に雑誌「新青年」の名編集長として知られた人物だが、納谷の親父は日本郵船の函館における幹部だった。日本郵船といえば今東光(5)、今日出海(6)兄弟も函館でした。もともとは弘前の出身だが、父親が日本郵船の函館支店長で、弟の日出海は私と同級でしたので、今兄弟とも親しくつき合いました。石川啄木はもう亡くなっていましたが、娘が女学校におりましてね。これと北海タイムスの記者が恋愛をしたというので、評判になったことを覚えています。

――函館は北洋漁業の中心地で豊かな経済力を持ち、同時にヨーロッパ式の文化や雰囲気を、フランス、イギリス、ロシア、中国、アメリカ人などを通じて取り入れてきた町だったということですね。

うん。そういう気風の中で私は少年時代を送った。生活はヨーロッパ風、だけど精神は会津の精神です。舟見町という所に叔父の家があり、郵船会社の函館支店長をやっていた。俺が七飯から出て行くと、今日はどこの船が入ったとか言ってね。それでトランプをやって遊ぶんだが、久生十蘭が一番うまかったねえ。

当時、函館の人ならだれでも知っていた言葉に、ボウギシャというのがあります。路面電車は二種類あり、列車並みの長い方をボウギシャと呼んだんです。東京からきた連中は、こっちが「ボウギシャで行くから、湯の川で待っていろ」なんて言っても、きょとんとしている。弘前高校へ進んでから、英文学の先生に高杉という先生がおりましてね。後に早稲田の教授になった人です。この先生に函館では長い電車をボウギシャと呼んでいるという話をしたら、「ほう、函館ではそういうのか。英国ではボウギーというのだが、日本で聞いたのは初めてだ」と感心されて、こっちも英語からきているのを初めて知ったぐらいだ。

函館中学では、英語を教えていた菅野貞雄という先生を覚えています。早稲田を出てすぐに函館へ来た新任の先生で、ほどなくして福島県の磐城中学へ変わって行ってしまわれた。菅野先生が「おい、田中、高等学校へ行ったら磐城に遊びに来い」と言うので、弘前高校へ行くようになってから、一度お訪ねしたこともありました。優しい、いい先生でした。

それから函館には社会人野球のオーシャン・クラブ（大洋倶楽部）というチームがありました。久慈次郎[7]が名キャッチャーで鳴らした。彼はもともとは岩手県の出身だが早稲田へ入り、早稲田から大洋倶楽部が函館へ引っ張った。日本で一番強かったこともあるんです。まだ甲子園の中等野球が始まる前の話です。この一事をもってしても、当時、函館がいかに近代的な都市で、豊かな経済力を持っていたかがお分かりいただけるでしょう。

それからこれは後のことになりますが、私が一九四一（昭和十六）年に刑務所から出てきて、郷里の家や十町歩ほど残っていた土地を整理するということになったとき、「親の財産には手をかけるな」といった人がおりましてね。函館の大事業家といわれた西出孫左衛門という人です。もともとは石川県から北海道に渡ってきた大網元で、当時函館で大きな漁業会社を経営していた。今日の北洋漁業の基礎を作った人でした。その西出さんが俺に用があるから来いと言うんだ。

「お前のお母さんとは非常に親しくしておった。お前、お母さんを弔うので龍沢寺へ行って修行しているそうだな。いいことだ。函館からは俺たちのような事業家はたくさん出ているが、宗教家はいない。お前が行くというのは大賛成だ。死んだお母さんも喜んでいるだろう。時にお前、財産整理をしているそうだが、要らぬことはやるな。お前が作った財産じゃない。親が作ったものだろう。俺が管理してやる。必要な費用はこれを使え」

そう言って、西出さんは当時の金で一万円をくれたんです。これには参りました。あの頃は三千円あれば五十坪の土地と、三十五坪の家が買えた時代ですよ。

——その当時の一万円というのは凄い金ですね。

そう。びっくりした。いまなら一億円ぐらいだろう。税務署のこともあるだろうからといって、まず五千円、そのあとで五千円というふうに、二回に分けてね。当時はもうすでに結婚していましたが、家内もびっくりしましてね。ですから他の転向者の場合とは、全然生活環境が違うんですよ。この西出さんも息子さんの代に替わりましたが、今でも親しくお付き合いをしています。これが当時の函館の空気でした。

それから私がまだ刑務所に入っていた頃、昭和九年春（三月二十一日）に函館に大火がありましてね。私が函館中学へ入ったので、母と二人、七飯町から函館に出てきて、函館に家があったんです。しかし、母が昭和五年に自刃して留守になったため、家は沖田キケさんという方が守っていて下さったんですが、このときの大火ですっかり焼けてしまった。この沖田さんは、伊豆の旧家の次男と結婚したのですが、ご主人が亡くなってしまわれたので、函館に戻ってご自分の母親の看護をされていたんです。しかし、このお母さんも亡くなられたので、産婆をしていた私の母のところへ弟子入りをし、母の信頼厚く後を一任したのです。キケさんは王子製紙が苫小牧に作った老人ホームに入って、今でも九十六歳でご健在だ。

——そのころはどんな事を考えていたんですか。

中学四年生の年に音楽が非常に盛んになってね。[8]バイオリンを弾くのが何人も出た。[9]というのは、そのころにミシャ・エルマンやエフレム・ジンバリストという世界的なバイオリニストが日本に来た。僕もヤッシャ・ハイフェッツ(10)の演奏するサラサーテのチゴイネルワイゼンのレコードを買ってきて、家にグラモフォンがあったものだから、皆聞きに集まってくる。十人も二十人も集まってきてね。そのうちにエルマンやジンバリストを函館にも呼ぼうというのでいろいろやったが、どうしても駄目だという。それで東京の帝国ホテルで演奏会をやるというので、親に金を出させて、函館から連絡船に乗ってわざわざ東京まで聴きに行ったのが三人おりました。僕も行きたかったが、母から禁止だ。金をもらえなけりゃ行けませんよ。函館からは遠いですからね。

あのころは、函館を出てから東京までちょうど二十四時間かかる。上野に着くともう顔中、油煙だらけだ。鼻の穴まで真っ黒(笑)。上野の駅に着いて、西郷さんの銅像のある公園のほうから降りてくると、角に「揚げ出し」という料理屋があってね。田舎から出てきた人が、上野駅に着いて五十銭払ってそこへ上がると、風呂に入って旅の垢を落とし、豆腐の揚げ出しで一杯飲めて、飯を食えるという、揚げ出し豆腐専門の店でした。この店の息子が画家の小絲源太郎ですよ。僕らがよく利用していた頃に、店の者が「うちの若主人は絵描きなので、店を継いでくれるかどうか分かりません」などと話していたのを覚えています。

――弘前高校へ進むいきさつはどうだったのですか。

函館という豊かな町に育って、あまり勉強もしていなかった。母が「お前、どうする」というから、「俺はあまり勉強もしていないし、遠くの学校はごめんだ」って言ったんです。家は母一人子一人ですし、「お前は田中家の跡取りだ。この家は断絶させちゃならぬ。だからお前を信じて自分は独身を通した。だからお前は私の事を聞いてくれよ。あまり親のいうことを聞く子じゃないが」と懇々と言われたんです。

それで「どこへ行く」というから、「二高（仙台）へ行こうと思う」と言ったら、母は「いや、自宅に近い弘前がいい」と。ちゃんと調べているんです。弘前なら土曜日に学校が終わって、急行に乗って青森に出ると、夕方には連絡船で家に着くんです。「そのほうが健康にもよかろう」って。母としては遠くへ出すことは心配なわけですね。それじゃというので、弘前高校に行ったんです。大正十三年、一九二四年のことでした。

――弘前での生活ぶりを話して下さい。

スキーや草野球や陸上の三段跳びを一生懸命やった。スポーツが好きで[11]生来、負けず嫌いですから。これはまだ弘前へ入る前の中学時代ですが、三段跳びの南部忠平が札幌におりましてね。北海道大会なんかで一緒にやるんだが、一メートルぐらい差をつけられる。みんながあいつは人間じゃねえ、馬だっていってね（笑）。とても歯が立たない。百、二百、ハイジャンプ、ブロードジャンプと、みな南部が優勝だ。

弘前に入学した翌々年の冬、北海道に休みで戻ったときに、ニセコアンヌプリで滑った。当時のニセコは鉄道省職員のためのスキー宿が五合目かに一軒あるきりの、リフトなど全然ない原始的なスキー場でした。上るのに二時間、降りるのに十数分（笑）。でもスロープのほうは今でも北海道で一番いいスキー場ではないかな。日本海側は断崖です。こっちの蝦夷富士側で滑っていればいいものを、悪い癖ですが、俺は自信があるというので、反対側の日本海側に滑ったんです。しかも雪がまだしっかり根雪になっていなくて、草木も沢も雪になじんではいない時だったからたまりません。ズボッと穴に突き刺さって、スキーは折れ、人事不省。しかも、盲腸炎まで起こしてしまった。担がれて助け出され、急行で札幌の北大病院に送られ、手術を受けました。

「スキーに行くのだけは危険だから止めてくれ。お前はなんでも無茶なことをする」

そう言って母から懇々と説諭されましたですよ。

北大病院に入っている間に、いろいろ本を読んだが、その中に、ドイツ語の共産党宣言があった。もう二年生でしたからドイツ語は読めました。それからですね、そういう社会主義の方面の書籍に手を染めていったのは。日本をどうするか、アジアをどうするかだった。日本はアジアの一部だ、日本が伸びていくのは、アジアとともでなければならないという考えを持っておりましたね。自分の生活上の不満は何もないですよ。その頃、日本はまだ大土地所有制度でした。私のところも地主でした。だからその矛盾を感じたですね。ですからそこらの娘さんを引っ掛けたり、そういうことなんか、全然なかったですな。もうまったく関心がなかった。アジアをどうするか、私の関心はもっぱらそれだった。

——学校ではどんな影響を受けたのですか。

校長の次の次席教授に安斎宏索《あんざいこうさく》という先生がおりましてね。二高、東大出身でしたが、僕が会津藩士の出だというので、目をかけてくれて。長州に対抗したときに、会津と仙台は連合して、奥羽越列藩同盟の中心になりましたから、そういうこともあったのでしょう。先生自身も仙台藩士の出で、五歳から四書五経の素読を受けたと言っておられたなあ。哲学の先生で新カント派でした。その影響を受けながら、一方でマルクス主義に入っていった。河上肇(12)の『社会問題研究』をわざわざ京都の弘文堂から取り寄せて読んだりしていました。学校の図書館にもこの本はまだなかったんです。

——当時の学内の雰囲気はどうでしたか。

私が入ったときは、社会主義を信奉したり、研究している学生はごく少なくて、右翼の高校といわれていました。もう箸にも棒にもかからぬような極右もおったですよ。それらとはよく喧嘩もしたし、こっちは一歩も引かなかった。先輩が社会科学研究会を作ったが、右翼学生の力が強くて勢力を伸ばせなかった。そいつを一つ打ち破ってやれと思って、努力したものでした。だいたい学生は東京からきた出来の悪い学生ゴロみたいな者と、地方から集まってきた優秀な者とに分かれるんです。三期下には作家の石上《いしがみ》玄一郎(13)、二期下では後に毎日新聞の社長になった平岡敏男(14)がいたが、二人とも地方からの組でした。石上は盛岡の出身で、当時から原始クリスチャンのことをよく調べていました。その後ユダヤ系のドイツ人女性と結婚して、ドイツ語もぺらぺら。エジプトの原始宗教を描いた『死者からの手紙』なんて素晴らしい作品だ。

——弘前高校といえば太宰治もそうでしたね。

石上と同期。弘前高校では太宰なんか問題にもされていない。あれは東京の作家などがもてはやすだけで、作家としては石上の方がはるかに上だ。太宰は名門の出かどうか知らんが、思想性もなく、ただセンチメンタリズムだけで、性格破綻者みたいなものじゃないか。地下運動時代に俺を怖がってついに会いにこなかった。「そんな奴、いたかい」ってなもんだ。

(1) 頭山満(一八五五〜一九四四) 国家主義者。福岡生れ。西郷隆盛の征韓論を支持して萩の乱に参加し入獄。玄洋社を作り、国家主義運動の源流といわれた。条約改正に反対し社員に命じて大隈重信外相に爆弾を投じ、片足を失わせた。その一方で孫文、金玉均ら中国、朝鮮の革命家を支援。大正から昭和にかけて、政界の裏面で隠然たる影響力を行使し、官憲も手が出せない特異な存在だった。

(2) 真藤慎太郎(一八八四〜一九七一) 事業家。福岡生れ。福岡中卒。国家主義に傾倒して玄洋社に入り中国へ渡るが、日露戦争で通訳をしたことがきっかけで北洋漁業家に転身。日魯漁業副社長、衆院議員一期、北海道水産業会長を歴任。北洋漁業に執念を燃やし「カムチャツカ将軍」の異名をとる。

(3) 亀井勝一郎(一九〇七〜六六) 文芸評論家。函館市生れ。東大美学中退。旧制山形高校時代に左翼運動に入り、東大新人会にも参加。三〇年十月まで二年五カ月の獄中生活を送った。転向後は雑誌『日本浪漫派』をおこし、代表作には『大和古寺風物誌』『現代人の研究』『日本人の精神史研究』など。

(4) 久生十蘭(一九〇二〜五七) 作家。函館市生れ。旧制中学卒。函館新聞社に入社。その後上京し、岸田国士に師事した。演劇研究のため渡仏、帰国後は雑誌『悲劇喜劇』の編集に関わり、演出家となる。そのかたわら推理小説、伝奇小説なども発表し、小説『鈴木主水』で直木賞を受賞。

(5) 今東光(一八九八〜一九七七) 作家。横浜市生れ。豊岡中学退学後、独学で文学の道へ。第六次『新思潮』に参加。大阪・八尾の天台院住職になり、河内地方の人情、風俗を描いた『悪名』で人気を博す。『お吟さま』で直木賞を受賞。平泉の中尊寺貫主、参院議員(自民党)一期。

(6) 今日出海(一九〇三〜八四) 作家。北海道生れ。東大仏文卒。学生時代に演劇活動に入り、三三年、明大教授。戦時中は陸軍報道班員としてフィリピン戦線に赴き、九死に一生を得て帰国。戦後、そのときの体験を『山中放浪』として発表。『天皇の帽子』で直木賞を受賞。初代の文化庁長官。

(7) 久慈次郎（一八九八〜一九三九）　札幌・円山球場で試合中に捕手の送球を頭に受けて死亡。都市対抗野球の「久慈賞」は彼の名にちなんだもの。

(8) ミシャ・エルマン（一八九一〜一九六七）　バイオリン奏者。ロシア生れ。十二歳の時、ベルリンでデビュー。ロンドン交響楽団の独奏者として迎えられ、世界各地の演奏旅行で名声を上げた。一九二一、三七、五五年の三回にわたって来日した。二三年アメリカに帰化。

(9) エフレム・ジンバリスト（一八八九〜一九八五）　バイオリン奏者。ロシア生れ。ペテルブルク音楽院で学び、一九〇七年、ベルリン・フィルハーモニー管弦楽団との協演でデビュー。一一年アメリカに渡り定住。日本にも弟子が多い。二二年以来、五回来日した。

(10) ヤッシャ・ハイフェッツ（一九〇一〜八七）　米国のバイオリニスト。ロシア生れ。九歳でペテルブルク音学院に入学し、十二歳でベルリン・フィルハーモニー管弦楽団と協演。一七年ロシア革命を逃れて渡米し、カーネギー・ホールでデビュー。関東大震災直後の慈善演奏会などで四度来日した。

(11) 南部忠平（一九〇四〜九七）　北海道生れ。早大在学中、アムステルダム・オリンピックの三段跳びで四位入賞。三二年のロサンゼルス・オリンピックでは世界新記録で金メダルを獲得。

(12) 河上肇（一八七九〜一九四六）　経済学者。山口生れ。東大政卒。京大教授時代に新聞に連載した『貧乏物語』は社会の矛盾を人道主義的な立場からとらえ、大きな反響を呼んだ。また米騒動を機に刊行された『社会問題研究』は、社会問題に関心を持つ当時の青年たちの心をとらえた。三二年日本共産党に入党し、翌年逮捕されて五年間獄中にあった。

(13) 石上玄一郎（一九一〇〜）　作家。札幌市生れ。本名は上田重彦。両親と早く死別し、盛岡に移る。

左翼運動で放学となり、デカダンスの放浪の後、四四年、上海に渡って中日文化協会に就職。四七年に帰国した。代表作は『自殺案内者』『ミネルヴァの夜』『緑地帯』など。「いそのかみ」とは読まない。
(14) 平岡敏男（一九〇九〜八六）新聞人。北海道生れ。東大経卒。毎日新聞社に入社、経済部長、論説委員、ロンドン支局長、総務局長、西部本社代表などをへて、七六年社長、八〇年会長。

東北学連や新人会の仲間たち

——実際に左翼運動に入っていったのは、何がきっかけですか。

大正十四年に小樽高商軍教事件というのがありまして、小樽高商の軍事教練[1]を廃止する、しないで騒動となって、弘前でも廃止せよというビラをまいた。それが最初の活動だった。右翼の学生がいきり立つ。よしっ、やるならこいっ、負けるもんかいと。小さいときから剣道や合気道をやらされていたのが役に立ちましたね。学校はただ保守的なだけですから、どんどん社会科学研究会を伸ばしていって、この年に東北学連ができたのです。

——どんな顔ぶれだったのですか。

仙台にあった東北帝大の島木健作[2]、玉城肇[3]らに鈴木安蔵[4]が中心となって、二高から島野武[5]、高野信[6]、角田儀平治[7]（守平）、水戸高から宇都宮徳馬[8]、水田三喜男[9]、山形高から亀井勝一郎、小林多喜二[10]らが来ていた。俺と島野とは兄弟のように親しくなった。東大時代も一緒のアジトだったし、俺と一緒ごろに入党した。あれは本来無党派、私らと同じです。高野君もオルグに来ながらバイオリンを持って来て、「ここは静かでいいし、お前のとこは御馳走があるから」って(笑)。私はお金には困っていなかったから、まあ裕福なほうだったんでしょう。宇都宮は水田と同じく大学は京都ですが、ずいぶん付き合いました。肝胆相照らして、彼も入党させた。でも俺が言わないからだれも知らない。いい奴ですよ。親父は宇都宮太郎という陸軍大将で上原勇作元帥の後継者、お母さんは鍋島男爵家の出だ。あれは戦前からミノファーゲンという製薬事業を興し、事業家としても思想的にも天才ですよ。

宇都宮には思想的にはもちろん、事業や情報の面でもずいぶん厄介になった。というのはあれの家には、親父の副官たちがしょっちゅう来ているから、情報が入るんだ。「おい田中、お前憲兵に狙われているぞ。俺と一緒に飲みに行ってりゃ安全だ」なんてね（笑）。それでずいぶん助かった。彼が連れていってくれたのは、柳橋の「柳光亭」とか「亀清」とかの料亭だった。一見《いちげん》さんが行ったって上げてもらえるような店ではありません。幕末の閣老や明治の元勲たちが通った店です。葉山に別荘を買ったとき、金が足りなくなって、彼から借りたこともあったなあ。一万五千円だったか、三年後に返しました。彼はずいぶんいろんな人を助けている。日中友好協会なんかは彼のお陰ですよ。ずいぶん喧嘩もしたけれど(笑)。

——弘前時代には農民運動もやっていますね。

東北学連を作った後、青森県津軽の車力村という農村[11]で、青森県農民運動を起こしたんです。車力農民組合というのを作ってね。淡谷悠蔵さんや、共産党の古い活動家だった大沢久明⑫さんらと一緒に。淡谷さんは歌手の淡谷のり子さんの叔父さんです。

――当時の党内の様子はどうでしたか。

大正十五年、共産党系左翼理論は「俺は日本のレーニンだ」と自己宣伝していた福本和夫⑬の福本イズム⑭一色でした。東大新人会⑮も社会科学連合会もあげてそうでした。一高出身の佐野文夫⑯や志賀義雄⑰などは新人会のメンバーだが、みな福本イズムになびいていた。学生はどうしても理論でいくから、福本イズムのような観念論に取り込まれてしまう。しかし、あれがどれだけ日本の労働運動や無産運動を悪くしてしまったか。コミンテルン⑱が「日本の党は堕落してしまった」と憂慮して、ブハーリンが中心になって、一九二七年七月にモスクワに日本共産党の指導者と、アジア問題の専門家を招集して討議を重ね、テーゼ⑲ができた。

その前年の一九二六年、つまり大正十五年十二月五日、山形県五色温泉⑳での日本共産党再建大会で、福本は党中央政治部長に就任し、従来の指導理論・山川イズムを圧倒してしまっていた。佐野学㉑らは第一次共産党検挙事件で獄中にいましたから。その時、福本を担いで「これはレーニンの再来だ」と幅をきかせていたのが、徳球（徳田球一㉒）だった。この男は単純だから。

――福本はモスクワへ呼ばれましたね。

モスクワは逐一、日本の状況について報告を受けていましたから、福本イズムを日本から排除するつもりで、手ぐすね引いて待っていたんです。モスクワにレニンスキークルスというコミンテルンの指導者養成の最高機関がありました。各国共産党の一番いいのを集めてね。

日本からは高橋貞樹、[23]佐野博、[24]これは佐野学の甥で、後に俺と一緒に共産党を再組織した。ドイツ共産党からハインツ・ノイマン[25]というこれはユダヤ人。ものすごく頭がいい。高橋はそれに負けなかった。そこへ福本のほか、徳田球一、渡辺政之輔、[26]鍋山貞親[27]ら日本共産党を中心とする代表が呼ばれて行った。福本はコテンパンにやられて、もう言葉もない。日本人同士を議論させたんです。高橋が急先鋒で、一番強烈に福本を批判した。福本イズムに立つのは、福本本人と徳球だけでした。それでいっぺんに福本はひっくり返って、自説撤回だ。

この時に面白いのは、最後の批判会でも福本はコテンパンにやられるわけです。するとあれほど福本を礼讃していた徳田球一が、

「俺は福本によって迷惑しているんだ。福本の欠点は前から分かっていた。しかし、福本はなかなか自説を撤回しないから、俺がだましてモスクワへ連れてきたんだ」

とぬかして、その揚げ句に福本を殴るか蹴るかしたんだな。渡辺政之輔は自分も福本イズムに走っていたから、それまで黙って聞いていたんだが、これを見て、

「この野郎、貴様みたいな裏切り者があるか。今までさんざん福本を担ぎ上げてきたのは、お前じゃないか」

そう言って、いきなり徳球を殴り倒した。そういう一幕もあったと、この話は鍋山からも聞いたし、佐野博からも聞いた。徳球っていうのはそんな人間だとね。こういうのは徳球に限らず、共産主義者には多いんです。

それでできたのが二七年テーゼ[28]で、これが日本共産党再建の根本方針になった。これをど

う日本に根付かせ、福本イズムを洗い流していくかというのが、私が東大へ入った年のコミンテルンと日本共産党の課題でした。

――東大は美学を選ばれていますね。

京都は、京大事件を起こしたり、なかなかいい連中がおったので、母に「京都を受けたいと思う」って言ったら、「東京帝大でなければ、学資は出さぬ」という。学資を絶たれたら運動もできないから、それで東大へ行ったんです。もうしょっちゅう東京へは来ていましたから、弘前のほうが出席日数が足りなくて駄目かと思ったんだが、ともかく卒業できて、亀井勝一郎なんかと相談して、一番楽な東大文学部美学科というところへ入ることにした。彼も美学。入ってから運動できるようなとこをと思ったわけです。

大学へ行って、新人会に籍を置いたけど、いまさら東京へきて学生運動をする気にはなれなかった。馬鹿らしくて。しかもみんな福本イズムばっかりだ。それで、新人会の合宿所というのに行ってみた。大河内正敏[29]子爵の息子の大河内信威《のぶたけ》というのが新劇運動をやっていて、これも新人会に入ってきた。その親父さんに話してもらって、谷中清水町にあった大河内の屋敷の一部で、百坪ぐらいの家屋を貸してもらって、そこを新人会の本部のようにして、寝泊まりしていたんです。

――後にアメリカ共産党員になって、米国西海岸から日本へ秘密文書を届ける運び屋となった西氏恒次郎という人物が、「昔、函館で田中清玄や亀井勝一郎らとピクニックへ行き、喉が渇いたと言ったら「これを飲め」って、田中清玄に田んぼの水を飲まされ、自分でも飲んでいた。あれはすごい男だ」と、あるインタビューの中で話していますが、そんな記憶がありますか。

おお、西氏か。あれは函館ドックかなにかの労働組合のハイキングの時だった。トラピスト修道院へ流れ込んでいる川の水だから、田んぼの水といっても、きれいなもんですよ。喉が渇いたというから、これを飲めとね。東京あたりで劇場やバーの一等席に座っておって、革命運動だなどと、ぜいたくなことを言うなという気持ちだった。

この西氏という男は、もともと本郷の印刷屋の小僧さんだった。それが東大新人会の連中が出入りしているうちに、いつの間にか共産主義に影響されていったんです。新人会の合宿所へも来て、泊めてやったこともあった。俺に「勉強しろ」などと生意気なことを言い、向かってきたことがあったから、ある時、本郷から根津まで帰る途中に、川が流れていて、逢《あい》初橋《ぞめばし》という橋があるんです。今はコンクリートで覆われて暗渠《あんきょ》になり分からなくなってしまったが、当時は草ぼうぼうで、怪我はしないだろうと思ったから、この逢初橋の川沿いの道から川の中に思いっきり投げ飛ばしてやった。そうしたら急にシューンとしてしまい、それから親しくなった（笑）。

——新人会といえば大宅壮一[30]が有名ですね。

彼は有力メンバーの一人です。大宅という男はもう桁外れな大スケールの人物だった。学生の頃から何人か語学のできるのを集めて会を作り、アラビアンナイトの翻訳を引き受けてきてね。平凡社の下中弥三郎さんから前金をごっそり取ってきたりしていた。オルガナイザーとしての能力は、もう抜群なんてもんじゃなかった。それで彼は人の面倒をよく見るし、気前もいい。

党が大宅のところへカンパを貰いにいってくれと言ってきた。彼はブルジョアになったから、カンパに行ってくれっていうんだ。俺は知らん顔をしていた。島野が党は資金がないんだから行ってくれよと言う。「俺の財布にあるので我慢しておけ」と言ったら、「いや、それじゃとても足りない」って言うもんだから、それで大宅のところへ行った。

電話をかけたら「明朝来い」と言うんで、行ったら「何の用だ」「資金のカンパだ」「なにい、資金のカンパだ？　資金も作れないような奴は、革命運動だなんて一人前のことを言うな」って（笑）。それで「いや、半人前だから一人前にしてもらおうと思ってきました」と言ったら、ワハハハッと笑って「上がれ、どうせお前はまだ朝飯を食ってないだろう」「その通りです」「じゃあ、食っていけ」。

それが縁でまあ、彼は陰になり、日向になり、色々とね。口が悪いんで言うことはろくなことを言わないけど、やるときはピシッとやるんです。ちょっとああいう人物はいないんじゃないんですか。戦後、彼が大宅文庫を作るとき、俺はあんたに世話になった恩があるから、金を出すよって言ったら、よし出せと。そんな縁で大宅文庫設立支持者の一人になっているんです。

――そのアラビアンナイトの出版は相当儲かったんですか。

これは大変じゃないですか。なにしろ俺に朝飯を食っていけと言った家は、東大赤門前の旅館でしたから。下宿じゃありませんぜ。大学生を何十人か使っていたんじゃないかな。語学のできるのばかりをね。英語、ドイツ語、フランス語と。あの『千夜一夜』をアラビア語だけでやったら、あんなに早く出版はできやしない。アラビア語なんかできるの、いまでもそうだが、あの当時そんなにいるわけがない。いろんな国の本を使って、手分けして翻訳すれば、それだけ早く上がるでしょう。こんな風に、大宅は当時から優れた才能の持ち主でした。

もうこれは戦後、一九七〇年頃の話になりますが、新人会のかつてのメンバー(31)が、本郷の学士会館の分館で総会をやったことがありました。大宅を中心に、石堂清倫や平井巳之助らが幹事役だったと記憶しています。ちょうどその頃は東大闘争の最中で、安田講堂は火がつけられて燃え上がっていました。いわゆる七〇年安保というやつです。消防車が放水をし、学生がそれにレンガや石を投げつけては妨害をする。大宅は私にその時、こう言ったんです。「おい田中、お前がやった青年運動や共産党の運動、左翼運動の真の姿がこれだぞ。そのためにどれだけ民衆が迷惑することか」

この言葉は胸にズシンときました。本当に参りました。「俺じゃねえ」とは言えないんです。責任の一端は俺にもあるんだから。それで僕は「よし分かった。埋め合わせはするぞ」って答えましたよ。

――新人会では、後に作家となった藤沢桓夫《たけお》(32)とも親しかったようですね。

そう。藤沢桓夫君は大阪の藤沢南岳という漢学者の子孫で、中学時代に同期だった武田麟太郎らと同人誌をおこし、若い時から文学的才能のあった男でした。卑しいところの微塵《みじん》もない男で、「こいつは侍の子孫だな」というのが第一印象でした。好男子だしキリッとしてましたしね。彼は卒業してから肺結核にかかりましてね。信州・八ヶ岳の麓の富士見高原にあった結核療養所で療養していた。ここの所長はもちろん医者でしたが、正木不如丘《ふじよきゆう》(33)というペンネームで小説を書いたこともある作家でした。

彼は結局、その後大阪へ戻って、そこで作家として大成するんだが、僕が検挙される前に一度、伊豆・天城山中の湯ヶ島温泉で療養中だった藤沢君を訪ねて行ったことを覚えています。たしか落合楼か東府屋という名前の旅籠《はたご》でした。僕が特高に追いかけ回されていた頃のことです。私が片岡鉄兵(34)や川端康成、横光利一などの新感覚派、それから菊池寛、生田春月、ぶらりひょうたんの高田保、小林秀雄といった文壇の連中と知り合う機会を得たのは、みな藤沢君の紹介でした。

大阪では吉本興業が有名だが、そこのシナリオライターとして活躍した長沖一《ながおきはじめ》や、作家の武田麟太郎はいずれも仲間でした。藤沢君はよく人の面倒を見る男で、関西で作家になった者はたいてい、彼の世話になっている。関西文壇の大御所的存在でした。晩年、彼が病気になってからでも、何度かお見舞いに、ヨーロッパやアラブから帰ってきたその足で大阪・住吉のお宅へ伺ったこともありました。

(1) 軍事教練　一九二五(大正十四)年一月、政府は中等学校以上の学校に現役将校を配属し、射撃、部隊訓練などを行う方針を発表。これに対し、小樽高商、早大などで軍事教練反対の学生運動が起こった。しかし政府は強行し、四三年からは高等女学校も加わり、教練は敗戦まで続いた。

(2) 島木健作（一九〇三〜四五）作家。北海道生れ。本名は朝倉菊雄。東北大中退。在学中に左翼運動に加わり、大学を去ると香川県の農民運動に参加。二八年に検挙され、獄中で転向。代表作は『生活の探求』。

(3) 玉城肇（一九〇二〜八〇）経済学者。宮城生れ。東北大経卒。東北学院大教授、愛知大学長などを歴任。『日本家族制度の批判』『世界女性史』などがある。

(4) 鈴木安蔵（一九〇四〜八三）憲法学者。福島生れ。二高から京大文学部に進み、途中経済学部に転部。学生社会科学連合会に加わったが、治安維持法違反で検挙され大学を去った。以後独学で憲法学を学び、戦前唯一のマルクス主義憲法学者といわれた。戦後は静岡大、愛知大教授などをつとめ、日本民主法律家協会などの指導的立場にあった。

(5) 島野武（一九〇五〜八四）仙台市長。仙台市生れ。東大経中退。在学中、治安維持法違反で検挙。三一年東京で弁護士を開業し、人民戦線教授グループ事件などを担当。戦後東京弁護士会副会長をへて、仙台市長。七期二十七年をつとめ、全国革新市長会副会長として地方自治の推進役だった。

(6) 高野信（一九〇三〜八二）新聞人。福島生れ。東大経卒。朝日新聞に入社。東京本社編集局長、西部本社代表、九州朝日放送会長、日本教育テレビ社長などを歴任。

(7) 角田儀平治（一九〇六〜九七）弁護士。群馬生れ。旧名守平。東大卒。在学中に弁護士登録し、治安維持法事件の弁護に奔走。三二年共産党に入党。検挙され二年の実刑判決。四〇年に弁護士を再開し、戦後は安中公害訴訟裁判原告団の弁護などを担当。

(8) 宇都宮徳馬（一九〇六〜二〇〇〇）政治家。東京生れ。京大中退。在学中に左翼運動に関わり、不敬罪で検挙。三八年製薬会社を興し財をなす。戦後政界に出て、衆院議員十期、参院議員二期をつとめ九二年引退。保守政治家のなかで数少ないリベラル派として知られ、中国、朝鮮、アラブとの友好や、軍縮の実現を訴えた。『暴兵損民』『官僚社会主義批判』などがある。

(9) 水田三喜男（一九〇五〜七六）政治家。千葉生れ。京大法卒。学生時代は柔道五段の腕前を買われ、河上肇のボディーガードをつとめた。一時石油会社などに入ったが、戦後政界へ。通産相、蔵相などを何回もつとめ経済通といわれた。

(10) 小林多喜二（一九〇三〜三三）作家。秋田生れ。小樽高商卒。小樽の銀行に勤めたが、共産主義運動に身を投じ、上京してプロレタリア作家同盟書記長となる。三三年二月築地警察署に逮捕され、拷問を受けて死亡。『蟹工船』『不在地主』『工場細胞』などがある。

(11) 淡谷悠蔵（一八九七〜一九九五）農民運動家。青森生れ。高小卒。二六年小作争議を指導し、農民運動に入る。治安維持法違反で二回検挙。戦後日農の創立に参加、中央委員。社会党衆院議員六期。

(12) 大沢久明（一九〇一〜八五）社会運動家。青森生れ。本名・喜代一。青森商業卒。青森県最初の社会主義結社「北部無産社」を創設。車力村小作組合結成に参加。二九年共産党に入党。青森市議、県議。治安維持法違反で検挙。戦後衆院議員一期。社会党、共産党各県委員長、共産党中央委員。

(13) 福本和夫（一八九四〜一九八三）共産党理論家。鳥取生れ。東大卒。松江高校教授。文部省の派遣で訪欧。マルクス主義を研究し、帰国後、北条一雄のペンネームで福本イズムと呼ばれる左翼理論を展開。二六年共産党政治部長となったが、二八年検挙され十四年間獄中生活。戦後復党したが五八年除名。

(14) 福本イズム　一九二〇年代の共産党理論家・福本和夫が唱えた理論。山川均の左翼理論を折衷主義と批判、労働者に対する外部からのマルクス主義意識の注入と理論闘争の重要性を強調して左翼学生らの中心的理論となった。しかし、コミンテルンが二七年テーゼで「現実から遊離したもの」と批判し急速に衰えた。

(15) 東大新人会　大正から昭和初期にかけて活動した東大学生を中心にした思想運動団体。一八年、ロシア革命と米騒動に影響され、吉野作造の指導を受け、麻生久、宮崎龍介らにより結成された。機関誌『デモクラシー』を発行、学生社会科学連合会の指導的地位を占め、多くの社会運動家を輩出した。三・一五事件の後、大学当局から解散を命じられ、二九年十一月「戦闘的解散」を宣言した。

(16) 佐野文夫（一八九二〜一九三一）日本共産党中央委員。山形生れ。東大中退。満鉄調査課、外務省情報部などに勤務。二三年、共産党入党。二六年、共産党再建のために作られたビューローの書記長などを経て、再建後の党中央委員。モスクワでの「二七年テーゼ」作戦のための討議に参加。三・一五で検挙され保釈後間もなく死去。

(17) 志賀義雄（一九〇一〜一九八九）日本共産党幹部会員。福岡生れ。東大卒。二三年入党。三・一五で検挙され四五年十月に占領軍により釈放されるまで十八年間を獄中で過ごす。戦後、共産党所属の代議士として活躍し党幹部会員にも選ばれるが、六四年、部分核実験停止条約の批准に党議に反して賛成、除名される。その後、親ソ路線の「日本のこえ」を結成し、その全国委員長となる。

(18) コミンテルン　一九一九年、モスクワでレーニンの指導の下に結成された各国共産主義者による国際組織。資本主義国家の打倒、階級の廃絶、プロレタリア独裁の実現などを目指した。「国際共産主義の平等と連帯」を旗印に、各国共産党の上部機関として君臨したが、実態はソ連による支配だった。四三年に議会主義をとる連合諸国の要求で解散された。

(19) 五色温泉共産党再建大会　二六年十二月、山形県五色温泉で開かれた共産党第三回大会。関東大震災と幹部の一斉検挙（第一次共産党事件）で解党状態にあった党を再建するためのもので、渡辺政之輔、福本和夫、佐野学、徳田球一らを中央委員に選出した。

(20) 山川イズム 二〇年代前半に社会主義者・山川均によって提唱された日本マルクス主義の指導理論。革命意識に純化した一部少数者による運動論を排し、大衆との結合を重視した理論。しかし、福本和夫により政治運動と経済運動の折衷主義と批判され、コミンテルンからも「二七年テーゼ」で解党主義と批判された。その思想は労農派に受け継がれた。

(21) 佐野学(一八九二〜一九五三) 日本共産党指導者。大分生れ。東大政卒。満鉄嘱託、早大講師。創立当初の日本共産党に入党し共産青年同盟の設立責任者。二三年の第一次共産党事件でソ連に逃れる。帰国後「無産者新聞」主筆。党委員長。二九年上海で逮捕され無期懲役刑。三三年獄中で鍋山貞親とともに転向声明を発表し、その後の転向者続出のきっかけを作る。戦後早大教授に復帰し、反共反ソ活動に従事。

(22) 徳田球一(一八九四〜一九五三) 日本共産党の指導者。沖縄・名護市生れ。日大専門部卒。二二年モスクワの極東民族大会に出席後、日本共産党の創立に参加、中央委員。二五年ソ連に潜行。三・一五事件に先立って検挙され、敗戦後、占領軍の指令で出獄。党書記長、衆院議員三期。五〇年十月中国に亡命、三年後に北京で客死。

(23) 高橋貞樹(一九〇五〜三五) 社会運動家。大分生れ。東京商大中退。日本共産党の創立に参加、水平社に加盟。十九歳で『特殊部落一千年史』を執筆。二六年ソ連へ派遣されレーニン大学を卒業。四・一六事件で検挙され獄死。

(24) 佐野博(一九〇五〜八九) 社会運動家。大分生れ。佐野学の甥。東大経中退。二六年モスクワに渡りレーニン大学に学び、ソ連共産党に入党。二八年十二月共産青年インターナショナルの決議を持ち帰国、共青、共産党の再建に動く。二九年七月田中清玄とともに再建を果たし、政治書記局員、機関紙部長。三〇年四月検挙され入獄。戦後労農前衛党、のち右派社会党に属し反共評論家。

(25)ハインツ・ノイマン（一九〇二～三七？）　革命家。ドイツ生れ。ベルリン大卒。二二年以来しばしばモスクワを訪問、コミンテルンのプロパガンダを担当。ドイツ共産党中央委員、政治局員。スターリンの秘蔵っ子として中国、スペインなどへ派遣されたが、スターリンによる粛清で逮捕され、消息不明。

(26)渡辺政之輔（一八九九～一九二八）　共産党書記長。千葉生れ。小学中退。二二年入党。共同印刷、日本楽器などの争議を指導。コミンテルンの二七年テーゼ作成に参加。党書記長。台湾の基隆《キールン》で官憲に囲まれピストル自殺。

(27)鍋山貞親（一九〇一～七九）　社会運動家。福岡生れ。小学卒。二二年共産党に入党。二六年モスクワに派遣され、コミンテルンの日本問題討議に参加。福本イズムに反対し、渡辺政之輔らとともに党の主導権を握る。四・一六事件で検挙され、三三年に佐野学とともに連署して転向を声明、転向時代のきっかけを作った。

(28)二七年テーゼ　一九二七年七月、コミンテルン日本問題特別委員会により決定された「日本に関するテーゼ（綱領）」の略称。山川、福本イズムの双方を左右の日和見主義と批判。革命の目標を労働者農民を中心とするブルジョア民主主義革命におき、社会主義革命に転化させる展望を示した。また工場細胞を基礎に大衆的前衛政党の建設を求めたが、直後の三・一五事件などでこの方針は阻まれた。

(29)大河内正敏（一八七八～一九五二）　子爵、貴族院議員、科学者、経営者。東京生れ。東大工卒。理化学研究所所長として理研を国際的な研究機関に育て上げた。戦後戦犯容疑で逮捕されたが、五カ月で釈放。信威（一九〇二年七月生れ）は長男。

(30)大宅壮一（一九〇〇～七〇）　評論家。大阪生れ。東大中退。在学中、新人会に加わり、総合翻訳団を組織して『千夜一夜物語』などを翻訳。戦時中は毎日新聞の社友となり、中国、ジャワで映画製作にかかわる。戦後は「無思想」の立場で幅広い評論活動を行い、大衆的感覚で世相を鋭く裁断。「一億総白痴化」「駅弁大学」「恐妻家」などの流行語づくりの名人だった。『世界の裏街道を行く』『炎は流れる』など著書多数。

(31) 石堂清倫（一九〇四〜二〇〇一）社会思想研究家。石川生れ。東大英文卒。二七年共産党に入党。三・一五事件で検挙。二年後に保釈。満鉄調査部員になるが、四三年満鉄事件で再検挙。戦後帰国して『マルクス・エンゲルス全集』などの翻訳に従事。イタリア共産党のグラムシの思想を紹介。『わが異端の昭和史』などがある。

(32) 藤沢桓夫（一九〇四〜八九）作家。大阪市生れ。曾祖父は幕末、大阪船場に私塾「泊園書院」を開いた漢学者。祖父、父も漢学者として知られる。大阪高校時代から同人誌を出し、横光利一、川端康成らに評価された。東大国文科卒。左翼作家としてスタートしたが後に離れ、胸を病んで療養生活を送る。三三年大阪に戻り、作家活動を再開。代表作に『花粉』『新雪』など。関西文壇の長老的存在だった。

(33) 正木不如丘（一八八七〜一九六二）医師、作家。長野生れ。東大医卒。パリに学び、帰国後、慶大医学部教授のかたわら小説『木賊《とくさ》の秋』などを発表。二九年から富士見高原療養所長。

(34) 片岡鉄兵（一八九四〜一九四四）作家。岡山生れ。慶大中退。当初は新感覚派の作家としてスタートしたが、昭和初期にプロレタリア作家に変わった。三〇年に検挙され四年後に転向して出獄、通俗小説などを書いた。『生ける人形』『花嫁学校』などがある。

信用できなかったソ連

――入党はいつですか。

一九二七（昭和二）年の秋です。まあ待ってましたという気もしたな。福本イズムの共産党ではどうにもならない。どう改革するか。それには細胞作りからやり直さなければというので、もう新人会と学生運動のほうは足を洗いましてね。一九二九年に新人会は解散した。日本社会科学研究会、学生社会科学連合会も解散。党は直属の共産主義青年同盟に置き換えていくという方針だが、これも極左的な方針ですよ。弾圧されるに決まっているんで、案の定、三・一五(1)（昭和三年）でやられた。これは天皇制廃止の主張を掲げたから。僕と島野もこの時、本富士署へ引っ張られた。でも私はすぐに出てこられたんです。

その少し前に島野が「おう、田中、一緒に生活しよう。二人で住めば経済的にも助かる」と言うんだ。それで島野がどこからか荷車を借りてきて、二人で家移りをした。彼はそういうところは器用でしたから、布団や机を積んで「田中、前を引っ張れ。俺が後ろから押すから」と。東大の赤門前の森川町にあった髪結いさんの二階を借りて、二人で住んだ。裏は金剛巌さんというお能の金剛流の家で、稽古場からは毎朝、鼓の音と謡の声が聞こえていました。午後からは息子でしょうね、まだ小さい声が聞こえてきて、同じところを何回も何回も叱られながら稽古をしていたのがいまも耳に残っています。

――その頃の日常生活というのは、どんなものだったのですか。

青年ですから人間的な欲望もありますよ。そういうものの解消というのは、スポーツが好きでしたから、大学の空手部に入って、巻き藁《わら》ばかり突いていた。回し蹴り、正面蹴り、正面突き、エルボー（肘突き）など、毎日汗水垂らして。非合法の時代はずーっとやっていましたから、官憲に襲われて逃げるときなんか、ずいぶん役に立ったなあ（笑）。今は名誉八段です。

私が共産党の再建に狂奔していた一九二七年の春か秋のことですが、東大にはまだシンフォニーのクラブはありませんでした。それを組織し自分もチェロを弾いてやり出したのが今日出海だった。彼は僕らの運動のシンパでした。東大の下の方に小高い丘と沼があって、あるときそこを通りかかったら、「おい清玄」と僕を呼び止めた今が「これでぶっぱたいてやった」とか言いながら、何かしきりに怒っている。見ると彼の持っているチェロがグシャグシャだ。

「どうしたんだい」って聞いたら、今は「おまえが来たから遠慮しているが、おまえの仲間はろくな奴がいないな」って、いたく興奮している。もともと今という男は函館の中学を出た後、一高、東大へ進み、見るからに東京の不良少年といった感じで、腕力もあるわけじゃない。その今が亀井勝一郎と喧嘩をしたというんだ。

「俺がシンフォニーの稽古をしていたら亀井が通りかかって「こんなブルジョアの遊びをし

ている者は、やがて革命が起きたら、鳥が首を捻られるがごとく、真っ先に絞首刑になるだろう」と言いやがった。それで俺は「何をこの野郎、鳥のようにやられてたまるか」って言って、亀井をチェロでぶん殴ってやったんだ」

僕は両方とも良く知っていますからねえ。「止めろよ」って言ってやったんだ。

今にはもう一つこんな思い出もある。僕が敗戦直後、食糧増産のため福島県・矢吹ヶ原で開拓をやっていた頃、東京に出る用事があって東北本線の一等車に乗っていたら、黒磯から乗り込んできた一団がいる。見ると東大のフランス文学の辰野隆《ゆたか》先生、後にサンケイの社長になった水野成夫、大原総一郎、今日出海ら六、七人がいた。

今が僕を見つけて「おお、田中、いいところで会った。おとといから水野の別荘に泊まって下手なゴルフをやって帰るところだ。ところでこちらは知っているか。辰野隆先生だ」。それで僕は「その節は大変お世話になりました」と挨拶したら、先生は真面目な顔をしてこう言ったな。

「ナニ、田中君、キミは僕の授業などただの一時間も出たことがないじゃないか」

これにはまいったなあと思ったな。みんなは拍手喝采だよ。

――当時の活動ぶりを話してください。

私は当時、日本共産党第三地区担当のオルグで、東京委員会のメンバーだった。その前は主に京浜、川崎、生麦など、京浜重工業地帯のオルグでした。生活の拠点は東京においてね。京浜地帯までは歩いて通ったもんです。つかまったらそれっきりです。

三・一五事件など大規模な検挙事件があると、ロシアから補充の人間が返される。しかし、こうして帰されて来た連中と連絡を取ると、警視庁にかならず挙げられるんだ。田中松次郎(2)という人がいましてね。神戸の海員組合に、共産党系の組織である刷新委員会というものを作った人物です。もともと海員組合というのは右翼中心の組織でしたが、田中君はその功績でロシアに送られた。山本懸蔵(3)や渡辺政之輔、鍋山貞親君らの推薦でね。

彼がロシアから帰って来たので会ってみたが、初めて闘士に出会ったという感じを持ちましたね。そうしたら、ぱっといなくなった。手を回して聞いてみたら検挙されたということだ。そういうのがざらでしたよ。自分の作った組織にスパイがいる。

私は二年半検挙されなかった。党へ正式な報告を出さなかったんです。出すとかならずやられる。非常にルーズなおしゃべり人間が多くて、とても信頼できなかった。口頭でレポをするだけで、書いたものはその場で読ませたら取り返してきた。「党を信頼しないのか」って言われた。こっちは、

「信頼するもしないも、命をかけて作った組織が、いとも簡単にやられてしまう。党の幹部といえども信用はできない。昨日や今日会って、お前さんの生活をぜんぶ知っているわけじゃないから、この目で見てこの体で感じない限り信用できるかい」

と言ってやったこともある。そうしたら「お前は極左だ」と言いやがった。「極左もへったくれもねえ、検挙されずに闘うのが一番だ」と反駁してやった。三・一五でやられましたからね。あの弾圧の中で活動して二年半つかまらなかったんで、あいつは警視庁の中にスパ

イを持っているんじゃないかっていわれたぐらいです。こっちは空気で分かるんだ、ああ来るなって、全身で感じるんだ。それで踏み込まれる三十分前にサッと逃げたりしてね。

――最初の検挙というのは、島野武さんと一緒につかまったときですか。

そう。東大新人会の合宿所だった大河内信威のところから、連れていかれた。しかし、あのときはすぐに出てきた。党員だったらそんなに簡単に出されない。それがよかったか悪かったかは別だ。島野は党との関係が深かったから、すぐには出されなかった。

三・一五のあと、党は本当の民衆の中に入っていなかった。今でいう進歩的文化人という程度で、演劇家とか、築地小劇場関係のね。中野、高円寺辺りの中央線沿線に住んでいる地方出身者で、左翼でないと文化人とはいわない風潮の頃だった。党に根を下ろして地道に組織化していくというのは、ほとんどいなかった。

昭和三年、ロシアから帰ってきたのがしゃべりやがって、十月にも一度、横浜で検挙された。磯子署へ入れられたが人違いだろうって、こっちは何も喋らなかった。そして屋上で運動のときに、ちょっと便所に行きたいからって言って、窓から飛び下りて逃げてやった。いょうど下を見たら、建築現場で砂地だったんです。東京へ出てからも二、三分遅れたら捕まっていた、ということが何回もありましたよ。警官一人ぐらいなら一突きすれば逃げられたし、後になると警官も用心して二人、三人で来るようになった。

四・一六[4]のときは、私のところに限り党員名簿を提出しなかった。菊池克巳というのがレポ役で来て、すぐ喋りやがって挙げられたんです。左翼面してつかまる馬鹿はいない。モスクワ帰りにはそんなのが多いんだ。ルパシカなんか着てね。今でもそんなおっちょこちょいが、米国帰りなんかにもいるじゃないか、ミズスマシのような奴だ（笑）。もう一人、間庭末吉(5)というのもいた。海員出身でモスクワやアメリカに行ったりしていた。コミンテルンでおそらくヤンソン(6)の指導を受けていたのじゃないかな。この間庭が三・一五のあと、我々が党を再組織した頃にモスクワから送られてきて、上層部と称して私に二回ほど報告を求めてきた。ところがこれが頼りないものだから、情報がすべて筒抜けになっていた。

——第三地区というのはどこを受け持つのですか。

月島から本所、深川、小石川、本郷、神田、それと市電の新宿・淀橋だ。淀橋は大きな組織だった。しかし、そのうちに学生やインテリ相手では面白くなくなって、もう一度京浜に戻り、横須賀海軍工廠を狙ってやろうと思った。逗子に住みながら、大船から湘南にかけてオルグして歩いた。主たる狙いはもちろん横須賀海軍工廠ですが、そのほかにも東京電力、芝浦製作所、石川島造船所、浦賀ドック、横浜ドックなどの争議を指導し、オルグした。人夫をやったんです。

——四・一六事件では党は壊滅的な打撃を受けましたね。

中央部がやられ、国際組織も壊されてしまった。労働組合の細胞も同様だった。労組、農民組合、みな組織して固まるからそこを根こそぎやられた。それで一九二九年に私は党の再建をやり出した。佐野学の甥の佐野博が会いたいと僕のとこへ来ましてね。佐野は七高を出てロシアへ行っていた。四十人ぐらい優秀なのを送り込んで訓練したんだ。これが帰ってきて、四・一六でも投獄されなかった。僕が組織をやられなかったのをだれかに聞いたんでしょう。佐野博に会ったのはこのときが最初でした。一九二九年、つまり昭和四年六月ごろだったと思う。

佐野は党を再建しようと言ってきた。俺は日本共産党東京中央委員会再建ビューローを作ってやっていたが、佐野はこれを全国組織にしようというので、二人で話して、俺は党の書記長と組織部長をやり、佐野は日本に帰ってきたばかりで国内事情に暗いから、政治的な面を持つということでね。俺は資金と組織を受け持った。

それから組織の方針を左翼にだけおかず、右翼にもおこうと考えた。(7) 国民的規模にしようとしたんです。戦後になってから産別会議の指導者になった細谷松太君に連絡を取り、日本労働組合全国協議会（全協）の組織を伸ばしていった。従来の日本共産党はそんなもの、相手にしなかったが、私はそうじゃないと主張したんだ。それから友愛会の鈴木文治さんにも手を伸ばし、うちの家内の兄で、東大新人会の先輩だった小宮山新一(8)を連絡者に、東大医学部の中にも組織を作り、やがて京都、神戸、岡山と広げていった。ところでコミンテルンの承認を受けなければならない。

三〇年一月、和歌山の二里ヶ浜で日本共産党再建大会を開いて、佐野と私が中心になり日本共産党再建ビューローというものを作り、組織から綱領から全部決めて、佐野が責任をもってモスクワと連絡を取ることになった。彼に国際関係は君がやれと一任したんだ。それでモスクワへ報告書を書いて、日本共産党の再建を承認してくれと言ってやった。これはうまくいった。

——どうやって連絡を取ったのですか。

大倉旭という人物が東京のソ連大使館に勤めていましてね。彼に連絡方をお願いしたんです。実はその前に、三・一五で検挙された連中が、機密事項を全部しゃべってしまい、大倉氏が日本共産党の機密文書をモスクワへ送っていたことが、日本の官憲に知られてしまったんです。それで日本政府から、在京のソ連大使館に強い抗議が寄せられた。ソ連は日本共産党とは連絡を持たないということを条件に、大使館を置いていましたからね。それを日本共産党側が破ったので、条約違反だと抗議がいったわけだ。

そのために大使館としては大倉氏を解雇せざるを得なくなったのだが、解雇はあまりに酷だというので、彼はもともと共産党には関係がないんだ、人違いだという、まあ一種の詭弁でその場は逃れて、引き続きソ連大使館は彼を雇っていました。彼はそれぐらい有能で、ソ連大使館の信用は絶大だった。

そんなわけで大倉氏は日本共産党を信用しなくなっていた。彼は日本共産党に接触することを極力避けていたんだが、しかし、我々の熱意に動かされて、一回だけを約束に、禁を犯してモスクワへ連絡を取ってくれたんです。これは佐野博がやっていたので、僕はあまり口を出さなかった。

今その時のことを振り返って、大倉さんには、非常に無理なお願いをして迷惑をかけたと思っています。彼は党員ではなくシンパサイザーであったと思われる。今でもお会いして謝罪したい気持ちがあります。非常にいい人でした。

この頃、この他にも中国を通してのルートがありました。オムスが開いたルートです。オムスというのはコミンテルンの国際連絡機関だった。各国の共産党は非合法化されているものが多かったし、それらとの連絡、革命のための武器の調達や資金、さらに党員の密航や移動時の安全確保などに必要な一切を扱う機関です。しかしスターリンによって、このオムスは結局こわされた。スターリンは自分の組織だけ伸ばそうとしたんだ。日本人のソ連観といえば、ボリショイバレエだの、ロシア音楽だの、アントン・チェーホフだの、ボルガの舟唄だの、そんなものがソ連だと思い込んでいるが、とんでもない。

——その時の田中さんの肩書きは党の書記長ですか。

いや、再建ビューローというのは再建のための事務局というほどの意味だから、まだ書記長にはなっていません。私は用心深いからいくらスターリンが来いといってきても、ソ連へは行かなかった。身辺の危険を感じたし、どうしてもソ連が信用できなかったんだ。

私が書記長になるのは、モスクワからの返事がきてからのことになります。その日本共産党再建大会の報告に対するモスクワからの返事は、一九三〇年の三月か四月頃に、大倉旭から佐野博に、

「報告書は受領されたし、内容は承認された」(9)

というはしりが伝えられた。だから公式に日本共産党と認められたとね。しかし、自分は公式の使者じゃないから、公式のものは追って届くだろうということでした。そして佐野は

四月に検挙されてしまったが、その四月前後にはルートも復活した。そして最初に言ってきたのは、党が認められ、人事も受け入れられた。詳しい報告は使者を送るという内容でした。そして連絡ルートも回復したのです。これらは全部、中国共産党経由でコミンテルンから届いたのです。その時のコミンテルン極東部長はヤンソンでした。

私がこの年の五月に上海に行ったのは、その連絡のためだった。上海でこっちがコミンテルンにうかがいをたてたのは、党活動を再開するためモスクワで訓練している留学生たちを返してよこせということ。それでロシアに留学していた四十人の学生、労働者も補充するということで返してよこしたのだが、しかし、実際のところ彼等はほとんど役に立たなかった。

――上海といえば、佐野学は上海でつかまっていますね。

市川正一(10)ですよ、彼が全部しゃべっちまった。市川は当時日本共産党の中央常任委員で、第一次共産党の常任委員だった。それで俺は正一は除名すると主張した。そうしたら市川はコミンテルンが決めた党の中央委員だし、我々も彼を党の中央常任委員に出しているのだから、簡単に除名するのは止めてくれというのが、獄中にいた佐野学さんからの回答だった。しかしそれでは見せしめにならん。俺は何十回となくソ連帰りにはやられているから。組織を作ったと思ったら、ぶちこわされ、煮え湯を飲まされ続けてきた。市川の除名だけはどうしてもやる、どうしても除名しないというのであれば、俺が脱党すると、そこまで言った。それじゃあというので、コミンテルンに聞こうということになり、そうした。するとコミンテルンは「待て」と言ってきた。この問題は党大会を開いて決めるべきだという返事だ。結局、七月に僕が検挙された後に、市川は除名されました。

（1）三・一五事件　日本共産党に対する最初の大規模検挙。一九二八（昭和三）年三月十五日未明、警察当局は全国の共産党員とその同調者ら千五百六十八人を一斉に検挙・拘留、四百八十三人を治安維持法違反で起訴。徳田球一、野坂参三、志賀義雄らが検挙された。労農党など三団体の解散を命じ、懲役十年だった治安維持法の最高刑を死刑または無期刑に引き上げるなど、改悪が進んだ。また全国の警察に特高課が設置され、弾圧体制も強化された。しかし、この検挙から逃れた渡辺政之輔、鍋山貞親、市川正一、佐野学らは党組織の再建をはかり、二九年三月には中央指導部を設立。

（2）田中松次郎（一八九九〜一九七九）社会運動家。姫路市生れ。二六年日本共産党に入党。ソ連東洋勤労者共産主義大学（クートベ）卒。二八年帰国し京浜地区で海員刷新会再建活動中検挙され、在獄七年。戦後全日本海員組合結成に参加し同国際組織部長。共産党兵庫県委員会委員長。

（3）山本懸蔵（一八九五〜一九四二）共産党指導者。茨城生れ。小学卒。上京して工場労働者となり米騒動では一年入獄。共産党創立直後に入党。三・一五事件の検挙を逃れてソ連に渡り、コミンテルンで活動。スターリンに疑われ銃殺されたが、九二年、野坂参三の密告によるものであったことが分かり、野坂は共産党を除名。

（4）四・一六事件　一九二九（昭和四）年の日本共産党弾圧事件。警察当局は三月に逮捕した間庭末吉の所持品から党員の暗号名簿を発見、それをもとに四月十六日払暁、全国一斉に党員ら約七百人を検挙。引き続き高橋貞樹、市川正一、鍋山貞親、三田村四朗ら中央委員を相次ぎ検挙。六月には上海で佐野学も中国官憲により検挙され日本側に引き渡された。七月には二百六十六人が起訴。これにより党は壊滅的打撃を受けたが、間もなく田中清玄らによって再建され、武装闘争を中心に尖鋭化した。

（5）間庭末吉（一八九八〜一九三八）革命家。埼玉生れ。高小卒。外国船船員となり渡米。片山潜と出会いアメリカ共産党に入党。二四年モスクワ経由帰国。二九年三月検挙されたが、所持していた党員名簿が決め手となり、四・一六事件の大検挙となったことから責任を問われ党を除名。

(6) カール・ヤンソン（一八八二〜一九三九） 革命家。ラトビア人の船員。一九〇四年ボリシェヴィキ党に入党し、ヘルシンキ、モスクワ、米国、カナダなどで革命運動に従事。二五年から二年間、駐日ソ連大使館員として滞在したが、実際はコミンテルンの駐日代表であり、日本共産党の再建、党方針の作成などを指導した。のちに上海に移りコミンテルン極東代表として日中両共産党を指導。最後はスターリンによって投獄され死亡した。

(7) 細谷松太（一九〇〇〜九〇） 労働運動家。山形生れ。高小卒。工員、水夫などをへて組合運動に入る。日本労農党設立発起人。二九年共産党に入党。全協の再建に関わり入獄し、四四年出獄。戦後、産別会議事務局次長。二・一ゼネストで党と対立し離党。新産別を結成。

(8) 小宮山新一（一九〇五〜一九六七） 医師。長野生れ。東大医学部卒。津軽病院時代に予防医学と保健婦の役割の重要性を認識、農村衛生の研究と改善に取り組む。四一年から全国農村保健協会技師として全国を遊説し保健婦の養成にあたった。北信病院長、川崎市中央保健所長などを経て高津保健所長を十二年間つとめた。

(9) はしり 正式の通告に先立ってもたらされる取り敢えずの連絡のこと。「レポ」「シンパ」などと同じく戦前の左翼用語の一つ。

(10) 市川正一（一八九二〜一九四五） 日本共産党指導者。山口生れ。早大文卒。読売新聞、大正日日新聞記者をへて二三年入党。「赤旗」編集委員。二五年八月、共産党再建ビューローで再建に動く。中央委員、中央常任委員を歴任。四・一六事件で検挙、起訴され、獄内法廷委員となって公判闘争を指導。非転向を貫き、十六年の獄中闘争を続けたが、敗戦を目前にして宮城刑務所で獄死。

野坂参三をモスクワへ送る

――最近、『週刊文春』が火をつけ、同志・山本懸蔵を密告したことがばれて名誉議長を解任、党を除名された野坂参三ですが、この野坂をモスクワへ派遣したのは田中さんだったというのは本当ですか。

うん。野坂が日本共産党の名誉議長として百歳を迎え、年金を貰って安穏に生活している。日本でね。それはそれでいいんじゃないですか。ソ連というものがどんなものであったかを理解していただく材料になればと思って以下の話は申し上げるのですが、野坂参三が日本共産党創設以来の古い党員であることは事実です。まあ学者ですね。山口の萩生まれで、慶応を出てね、親代りの兄貴が神戸の材木商かなにかですよ。奥さんは竜《りょう》といい、実家も葛野という貿易商で裕福なほうだった。彼は海外に留学して社会主義に触れ、日本へ帰ってきて日本共産党に籍を置くようになった。創立当時からですよ。私が最初に野坂を知ったのは、私が共産党へ入る前のことで、野坂参三という学者の端くれがいた。進歩的社会主義者という程度のね。

僕が彼をモスクワへやるように主張したというのは事実です。三・一五で野坂は検挙されたが、間もなく出てきた。目が悪く、その治療をするというので、二、三カ月の期限付きで出てきたのです。それをさらにズルズルと何回か繰り返しながら、彼は結局一年ぐらい釈放された状態でした。その頃古い党員がどんどん検挙されていなくなるし、経験のあるものがいなくなって、歴史を正しく伝える事ができなくなっては困るので、そのためと、それから活動させても役に立たんから、モスクワへやろうと私が言い出したんです。そうしたら佐野博なんか、「あんな者、やってもしょうがない」。「まあそう言うなよ」と僕は言ったんだ。転向して出てきていたから、ほったらかしにしておくわけにもいかんし。しかし、彼をモスクワへ派遣することには、ずいぶん反対の声が強かった。

——野坂の転向というのは、偽装転向ですか。

いえ、本物の転向ですよ。三・一五で彼は捕まり入って、転向して出てきて、一九二九年六月ごろの話です。

——共産主義を捨てて、転向して出てきた人物をもう一度、モスクワへ送り込もうとしたのですか。

もう一度、転向をひっくりかえしてやれと思った。他の人はあれはもう駄目だというが、俺はそうじゃねえ、最後まで使おうと。だれも賛成しなかったよ。だからまあ、野坂を信用はしていないけど、何らかの連絡にはなるだろうし、こっちの空気も伝えて貰いたいと考えたんです。モスクワは日本の情報に飢えておったようですし、モスクワから盛んに働きかけが来ていましたからね。

——野坂とのやりとりはどうでしたか。

野坂は当時、目の病気を患ったあと、神戸で静養中だった。僕はあいにく病気で、こちらから出向くには遠すぎるので、人を介して野坂に連絡を取ったんだ。西村欣次郎という友人を通じてね。この男は関西学院の学生党員でした。うちの家内を引き取って面倒を見、後に俺たちを結婚させた大阪の丹羽光という小母さんの甥っ子だった。この欣次郎を使いに立てたんです。党に戻ってこいという我々の働きかけに、野坂は「勘弁してくれ、俺は転向した、党には復帰できない。病気でもあるので運動には加われないが、マルクス主義は捨てない」と、そういう返答だ。もう少し野坂というのは人間がしっかりしていると思ったが、どっちつかずの人間で、そういう返答だ。ようしそうかと。「それではシンパとしてロシアへ行け」と言ったら、今度は「本当か、喜んでいく」と、そんなことだった。

――どうやって渡航させたのですか。

陸路を通って行くルートがあり、それまでにも何名か送ったが危険だというので、別のルートを使った。ロシアの貨物船が東京・芝浦から出てウラジオまで行く。その石炭倉庫に乗せる線があった。これを扱っていたのがオムスです。そのルートはほんらい俺が使うはずだったのだが、俺はソ連へ渡航する気などまったくなかった。それで野坂にこれで行けと言ったんです。小便が大事だぞと。小便はビール瓶にいれて捨てろと。それから向こうへ着いたら、迎えがくるまで動くな、出てはいけないと、そこまで教えたんだ。

当時、モスクワへ人間を送り出すためには、いくつかのルートがありました。スタルイハルから東支（東清）鉄道を使うルート、上海を経由してシンガポールから入る路線、それからクアラルンプール―バンコク―雲南ルートというのもあった。最後の路線はコミンテルン極東部とは違う組織が担当し、しかも中国とソ連の仲がうまくいっているときだけ使えたルートです。スタルイハルのスタルイというのはロシア語で古いという意味、ハルはハルビンのハルで、ハルビンの隣にある駅でした。

このようにルートといっても、ケースによって千差万別でした。たとえばスタルイハルから、東支鉄道に乗ってポグラニチナヤという駅までいく。満州とソ連国境にある小さな町です。おまえの持つ鞄はこういう色で、こんな形のバスケットだとか、服装はこうだとか、あらかじめ細かいことが打ち合わされている。列車の中で接触するケース、あるいはポグラニチナヤの駅へ降りてから、カンツェライ（ドイツ語で事務所の意味）で待つケース、駅を降りると、駅前から坂道になっているから、そこを登ったところにある中国人の靴屋へ行くケース、一つとして同じケースはない。靴屋へ行っても先に口をきいてはならない。向こうから「ウェア　アー　ユー　カミング　フロム？（お前はどこから来たのか）」と聞かれるから、そうしたら「アイ　アム　フロム　ゴトー（ゴトーから来た）」と答えること。これがちょっとでも違っていたら、即時その場で射殺ですよ。NKVD（内務人民委員部。のちのKGB）の任務は本人かどうかをチェックして、国境を越えさせるだけですから、こっちは命がけです。ポグラニチナヤの隣町はグロデコウオといって、もうソ連領です。そこまで行って初めて越境は完了する。

このルートが一番使われた。プロフィンテルン[1]（赤色労働組合インターナショナル）の第六回大会がストラスブールで開かれて、日本からは、南千住にあった東洋モスリンの女工さんだった児玉静子を送ったのも、このルートでした。彼女は後に風間丈吉(2)と結婚しています。野坂はあるインタビューで越境の時の模様を聞かれ、「満州里のカンツェライの前でフットボールで遊んだ」なんて答えているが、とんでもない。実際に彼の越境に関わってきたものからすれば、こいつ、いいかげんなことを言っているなって、すぐにわかる。彼がそのインタビューで言っているのは中国人だけが使っていたルートですよ。野坂は当然スタルイハルで降りることを要求されていた。したがってこのルートを使ってモスクワへ行ったものと思っている。

野坂はしかし、着いてからしくじった。というのは自分は日本共産党の代表として来たと主張したんだ。私はパルタイナーメ（党員名）として山岡鉄夫という名前を登録し、使っていたから、日本共産党の代表は山岡（田中）だ、お前じゃないじゃないかというので、野坂はNKVDに検挙された。これは余談ですが、私は当時すでに谷中《やなか》の全生庵《ぜんしょうあん》を創建した山岡鉄舟《てっしゅう》に影響されていたので、山岡さんの名前を拝借したのです。

野坂が検挙されたことは、我々の方にもソ連大使館のルートから知らせが入ったので、山《やま》懸《けん》（山本懸蔵）が行っているから、山懸に頼めと言ってやった。それでコミンテルン極東部のウラジオ機関だったオムスは、モスクワに電報を打ったんだろうな。山懸はモスクワからウラジオに飛んで来て、「野坂は党の代表じゃないけれど、スパイではないし、我々の同志だ。彼は自分を飾るためにそう言ったにすぎない」と釈明した。この山懸の証言によって野坂は釈放され、モスクワへ行けたんです。

あろうことかその山懸を、野坂はソ連スターリン一派に売った。問題はそれなんだよ。野坂はそういう人間だ。共産党ってそんなもんだ。人格なんかあるもんですか。自分らの出世と存在のためには何でもやる。今の自民党と一緒だ。どっちも同じ日本人だから、変わりがねえ。共産主義者になったから、人格が向上するなんて、そんな事はあり得ない。もっと悪くなりやがる。俺を見ろ。もう少し人間は良かったのに、共産党へ入ったため、これほど悪くなったり、根性もひんまがったし、人をなかなか信用しなくなった（笑）。この俺の唯一つの救いは、紳士面して表面を取り繕っている背徳の徒と違って、少しでも人間性を取り戻そうと思って、禅の修行を今日でも本気になってやっていることだけだ。

――その山懸、つまり山本懸蔵ですが、どんな人物でしたか。

かわいそうに、いい男でした。三・一五で逃れるんです。肺が悪いと言うのでたしか浅草でしたが、奥さんがいかにも寝ているように取り計らって、二階の窓からそっと下ろして逃がした。それでその後、党の命令でソ連へ渡るんです。警視庁は山懸は肺病でもう立てない身体だからと、警戒を厳重にしなかったので逃げられたんです。党の連絡を持って、正式にソ連へ入っています。ですから山懸はスパイでも何でもありませんよ。奥さんは「シベリアおまつ」と呼ばれた、水商売か何かをしていた人で、山懸に惚れ込んでね。最初にソ連にいった頃だから、党創設のころでしょうね。ウラジオかどこかで知り合ったようでした。奥さんは度胸があったから、警察が踏み込んできてもそっと逃がして、四、五日ばれなかった。

——当時の彼の肩書きは何だったのですか。

総同盟の委員長か副委員長でした。それから党の中央委員。日本の古い労働運動の闘士ですよ。大衆煽動をやらしたらうまかったなあ。小樽で沖仲仕の大争議があってね（昭和二年六月）、海上労働者の総罷業で規模は二万人とかいった。彼と一緒に現地へ行った。彼は表の労組の代表として演説をしたが、こっちは裏でオルグです。裏の指導者は三田村四朗(3)だった。陰のオルグとして入り込み、組織を作って相手に打撃を与えてゆくのは、三田村が抜群だった。一方、山懸だが彼の演説を聞くと、大衆はワーッと沸いて立ち上がったもんだ。非常に優秀な大衆組織家であり、活動家でしたね。

——学者肌の野坂とはずいぶん違いますね。

全然違う。あんなのが大衆の前で演説をしたら、燃え上がった火が消えちまうわ（笑）。愛される共産党くらいが関の山だ。俺が言いたいのは共産党はたしかに野坂を解任、除名処分にしたが、なぜ山懸の名誉回復をしないんだということだ。各国の共産党は山懸のような経歴を持つ者をすべて名誉回復し、党籍回復もやっているのに、なぜ日本共産党はそれをやらないんだということだよ。

——ほかの同志たちについての寸評を聞かせてください。

鍋山は戦術家、佐野学さんは戦略家で学者、渡辺政之輔は人との付き合いがうまく、巨大な組織者だった。理論家としては高橋貞樹だった。モスクワにあったコミンテルンの幹部養成学校のレニンスキークルスへ送られたが、ドイツ系ユダヤ人で天才といわれたハインツ・

ノイマンと論争して、一歩も引かなかった。しかし、このノイマンも最後はスターリンに殺されている。スターリンという男は、猜疑心が強く、たとえ自分に忠誠を誓った部下や同志であろうとも、自分の地位を脅かしそうなものは一切認めず、これをまだ芽のうちに摘み取り、文字通り根こそぎ殺してしまった。それがロシアというものを、この上もなく惨めなものにしてしまった。それが共産主義というものの本質じゃないですか。同時にそれは人類というものが、自己の保身と出世のためには人を裏切る冷酷な存在でもあるということですよ。

——モスクワへ渡った山懸についてはどう見ていたのですか。

山懸は殺されるぞと。彼は反スターリンだ。率直に物を言う男だから、スターリンのやり方は真の共産主義じゃないと、あれはかならず言うぜ、そうしたらやられるぞ。これは我々の常識だった。我々ばかりではなく、ソ連を知っている連中、コミンテルンを知っている連中、スターリンを知っている連中、すべての常識だった。各国の指導者からそういう犠牲者を出さして、叩くというのがスターリンのやり口で、それを実行したのがベリヤやKGBの連中だった。

——コミンテルンではどんな人間と付き合ったのですか。

まずヤンソン。彼が日本共産党と中国共産党を担当していた。クーシネンもいた。彼はコミンテルンの書記長。ヤンソンはもともと船員でラトビア人だった。好人物でしたが、最後はスターリンに殺されてしまった。一九二九年ごろはジョンソンという名前で日本にきていました。確かソ連大使館の商務官というのが公式の肩書だったとおもいます。これは一皮向けばコミンテルンの日本に対する組織者であり、対日工作の責任者でした。それからブハーリン、(4)ジノビエフ、(5)カーメネフ(6)もいたなあ。

戦後、中国へ行ったときに昔の話をしたら、中国共産党の古い幹部連中は、みなヤンソンのことを知っていましたよ。彼はコミンテルン極東部長をやり、中国共産党も彼の支配下でした。周恩来が海外担当、李立三(7)が国内担当と、コミンテルンに代表を二人出していたのは中国だけでした。それだけ中国の党が大きく、重要だったということです。

――いま旧悪を暴かれた野坂が、日本共産党を除名されたことについては、どんな感想をお持ちですか。

野坂は自分が粛清されるから、山懸を犠牲にし踏み台にして殺して、自分は党の代表だと名乗った。そんな野坂のような者がやってきた「愛される共産党」なんか、こんなもの、屁みたいなもんだ、いつでも潰してやるわという思いでしたね。(腕を指し)この辺にできた瘍《よう》みたいなもんですよ。共産党が野坂問題であっぷあっぷしているぐらいがちょうどいい(笑)。

それと、野坂という男は典型的なジェントルマンで、温厚で、実に狡猾で、陰謀家で、冷酷無比な人間です。まさに共産主義、スターリン主義にぴったりの男だ。そんな男をモスクワへ送ろうと主張したのは、かえすがえすも私の失敗だった。あの時、私が直接、野坂に会っていれば、彼の本質を見抜けたんだが、とても動ける状況ではありませんでした。というのは、あの時、私は風邪をこじらせ肺炎を患った揚げ句、四十二度の高熱を出して、宇都宮徳馬君の屋敷に隠れて、静養させてもらっていたんです。非合法だから医者にもかかれない。もうだめだと言われたんですが、彼の家にあった漢方薬を飲んで助かったんです。彼はそれからまもなくして、中国の薬草を主原料とする薬を開発して、ミノファーゲンという会社を興すのだが、それぐらいだから彼の家にはいろんな漢方薬があったんですよ。そんな訳で、関西におった西村欣次郎という男を通じて、野坂をモスクワへ行くように工作したのです。

——高谷覚蔵(8)という人物について話してください。

高谷と私とはいろいろ因縁がありましてね。戦後、東京会館で僕は児玉誉士夫の手下に撃たれるんですが、あれは高谷の出版記念パーティーに出て帰るとこだった。「田中先生、お帰りー」という声に送られて、僕が玄関まで出てきたところを、児玉一派に拳銃で撃たれたんです。

高谷は滋賀県大津の酒屋の倅で、大阪高等工業学校の醸造科を出たあと、アメリカへ渡り、片山潜の手引きでアメリカ共産党に入党したんです。この醸造科ですが、当時は全国の著名で金持ちの酒屋の子弟ばかり集めた、この上もなく贅沢な学科でした。高谷はここを卒業しながら、家業を継がずにアメリカへ行くと言い出したので、親父はカンカンになった。結局、家業は弟に継がせるということになり、本人はアメリカへ行ったんです。片山潜はレーニンの招集でモスクワへ行き、コミンテルン設立に骨を折るのですが、これができて後、片山の片腕としてアメリカから呼び寄せられたんです。モスクワの共産党大学を卒業した後、高谷は十年以上をソ連国内で過ごしてソ連共産党員、コミンテルン極東部員、KGBの極東主要メンバーとして、多岐にわたり責任ある地位で活動してきた。その後は極東においてオムスを取り仕切っていたリュシコフ[9]KGB三等大将の片腕でした。昭和十年に日本共産党再建の名目でソ連を脱出し、日本に戻ったのです。彼のパルタイナーメは寺田といいました。あるいは日本に来ることをリュシコフと打ち合わせていたのかも知れません。

——戦前、日本に亡命してきたあのリュシコフですか。

そうです。当時、リュシコフはNKVDの極東における責任者で、オムスのボスでもありました。NKVDはその後、KGBに発展していく。こんな大物が日本の懐へ飛び込んで来たんですから、大騒ぎになった。私はその時はもう獄中でしたが、後で聞くと軍と警視庁がリュシコフの身柄を奪い合ったそうです。

軍の方は甲谷《こうたに》悦雄大佐という、日本の対ソ作戦の中心におった人物が直接担当し、九段に事務所を持って取り調べたのですが、高谷は英語もロシア語もできるし、もちろんソ連共産党の内情にも通じていたから、甲谷大佐と一体となって、リュシコフの調査に当たったようです。

——そんな大物がどうして日本に逃げて来たのでしょうか。

スターリンに狙われたのですよ。ジノビエフやカーメネフがスターリンに粛清され、最後はリュシコフも命を狙われたので、ソ満国境を越えて逃げて来たのです。

高谷がこんな話をしたことがある。彼がソ連におったとき、ある日突然、トロツキー批判が始まった。高谷は仲間のロシア人に「おかしいじゃないか。昨日まで教科書にしていたトロツキーの本を持っているのが、どうしていけないんだ」と文句を言ったら、相手は「お前、そんなことを言って、俺がKGBに訴えたら、明日はもう墓穴の中だぞ。だから何があっても言うな。黙って目をつぶれ」。そうロシアの同志に言われたって。スターリンの考え一つで、クルッ、クルッと、どうにでも変わる。独裁の最も悪いところだよ。

——リュシコフはその後、どうなったのですか。

このリュシコフを日本軍特務機関は、敗戦直後に射殺してしまう。大連でね。戦後になって、射殺に関わったという元憲兵が、「進駐して来たソ連側に自分が殺したと教えてやったら「ハラショー、それは素晴らしい」と笑っていた」などという話を聞いて、おれは本当に胸糞が悪くなった。人を殺しておいて「ハラショー」という言いぐさがありますか。逃がしてやったらいいんですよ。米国や中国へでも送り込めば、何とかなるんですから。助けられた人間は、後になって世の中が落ち着いた時に、助けてくれた国に対して、どれだけ感謝するか分かりませんよ。またそれだけの人物ですから、また生き延びることができたら、将来どんな偉い人物になるかも分かりませんでしょう。それを生かしておいたら、自分たちの罪が重くなるというので、殺してしまう。日本の軍人といってもこの程度なんですよ。こんな者どもが対ソ政策なんかやるから間違うんだ。こんな連中の犠牲になってたまるかい。自分が助かるためにはなんでもやる。野坂参三も軍人も一緒です。陰険で小ずるくて冷酷無情な、どちらも同じ日本人です。

——そもそも高谷覚蔵とはどこで、どうして知り合ったのですか。

一九二六年、初めて会ったのは函館でした。函館ドックの労組の委員長から、函館港にイカ釣りに誘われたんです。ご存じの通りイカ釣りというものは、光を使ってイカを集める漁法ですから、もちろん夜です。当時からソ連の漁船が函館港にはずいぶん入っていました。ソ連の技術ではとても直せないので、みな函館まで定期修理にきていたんです。キャッチャーボートで湾の中へ出たのですが、そこへソ連の船がさっと寄って来て、乗り移れというんだ。暗いから分かりませんし、当時はのんびりしたもんでした。それで船長室へ案内されて行ったら、スラリと背が高くてロシア人と間違えそうな男がいる。こいつが高谷だった。「ミスター田中、俺と一緒にこれからソ連に行かんか。一緒にいって俺の仕事を手伝ってくれ」と言うんだ。

——仕事って何ですか。

オムスにいたリュシコフの指令で、田中を口説いて連れてこいと、そういうことだったんだ。福本イズムなんかにかぶれた連中じゃどうにもならんから、もっと見所のあるのを連れてこいと言われたんですね。結局、僕は行きませんでした。敗戦前後、この高谷の情報で軍も警視庁もずいぶん助かったはずですよ。人に頭を下げたことのない、傲岸不遜を絵に描いたような男だった。私が高谷の誘いに応じてモスクワへ行かなかったのは、それもあるんです。戦後になってからのことですが、自民党は池田内閣から佐藤内閣にかけて、この高谷を丸抱えにしようとかかったが、高谷は最後までうんと言いませんでした。

(1) プロフィンテルン　「赤色労働組合インターナショナル」の略称。一九二一年から三七年までの間、コミンテルンの指導の下に設立された国際労働組合組織。改良主義的な「国際労働組合連盟」に対抗し、社会主義革命の実現を目指して四十カ国、千三百万人の組合員を傘下においた。日本では日本労働組合全国協議会と評議会が関係をもった。

(2) 風間丈吉(一九〇二〜六八) 社会運動家。新潟生れ。高小卒。東京鉄工組合に加盟。モスクワの東洋勤労者共産主義大学に留学。日本共産党中央委員長。三二年検挙され、獄中で転向。戦後は労農前衛党の書記長。

(3) 三田村四朗(一八九六〜一九六四) 社会運動家。石川生れ。大阪で巡査時代に社会運動に近づき、免職。日本楽器争議などを指導。日本共産党中央委員候補。三・一五事件後、鍋山らと臨時指導部結成に動くが、四・一六事件で検挙され、獄中で転向。戦後は三井三池争議で第二組合作りを指導。

(4) ブハーリン(一八八八〜一九三八) ソ連の政治家、経済学者。一九〇六年入党。一時ドイツ、アメリカに亡命。帰国後、党中央委員、プラウダ編集長、コミンテルン執行委員長。トロツキーと共謀して国家転覆を謀った疑いで銃殺。

(5) ジノビエフ(一八八三〜一九三六) ソ連の政治家。ユダヤ人。一九〇一年ボリシェヴィキ党に入党。海外に二度亡命。レーニンと終始行動を共にし、レーニンの第一の副官といわれる。コミンテルン議長などをつとめたが、スターリンに反対して除名。いったん復党したが、キーロフ暗殺事件で逮捕され、三六年カーメネフらとともに銃殺刑。

(6) カーメネフ(一八八三〜一九三六) ソ連の政治家。一九〇一年ボリシェヴィキ党に入党。人民委員会議副議長、労働国防会議議長、イタリア大使、レーニン研究所所長などを歴任。一度党を除名されるが復党。合同本部事件で死刑。

(7) 李立三(一八九九〜一九六七) 中共指導者。湖南省出身。中学卒。苦学してパリに渡り、二一年周恩来らとともに中共フランス支部を結成。翌年帰国し、上海の紡績工場ストライキなどを指導。都市武装暴動重視の李立三路線はコミンテルンから極左冒険主義として批判され、査問のためモスクワへ召喚されて、ソ連滞在は十六年に及ぶ。帰国後、政務院労働部長、党中央委員、政治協商会議常務委員など。六七年二月「三反分子、裏切り者」の批判を受けて失脚。同六月四人組の迫害を受けて死去。八〇年三月、中山堂での追悼会で名誉回復がはかられた。

（8）高谷覚蔵（一八九九〜一九七一）社会運動家。大津市生れ。二二年大阪工高醸造科卒。同年十二月渡米。二三年十二月片山潜の手引きでロシアに渡り、東洋勤労者共産主義大学卒。三五年二月、帰国するまでコミンテルンなどの工作に従事。同年五月検挙され転向。陸軍参謀本部第五課（対ソ情報）嘱託。一時満州に渡り敗戦直後に帰国。核兵器禁止平和建設国民会議議長代理。日本人きってのソ連通として知られた。

（9）ゲンリッヒ・リュシコフ（一九〇〇〜四五）ソ連極東地方内務人民委員部長官。オデッサ生れ。一七年入党。一九年クリミア共和国内務人民委員部中央政治教習所に入所。二〇年KGBの前身、チェーカーに入り、三七年八月極東地方内務人民委員部長官（三等大将）としてハバロフスクに勤務。三八年六月十三日午前五時半頃、スターリンの粛清を逃れ、ソ満国境を徒歩で越境して日本・関東軍に亡命。東京に護送され参謀本部第二部第五課に保護され、「マラトフ」という名で対ソ諜報活動に従事。四五年大連に送られ、同八月二十日、大連陸軍特務機関長の竹岡豊により射殺。

なぜマルクス主義を捨てたのか

――治安維持法違反で逮捕されたのは一九三〇（昭和五）年七月十四日ですが、お母さんの自殺はその年の二月五日ですね。

はい。あの日のことは今でもはっきり覚えています。自分としてはもう親子の縁を切って、革命運動をやるつもりでしたので、二年近く母には会っていませんでした。あの年の二月二十六日に「和歌浦事件」というのがありましてね。和歌山市郊外にある和歌浦というところで、われわれ共産党中央部と官憲が激しく撃ち合った事件です。当時私は相手を倒すピストルと、自決用のピストルと、いつも二挺持っていた。事件前の二月五日は薄ら寒い嫌な感じのする日でした。夜になって和歌浦のアジトに帰る途中、トンネルがあるのだが、このトンネルを抜けて出口に近づいたところで、突然暗闇の中から、母の顔が浮かび出たんです。常々、母は私に、

「お前が家門の名誉を傷つけたら、お前を改心させるために、自分は腹を切る」

と言っていた。それをすぐ思い出して「あっ、やったな。母は腹を切ったな」って、その瞬間、そう思いました。以後、このことは私の心の中に重くのしかかって、その後の人生の道を決める上で、決定的な影響を与えました。

――お母さんは遺書を残されたそうですね。

ええ。母はこう書き残していました。

「お前のような共産主義者を出して、神にあいすまない。お国のみなさんと先祖に対して、自分は責任がある。また早く死んだお前の父親に対しても責任がある。自分は死をもって諫《いさ》める。お前はよき日本人になってくれ。私の死を空しくするな」

――それから四年後の昭和九年三月に獄中で転向声明を出していますが、きっかけは何だったんですか。

直接のきっかけは佐野・鍋山の転向声明（前年六月七日）ですが、つかまる前に起きた母の諫死と、それをきっかけにした共産主義への疑問がありました。もともと、僕は函館中学、弘前高校時代に、終始考えていたのは、何がこの世の真理なのか、自分の進むべき道は何なのかということでした。それでカント、ショウペンハウエル、ヘーゲルなどのドイツ古典哲学を読みあさり、河上肇の著作を読んだりした。そうしてマルクス主義、共産主義へと進んでいったわけです。もちろん共産主義の理論学習だけでは満足できずに、間もなく実践活動へと進みました。

当時、マルクス主義、共産主義は時の権力や支配的な考え方とは真っ向から対立するものでしたから、相当な覚悟がなければそうした活動には入れませんでした。ですから私が日本共産党へ入党したときは、もちろん死刑は覚悟でした。最大の悪法であった治安維持法では、国体変革の指導者には死刑、もしくは無期懲役を科すとされていたのです。弘前での社会科学研究会から始まった活動は、やがて青森県車力村での農民運動、函館での労働運動、東北学連へと進んでいき、東大に入った年には、ついに入党するわけです。しかし、こうした実践活動を続けながら、次第に私の中ではどうしても割り切れない気持ちが、本能的に膨れ上がっていました。

――どんなことですか。

その割り切れなさがどこからくるのか、とことん考え抜きました。そのために血を吐くような思いもしました。結局、私自身の中に、モスクワから指令される共産主義を受けつけない強い何かが、すでにあったということでしょうね。当時、私の中では、アジア解放のために、日本および中国の革命に一生を賭けようという情熱のほうが、強かったんです。

一九二七年七月十五日、コミンテルン日本問題特別委員会によって、いわゆる「二七年テーゼ」が出されました。天皇制の廃止がスローガンの一つだった。この年の十二月一日、日本共産党中央委員会は、この「二七年テーゼ」をもとに、日本共産党の再建・建設を党議決定しますが、このときにも心底で大きな違和感を感じていました。それは私だけではなく、一般の労働者やインテリの多くもそうでした。当時の労働者農民大衆は、天皇制廃止というスローガンを、無批判に受け入れることはできなかったんです。その後に出た「三二年テーゼ」[1]（一九三二年七月十日）はもっとはっきりしていた。スターリンは天皇制を廃止することで、日本の力を弱めることを目標に据えたんです。

それに加えて、私自身はスターリンのやり口が、段々と分かりかけてきていた。私が再建後の日本共産党の書記長だった時に、スターリンは「日本共産党は武装すべし」という指令を出してきた。私自身がこの指令をモスクワから受け取ったんです。この指令にしたがって、後世の史家から我々は「武装共産党時代」と名付けられるほどの武装集団となり、官憲殺傷五十数件という過失も犯したんです。今思えば死刑にならないのが不思議なくらい、それは反人道的、反社会的、反国民的犯罪でした。

ところがスターリンは今度は「日本共産党は極左冒険主義だ。けしからん」と叱責してきたんです。私はこのモスクワからの、責任回避に終始した指令を受け取って「いまさら何を言うか」と心底から怒りが込み上げてきました。「こんな、スターリン程度の男に振り回されてたまるか」と、本当に腹が立った。このスターリンのやり口は、日本共産党だけでなく、同時代の中国共産党に対しても同じです。彼の中共に対する都市武装暴動を決行せよとの指令は、南昌、九江、広東の武装革命で失敗し、中国共産党は壊滅的な打撃を受けたのです。しかもスターリンはその責任を中国側に押し付け、当時の中共指導者・李立三はその責任を無理やりとらされて、李立三路線は極左分子の代名詞のように言われて糾弾された。

——その後、戦後ずいぶん経ってから李立三は名誉回復されましたね。

その通りです。一九八〇年三月、鄧小平氏は毛沢東によって引き起こされたあの馬鹿げた文化大革命の被害者と共に、李立三の名誉回復を行いました。私にはこれは、鄧小平氏によるモスクワへの最大の抗議とも、訣別とも思えました。鄧小平氏はその点でもたいした人物だと思います。偉大な、断固たる措置でした。私が八〇年四月、五十年ぶりに中国を訪問することを決意したのも、李立三の名誉回復が一つのきっかけでした。鄧小平氏の中国が、ストンと私の胸に落ちたような気がしたのです。

――獄中で共産主義を捨て、天皇主義へと変わるわけですが、何があったのでしょうか。

スターリンに対する批判を通じて、最後はマルクス主義、共産主義との訣別に進んでいくのですが、その過程で私自身が考えたのは、結局のところ、マルクス主義が西洋合理主義の申し子であり、その西洋合理主義は一神論のキリスト教とギリシャ文明を母胎にした混合造形であるということでした。

――どういうことですか。

一人の日本人としての私に、共産主義、マルクス主義を受けつけさせないものは、つまるところ、私が日本民族の一人であり、日本民族のまさに中核には、天皇制があるということです。ニーチェにも、ゲーテにも、カントにも、マルクスにも満足できないのは、この世のあらゆる物は神であり、そのようにして自然界は存在しているという、汎神論の世界に自分は生きているからだということです。幕末に朱子学と水戸学派によって著しくねじ曲げられた、天皇だけが神であるというような狭隘な神道もまた、満足できるものでなかったことは、言うまでもありません。いわんやナチズムなどは論外でした。ずっと後になってからのことですが、毛沢東を絶対視した中国の文化大革命などは、私にとっては、まったく気違いのたわごとに過ぎませんでした。

八百万《やおよろず》の神といいますね。この世に存在するあらゆるものが神だという信仰ですが、この信仰が自分の血肉の中にまで入り込んでいて、引きはがすことはできないと。そうしてその祭主が皇室であり、わが民族の社会形成と国家形成の根底をなしているということに、私は獄中において思い至ったのです。考えて考えて、考え抜いたあげくの結論でした。

――獄中において、当局からの働きかけに応じたものではないと言われるんですね。

まったくない。はっきり申し上げておくが、私の転向声明は、拷問による肉体的苦痛のためだとか、権力に迎合して自己を少しでも有利にしようなどということでは、全然ありません。私の転向は母の死によってもたらされた心中の疑念が、次第に膨れ上がり、私の中で基層に潜んでいた伝統的心性が目を覚まし、書物その他によって表層意識に植えつけられたマルクス主義、共産主義という抽象的観念論を追い出したということです。ですから佐野・鍋山転向声明というのも、いわば一つのきっかけに過ぎません。また、転向したかつての同志の中には、その後、軍部に協力した者や、その走狗になりさがった者、あるいは戦後、自分は拷問によって転向させられたといって、再び共産主義に走った者など、様々な人間がおりましたが、私はこれらの人々を心から軽蔑して、一切付き合いませんでした。以後、私は終始一貫してスターリンとマルクス主義には反対です。私のこの立場は、こんにちまでいささかも揺らいだことはありません。

――その後、昔の仲間と行動を共にすることはなかったというわけですか。

そうです。敗戦後、佐野学さんが共産党の転向者である鍋山貞親、佐野博、風間丈吉らを集めて、日本前衛党なるものを作ろうとして、佐野博を通じて話を持ち込んで来たことがありました。俺に書記長をやれというんだ。「私は人の作った組織には乗れない。自分が作ったものしかやらない」と、そう言ってきっぱりと断った。風間丈吉も来たが、君がやれよと言ってやった。はっきり言って俺はあの人たちを信用していない。したがってだれとも組んでいない。

——当時の新聞に報道された田中さんの転向声明を読むと、完全な平等の下における中国、台湾、朝鮮との連携を主張しておられますね。

第一次近衛内閣が成立（昭和十二年六月四日）した後のことだから、もう日中戦争が始まっていましたが、司法省から「現下の時局に対する所感を書け」と言ってきた。それで私は「日本は無条件で中国と和平をせよ。満州国を作ったり、無謀な戦争をしたりするのは止めて、その金をアジアの国々の開発にあてるべきではないか」と書いたんです。後で聞いたことだが、司法省の中にも「これは反軍思想だ」というのと、「いや、大東亜の思想だからいいんだ」というのと、両方の見方があったようです。今から見れば小僧っ子のような考えで恥ずかしいが、あの当時、社会的融合と民族の統合の象徴としての天皇制を旗印に掲げて、東南アジアの人々と現在のような形の連携を行っていたら、日本はアジアでもっと尊敬をされていたんじゃないでしょうか。

——ソ連・東欧が崩壊した現在、共産主義は結局なんだったと思いますか。

全くの観念論だと思う。唯物論も観念論。人類の、宇宙の実存をつかんでいなかったということ。自分の定規に合うような理論を現実から抽出して、勝手にこね上げ、それをマルクス主義だ、社会主義だと銘うって、それを絶対視したところに、根本的な間違いがあるということです。現実ですよ。現実に適合しているか、していないかの問題なんだ、すべては。しかしね、ソ連があんなに早く崩壊するとは思わなかった。いずれソ連は崩壊するとは見ていたが、あんなに早くとはねえ。

――日本共産党は「ソ連の誤りは我々が以前から指摘していたことだ」などと言っていますが。

宮本も不破もモスクワ一辺倒であったのが、今日何を言うのだと、彼等に突きつけてやりたいですね。渡辺政之輔だけじゃないですか、日共でまともだったのは。あとは不破タイプとか、宮本のような、どうにもならないような小理屈屋が、共産党へ行ってくれたんで、助かったんですよ、日本は。彼等が政権の中枢になんかおったら、日本はロシアよりもっとひどいことになっていたでしょう。

――結局、刑期は最後までつとめることになるわけですか。

そもそも私の刑期は無期となっていたんです。それが有期刑になり十五年に減刑されたが、皇太子殿下（現在の天皇陛下）のご生誕と、紀元二六〇〇年の時と二回恩赦があり、実際には十年と十カ月で出てきたのです。私の身元引き受け人は富田健治[2]さんですが、富田さんは「せっかく早く出してやろうと思っているのに、君は軍を刺激し過ぎる」と嘆いていました。富田さんはご存じのように近衛内閣の書記官長をやり、近衛の最側近の一人でしたが、もともとは内務省の保安課長や警保局長などをやり、いわゆる人民戦線事件で捜査を指揮した、私とはまったく立場が正反対の人でした。私は出獄してから龍沢寺で修行をしたわけですが、富田さんも玄峰老師の下へ通って来ていましたので、よくお会いする機会がありましてね。私と富田さんとが一緒にいるのを見て「ああ、必死になって逃げ回っていた者と、追いかけていた者の頭目がここに一緒にいる」って、人から笑われたこともありましたよ(笑)。

それから思想検事だった平田勲さん、戸沢重雄さんのことについても、この際是非話しておきたい。我々思想犯はこのお二人を頂点とした検事陣によって取り調べを受けたのですが、お二人とも「思想犯に死刑なし」ということを、一貫して主張された方です。当時の検事の中には、軍部に迎合して、共産党員は死刑にせよなんて主張した者がたくさんいたけど、平田さんや戸沢さんは共産党員から死刑を出させなかったし、皇室を守るために共産党員を死刑にするというのでは、真に皇室を守ることにはならないというのが持論でした。ヨーロッパの中には、共産党を非合法化していない国もたくさんありましたからね。

このような意見を、先帝陛下は全面的に受け入れられたと承っております。これが思想犯を転向させた本当の理由ですよ。あれをもし、そうじゃなくしていたら、天皇制は戦後残らなかったでしょう。平田さんなどは思想犯が出獄すると、ご自分の家に泊め、寒ければ自分のオーバーをやってしまうほど、情愛の深い方でした。

――戦前の思想検事というのは皆、こわもてのウルトラナショナリストというのが、通り相場と思っていましたが。

全然違いますよ。平田さんはもともと西伊豆の網元・山林主の出身で高等学校は金沢の四高。そのころから龍沢寺で修行をされていた。東大へ進まれ東京地検の検事となったが、その後満州国の最高検察庁次長となって新京（現在の長春）に渡られた。石堂清倫君などは満州へ行くたびに、平田さんの世話になっていましたよ。

しかし、平田さんは理想に燃えて満州国へ行ったのですが、強大な軍隊と意見が合わず辞任してしまった。その後は東京に戻って「帝国更新会」という一種の私的な保護観察所を作り、思想犯の社会復帰に退職金をすべて注ぎ込んだ揚げ句、莫大な借金まで作ってしまうような人でした。

それから戸沢さんは山形の旧新庄藩出身で、小磯国昭元首相とは従兄弟同士でした。函館の私の実家のほんの数軒先に、戸沢さんの叔父さんが戸沢病院というお医者さんをしておられ、そんなこともあって、戸沢さんにもいろいろとお世話になったものでした。戦後は私の会社の顧問弁護士もしていただきました。戸沢さんの奥さんは九十歳でご健在です。もちろん今もお付き合いをしておりますよ。

お二人はまた水野成夫や浅野晃ら三・一五以降の転向組の生みの親でした。お二人に共通するのは、家門というか生家が立派なことです。ただ金持だというのとは全然違います。こういういい政治をやる人は皆そうですね。今でも私はお二人の顕彰会をやりたいぐらいですよ。

それから和歌浦事件で逮捕された田島善行という人がおりましてね。この人は和歌山県人で実家は山持ちの旧家でしたが、有田中学から三高、京大へと進み、野球部に入りながら共産党へ入党した人でした。四・一六からの生き残りの党員でしたが、彼が和歌浦事件で捕まったときに、田島の京大の同級生たちが、

「本人が京大卒業を希望しているが、卒業できなくては、かわいそうだ。卒業試験だけは何とか受けさせてやりたい」

というので、高橋という特高部長にあてて嘆願書を出しましてね。高橋特高部長も担当教授がよろしいと言うのなら、許可しようというので、留置場の中で試験を受けさせ、卒業ができたというような話もありましたよ。当時はそういう空気でした。こういうことが共産党なんかに対する、一番大きな打撃になるんですよ。それから関東大震災のときに、摂政の宮に爆弾をぶっつけようとした疑いで捕われ、無期懲役刑を受けた朝鮮人の朴烈という人物がおりました。朴烈君は獄中で朝鮮人だというのでずっと差別されていました。彼は最初は死刑だったのですが、転向して無期になったのです。獄中生活が長かったものですから、甘い物を欲しがってねえ。こっちは規則と聞けばすぐぶち壊したくなるほうだから、かわいそうだと思った僕は、看守をうまく丸め込んで羊羹を持ち込ませ、朴烈君に食べさせてあげたら涙を流して喜んでねえ。

敗戦後、私が身元引き受け人になって彼は出獄、奥さんをもらって新宿区下落合に住んでいたのですが、その後も三島にいた私を訪ねてくれて、一時彼の生活のお世話をしたこともありました。

その後韓国が彼を重視して帰国するように働きかけてきましたが、彼は李承晩大統領と合

わなかった。というのは李承晩は親米派だったが、朴烈君はほんらいアジア主義者なんです。「自分は李承晩の韓国には帰らない。なんとかして南北を統一して祖国を一本化したい。北は共産主義で間違っているが、北には古い友人も何人かいるから、自分が出かけて行って説得してくる」

こう言って私のところへ相談にきた。それで僕は、

「あんたの主張はその通りだが、北へ行くのは止めた方がいい。共産主義なんてそんな甘いもんじゃない。行ったら君は殺されるぞ。もっと時期を見てやったらいい」

そう言って忠告したのだが、憂国の情やみがたしというのだろうか。「殺されても私はやります」。そう言って彼はまず韓国へ帰っていった。そして、朝鮮戦争のときに北朝鮮に行き、死ぬまでむこうで生活していたといいます。朴烈君は非常に純粋で、私なんかより熱烈な皇室崇拝論者だったなあ。

――刑務所での生活ぶりを話して下さい。

刑務所での生活なんて、あなたには想像もできないでしょう。でもね、十一年近くもおりましたので、おかげさまで、いろんな経験ができましたよ（笑）。よく申し上げるのですが、入らぬのは芸者だけで（笑）、汁粉を作らせたり、鶏を飼ったり、普通では考えられないこともできましたよ。中ではいろいろな作業、たとえば畑を耕して野菜を作ったりするんですが、そんな時に、「俺の実家は函館の郊外で牧場を経営している牧場主だ。蔬菜《そさい》は十町歩ぐらい、牧場の広さはその倍以上ある」なんて話をすると、看守たちは「それだけの畑や牧場

があったら、内地では大地主だぞ。そういうところの息子なら、一生遊んでいても食えるじゃないか。なんで共産党なんかへ入ったんだ」などと言っていました。そんな話をしながら、看守たちと仲よくなっていったのです。それで受刑者と看守と野球チームを作って、対抗試合をしたりね。田島みたいのもおりましたしね。私は打つほうが得意でした。こっちのチームが勝つと看守たちは悔しがってねえ。全部で千人をこえる受刑者がおり、殺人、放火、強盗など重罪犯が圧倒的に多かったが、教育刑主義は徹底していましたよ。政治犯を力で押え付け、殴り殺したりする、ヨーロッパやアラブなんかの刑務所とは明らかに違っていました。その点では恵まれていましたね。

——新聞や雑誌などの情報も入手できたのですか。

新聞や雑誌も読めました。『改造』などは、部分的にそこだけ切り取るようなことにすれば、なんとか入ってきました。サナトリウムで結核療養中の藤沢桓夫君に宛てた手紙は、その頃に書いたものです。あれはもちろん極秘に出したもので、その時の手紙の中にも、少しその辺のことは触れております。これらは看守との間に、ある種の信頼関係がなければ、とてもできることではありません。バレたら彼等はただちにクビですから。

戦後、事業を興したときに、このときの看守を五人ばかり雇ってあげました。いずれも定年まで勤め上げ、その後は喜んで郷里へ帰って行きましたよ。ずっと後になって招かれて中国へ行ったとき、田中さんは十一年間、刑務所におったそうだが、どうだったと聞かれたから「愉快ではないが、面白かった」と言ったら、皆、ウーンとうなっていたなあ。「随処に主となれば立処みな真」[3]という禅の言葉がありますけど、この言葉を私は刑務所の中で、実感した次第です。

(1) 三二年テーゼ　一九三二年五月にコミンテルンにより決定された「日本における情勢と日本共産党の任務に関するテーゼ(綱領)」の略称。日本における当面の革命の性格を「社会主義革命への強行的転化の傾向を持つブルジョア民主主義革命」と位置づけ、天皇制の打倒、寄生地主制度の廃止、七時間労働制の実現などを掲げた。講座派の理論的支柱となり、五〇年代まで大きな影響力を保った。

(2) 富田健治(一八九七〜一九七七)　内閣書記官長。兵庫生れ。京大政卒。内務省に入省。神奈川県警視、石川・大阪各警察部長、内務省警保局長となり人民戦線事件を指揮。長野県知事をへて第二次近衛内閣の書記官長となり新体制運動を推進。近衛の側近として知られる。戦後公職追放となり、解除後は兵庫二区から衆院議員(自民党)四期。

(3) 随処に主となれば立処みな真　臨済録の中の言葉。「あらゆる時と場合に自ら主人公となれば、いかなるところにおろうとも、そこが真実の場所となる」の意。

第二章　昭和天皇と玄峰老師

獄中結婚のいきさつ

――一九三三（昭和八）年九月に、奥さんと獄中結婚をされていますが、そのいきさつもうかがいたいですね。まずその前に、奥さんはどういう経過で、左翼運動に入っていったのですか。

田中　それは彼女自身から話してもらったほうが正確でしょう。私が今日あるのは、半分以上、彼女のおかげですから、彼女の話も聞いてあげてください。

ひで夫人　私が生まれたのは長野県南佐久郡畑八《はたや》村（現佐久穂《さくほ》町）というところで、家は農業を営んでおりました。兄がおりまして、小宮山新一といいます。東大医学部に進みまして、田中よりは一年上でございました。この兄が新人会で田中と一緒に運動をやっておりました。まだ松本高校の頃から、社会科学研究会に入っておりまして、新人会に入るとだんだん運動に関わることが多くなり、父が毎月送っていた月謝も、大学には払い込まれずに、家のほうに催促の通知がくるというようなところまで、いっていたんです。

父はびっくりして上京しましたが、下宿を訪ねてもそこにはおりませんで、すぐには居所も分からないようなことでした。調べてみたら、学校にもほとんど出ていないというようなことで、父は大変心配をいたしまして、一度帰ってこいと長野のほうに呼び戻したんです。

——それで、お兄さんはじっとしていたんですか。

ひで夫人　いえいえ。盛んに兄と父とが議論するんです。父は「どんなにいいことでも、今はまだ学生なんだから、とにかく卒業だけはして、ちゃんと資格を取ってから、それからやればいい」と言うんですが、兄はそんな悠長なことはしていられないんだと。今直ぐにやらなければと、それはもう、すぐにも革命ができそうなことを言うんですね。「そうしたら本当にいい社会ができて、今のようなひどい、不平等な世の中はなくなるんだ。みんなが幸せになるんだから」

こう兄が申しますものですから、私はまだ女学校を出たばかりで何も知らない頃でしたが、はたで聞いておりまして、なるほどそれはずいぶんいいことだなあって思うんですね。でもそのときはそれだけのことでした。

そんなふうにして兄が父をずいぶん説き伏せようとするんですが、なかなか父も言うことを聞きません。まあ、とにかく暫く家におれって、家から出されないときがあったんです。そうしたらあるとき兄が、私に「こんなことしちゃおれないんだ。今どうしてもやらなければならないことがあるので、何とかして家を出るから、お前手伝え」と言うんですね。それから何日くらいかの夜に、夕御飯がすんだらなんとなく庭へ出て、外を眺めるふりをするから、そうしたら自分の荷物を二階から投げてくれと、こう言うのです。

その日がくると、兄はちゃんと自分で荷物を作っておき、その通りに荷物を投げてあげると、汽車の時間も見計らっておいて、出ていってしまいました。しばらくして、父が「おい、新一が見えないがどうした」と言い出しましたが、もう汽車が出た後でした。兄の部屋を調べたら書き置きが出て参りまして、今更追いかけても間に合わないし、ということで父も諦めました。その時には私も何も聞かれませんし、言いもしません。

そんなことがありまして、昭和三年の正月のことでした。兄が久し振りに戻ってまいったんですが、ちょうどその頃、あたくしの腕の関節が大変痛みまして、田舎のお医者さんに診ていただいたんですが、なかなか治りません。それで兄が「一度大学病院で診てもらったらどうか」と言い出して、その年の一月に兄と一緒に上京したんです。

――診察の結果はどうだったんですか。

ひで夫人　最初は東大医学部の真鍋内科というところにかかったのですが、どうもこれは治らないと言われました。ちょうど兄の先輩で曾田長宗《そだたけむね》さんというかたが研究室の助手をしていらして、外科のお医者さんを紹介して下さいました。それで診ていただいたら、関節カリエスだということが分かりまして、その治療のために当分、東京にいなければいけないことになったんです。

それで兄の下宿では何かと不自由なので、あたくしだけ、その曾田さんの家に預けられたんです。曾田さんも新人会の先輩ですから、兄と同じような左翼運動家なんです。新婚間もない家庭でして赤ちゃんがおり、あたしはその赤ちゃんのお守りをするかたわら、病院通いをしていたんですが、暇があるものですから、お宅にある本を借りて読むのですが、これがみなその方面の本ばかりです。それから、曾田さんが労農新聞か何かに原稿を書かれるんですが、筆跡を残しちゃいけないというんで、あたくしに清書させるんです。

今思うと、兄はそうやってあたくしを洗脳し、仲間に引き入れようと、最初から考えてそうしたのだと思います。自然と私もそうなっていきますしね。

治療のためにギプスをつけていたのですが、そのギプスをつけたまま、一度田舎へ帰ったことがございます。三カ月ぐらい田舎におりましたのですが、今度はそのギプスを外すということで、もう一度上京いたしまして、今度はもう田舎へは帰らないと。なんとなくその頃には、もう自分も兄達の仲間のような気になっておりましたものですから。あたくしに出来ることは何んにもないけれど、もしそういういい社会ができるんだったら、自分もどんな小さいことでもいいから、何かしたいという気持ちだけはあったんですね。それですからもう田舎には帰らない方法を考えましてね。両親には「この病気はなかなか治らないから」って、そう言ったんです。その頃ちょうど、田舎で結婚話があったんですが、こういう病気の者は、あまり結婚はしないほうがいいだとか、お医者さんが付いているから、いろいろ教えてくれるんです（笑）。

そして、今度は上野池之端の七軒町に、一軒家を借りて、兄と一緒に住んだんです。兄は女でも何か仕事をするのがいいと言いまして、新聞広告で見付けた日暮里の小さな印刷所の、校正係りをすることになりました。そこの一軒家へ時々、田中が泊めてくれと言って来ていました。今から思えば、特高に追われて逃げ回っていたんでしょうねえ。

田中　七軒町の家には特高に追っかけられて、何遍か匿《かくま》ってもらった。お父さんが兄貴の目付けに妹を寄越したのだが、我々の運動に取り込んでしまった。

――それで知り合ったわけですか。

ひで夫人　いえ、いえ。まだまだ（笑）。そのときはだって、まだ名前も、この人が田中だって言うのさえ、分かんないぐらいですから。たしか「矢野平太」って呼ばれていました。あの頃は全然、本名を使わないんです。あたくしが、主人の名前は田中と言うんだということをきちんと知ったのは、結婚する直前で、検事調べを受けたときでした。ずっとその「矢野平太」というのが、本当の名前だって思い込んでいましたもの。

――どちらが先に逮捕されたのですか。

ひで夫人　あたくしです。昭和五年の二月下旬の寒いときでした。主人の逮捕はその年の七月のことですから。私が捕まりましたのは和歌山の和歌浦事件の時です。検挙される少し前、どなたか忘れましたが、東京の田中の知り合いかシンパの人から、田中の母が亡くなったということが、東京の新聞に出たそうだという連絡があったんです。そうしたら、その日の晩に、田中が和歌浦のアジトへ戻ってくるなり、

「今そこを帰ってくる途中通ってきたトンネルの中で、母親の顔が浮かんで見えた。何かあったのだ」

って、そう言ったんです。日頃からよくそういうことを言う人なんです。でもそんな重大なことが起きているなんて、あたくしは思い及びませんしね。何かあったのかしらぐらいに、思っていましたけど。

田中　俺は母が腹を切ったなって、すぐ思ったな。母はしょっちゅう、そう言っておりましたから。お前が共産党なんかに入り、家門の名誉を傷つけ、父親の教えを無にしたら自分は腹を切るって、口癖のように申しておりました。

ひで夫人　それから数日して、東京のどなたか遠縁の方から新聞記事が送られてきて、見たら自決したと。本当にびっくりいたしました。それから間もなくのことでした。田中と佐野博さんが外出から戻ってくるなり、「もう、この家は危ない。すっかり見張られている。ここにはもうおれないから、今晩のうちにここを出よう」と、そう言うんです。そして、自分たち二人は町へ出ていくわけにいかないから、このまま裏山から、今のうちに逃げるから、君らも今晩中にここを引き払えと。このアジトには、さらに二人の男の人がいたんです。そこで田中と佐野さんは、明日の午後、何時に京阪電車のこれこれという駅で会おうと言い残して、そのまま出て行ってしまいました。

後に残った三人は、それからほとんど明け方近くまでかかって荷物をまとめ、ほんの身の回りのものだけを持って、すぐに出られるように身支度を整えて、床についたんです。そうしたら、明け方襲われたんです。

——残った三人とも、そこで逮捕されたのですか。

ひで夫人　ええ。あたし、何か眠っている向こうから人の気配がしたものですから、これは田中たちが何かの都合で戻ってきたのかと、一瞬、そう思ったんです。違うことはすぐに分かりました。でも布団の上からがばっとのしかかられ、身動きも何もまったくできません。

そのときとっさに思ったのは、よく分からないままに、このまま無抵抗のまま捕まるのは、何か申し訳ないというような気持ちがあったものですから、枕元にあったピストルを無意識のうちに引き寄せました。

――拳銃を持っていたんですか。

ひで夫人　はい。ピストルを預かっていたのです。よくよくの時はこれで身を守るんだって言われて。その頃は私は和服ばかり着ていましたが、かなり重いんです。それで身につけたときに落としたりしては大変だというので、外出するときなどは、帯締めの赤い紐で結わえていたのです。両手だけはどうにか動かせましたものですから、それを左手でたぐり寄せて、ピストルを右手にもちかえ、とにかく一発は発射しました。でも上から押え付けられていますから、当たりませんでしたけど。そこで手錠をかけられて、逮捕されたわけです。後で「女だてらに、ピストルを手首に結び付けてピストルを乱射した」なんて当時の新聞には書かれましたけど（笑）、そういうことがあったのです。

――残る二人の男性も一緒ですか。

ひで夫人　私は玄関を入ってすぐの部屋、二人は奥の部屋に寝ていたのですが、私が襲われた物音で目を覚まし、立ち上がって床の間を背にして、警官隊に向かって何発も撃ったようです。ですから、それはもう大変なものでしたよ。結局この二人もそこで逮捕されました。でもそのとき面白かったのは、警官が「田中と佐野を捕まえたぞ」って、しきりに大声で嬉しそうに叫んでいるんです。それで、ひょっとしたら主人は田中と言うのかなって、その時、だいたい気付いたんです。

――逮捕されて和歌山の警察へ留置されたのですか。

ひで夫人　和歌山の警察に置かれたのはほんのちょっとだけで、すぐに大阪へ移送されました。北区に未決監獄があって、そこに三年ほど置かれたんです。取り調べも何もない期間が長うございました。それからようやく京都の宮津へ護送されました。

――今のようなお話を、これまでになさったことはありますか。

ひで夫人　いいえ。どなたにも話したことはございません。どなたからも聞かれたこともございませんしね。主人も若い時はもうしょっちゅう外を飛び歩いておりましたものですから。主人が家におるようになりましてからは、当時のことはあまりにも年月が立ち過ぎておりましたし、もう話題にもなりませんでした。

田中　こんなに詳しい話は、私も今初めて聞きました。もともとあまりいい思い出じゃありませんし、俺は彼女を犠牲にしてしまったわけだから、気の毒で聞けやしませんよ。だいたい、僕はあの晩、アジトを出ていったきり、捕まる現場にはいなかったわけだ。あのときは、大阪で先に捕まったのが、和歌浦に、田中と佐野がいるって喋ったんです。彼女は党員ではなかったんですが、ずいぶんひどい拷問を受けましてね。それでも俺の居所を白状しなかった。後でそれを聞いて、これには感銘した。

――お二人の結婚に至るいきさつをお話しください。

ひで夫人　私が宮津の刑務所に服役していた時に結婚したのですが、主人も小菅の刑務所ですから、もちろん会えるわけもございません。ですから結婚といっても、お互いの意思表示だけです。あたくしにとりましては、田中が転向するなんてことは、まったく想像もできないことでした。初めから捕まれば死刑か無期だということは常々言われていて、それを全く信じておりましたですから。この人はいずれは死刑か無期になる人と、本心から思い込んでいました。ですけれども、私が入籍だけして、とにかく私はあなたの妻ですという、意思表示だけしておけばそれですむと、そう思ったのです。ですから私はその時には、本当に結婚生活がいずれできるなどとはつゆ思わず、結婚したという形を作っておくだけのことになるだろうと思っていました。

でも、そもそもの最初はすごく突飛なんです。もっと以前、二人がまだ検挙される前のことですが、田中に連れられて目白の方に住んでおられた片岡鉄兵さんをお訪ねしたことがありました。そのときに片岡さんはお留守でしたが、向こうの方に田中が「これは私の家内です」って、そう言ったんです。それであたしびっくりしましてね。何もそんな話のまったくない時にね。それからずいぶんのちになって、結婚したいという意思表示がございましたが……。

ともかく、それで私の身元引き受け人のようなことをしていただいていた、大阪の丹羽の小母さんに手紙で相談をしたのです。実家の両親の方にその旨を伝えていただいたら、親達は「そんなこと、とても考えられない」と、こういう返事でした。私の旧姓は小宮山というのですが、両親は「この小宮山の家から、獄中にいるような人のところへ、嫁にやるわけにはいかない。世間に対しても、そんなことはとてもできない」ということでした。

小宮山の家は私のほかに兄も検挙されて、世間に対して顔向けができないということから、父は村長を辞めて、農業をしていた頃のことでした。それでどうしてもそうしたいというのであれば、小宮山の家は出るということになりまして、いったん、丹羽家の養女に入籍して、「丹羽ひで」となって丹羽の家から、田中家へ嫁入りするということにしたのです。それだけのことなんです。それがはからずもこんなに長く一緒に暮らすことになり、まったく世の中って分からないものですわ（笑）。

結婚しましたときに、もう私の刑は決まっていて、だいたいあと三年ぐらいすれば、出獄できることは分かっておりましたが、田中の方はどうなるのか。転向したから死刑とか無期とかいうことはなくなるんだというのは、後から分かったことでした。私は昭和十一年四月二十九日の天皇誕生日に仮釈放で出されたのですが、それから何回か戸沢検事のところへ伺っておりましたら、

「あんた、田中となんか結婚しないで、離婚しなさい。私がいい人を世話してやるから。あいつはまだまだ長いんだぞ」

って、そう言われたこともありました（笑）。

――田中さんが、この人でなければと思ったのは、どういう点ですか。

田中　見抜いておりましたから。しっかりしているしねえ。しっかりし過ぎて、今日、こっちは困惑しているところもありますけど（笑）。母が亡くなって、田中家としては私一人に

なってしまったので、家をだれが守っていくのかが、大問題でした。だから彼女に守ってもらおうと考えたのです。これは結婚してからのことですが、彼女が先に保釈になりましたので、小菅にもよく面会にきてくれました。ご覧の通り結婚は大成功でした。もっとも彼女にとっては、大損害かもしれんなあ(笑)

ひで夫人　あの頃は、まだこちらはようやく名前が分かっただけで、あとは函館のことも何も、まったく分かりませんもの。どこのどういう人かも。もちろん兄のところで、顔は見ておりますけれども。

あたくしは仮釈放で出されたのですが、思想犯保護観察法という法律がございまして、当局の監視下にあり毎月一回出頭して、どうしているか報告しなければならないんです。小菅には参りましたが、月一回しか面会はできないんです。

それよりもまだ宮津の監獄で服役中のことですが、そのときの典獄がいい人でしてね。宮津監獄の所長の息子さんが、たまたま小菅刑務所の看守長をしておられたものですから、休暇で帰省した息子さんから小菅のことをいろいろ聞いたお父さんが、向こうの様子をあれこれ教えてくれましてね。それで田中のことも少しは分かるようになったんです。

――ところでお兄さんの新一さんは、その後どうなったのですか。

ひで夫人　兄は運動には関係がありましたけど、未決の時に病気になりまして、服役しないまま保釈になりました。皆川治宏という司法事務次官が退官されて、千葉で思想犯の修養道場のようなものを開いておられましたが、兄はそこへ入りまして、まもなく東大への復学を許され、四年に在学していたのですが、三年からやり直しておりました。卒業後は東大小石川分院で助手をつとめ、一時、青森県津軽の組合病院長となり、それからまた東京に戻りまして、今度は中野の組合病院長をしておりました。

戦時中は軍医として応召し、敗戦となっていったんは中野に戻りましたが、やがて川崎の方に移りまして、自分はそこに骨を埋めるつもりでやったようです。環境衛生とか社会保険制度が専門でございました。定年の時は川崎の高津保健所長をいたしておりました。

――結局、お兄さんは郷里の長野県には戻らなかったのですね。

ひで夫人　ええ。それでも、父はなんとか兄を田舎へと考えたようでした。あたし達が捕まって、父が村長をすぐに辞めたことは前にお話ししましたが、その後はお百姓になり、米などを作りながら、農協の前身の信用組合の組合長なんかをしておったのですが、村にはお医者さんが全然いないものですから、近郷の町村を回りまして、病院設立に奔走しておりました。ちょうど私が仮釈放で出てきた頃のことでした。やがて病院ができて父はその院長に兄をと考えたようでしたが、兄は川崎の方でやるからと申しまして、後輩の若月俊一[1]さんを紹介したようです。若月さんは松本高校から東大医学部に進んだ方で、前に触れました曾田さんや兄達と同じ運動家だったようです。

この病院は佐久病院といいますが、地域に根ざした農村医学ということを大変重視しまして、八千穂村はその重点実験地区に指定され、戦後すぐの頃から村民は全員が健康手帳を持たされて、農民の健康管理にはずいぶん力を入れてきましてね。昔、兄達は「病気になってからの医者は何の役にも立たない。予防医学が大事なんだ。早期発見、未然防止だ」などと話しておりましたが、今でこそそういうことは当たり前になりましたけど、それが戦後すぐの頃から実行され、今では八千穂村は長野県でも有数の長寿村になりました。兄たちが昔、いろいろ話しておりましたことがこのような形で生かされ、村のお役に立てたことをとても喜んでおります。その兄も昭和四十二年に亡くなりました。

田中 こっちは兄貴にもひでの両親にもずいぶん迷惑をかけましたのでね。せめてもの償いにと、彼が川崎に家を建てるときには、私も協力させてもらいました。新一さんはたまに私の家へも遊びにきましたが、昔のことなど何も話したりはしません。大宅壮一、藤沢桓夫みな同じですが、ものなど言わなくてもピタッと気持ちは通い合うものです。それから彼女もまた命をかけた戦いをしてきたということですよ。そしてこっちは母に迷惑をかけ、家族に迷惑をかけ、ひでの両親に迷惑をかけ、そういう人間が表に出てはいけないという気持ちは、その後ずうっとありましたですねえ。そんなわけで、この家も家内にすべて譲ることにしてあるんです。俺にはもう何もない。「本来無一物、これ無尽蔵」だ。それでいいんです。これは玄峰老師から教わったことです。

(1) 若月俊一(一九一〇〜二〇〇六) 医師。東京都生れ。東大医卒。東大分院勤務中、治安維持法違反で検挙され、一年間目白署に拘留。四五年長野県佐久病院に赴任。翌年同院長。無医村地区を中心に農民の健康管理、治療に奔走し、農村医学の向上に活躍。七六年マグサイサイ賞を受賞。

山本玄峰老師の膝下で修行

――一九四一（昭和十六）年四月に刑務所を出てすぐに山本玄峰[1]老師に会われるのですか。

そう。天長節（四月二十九日）の恩赦と刑務所長の計らいで、一日早く刑務所を出所すると、明治神宮と皇居を拝し、五月一日に白山の龍雲院で玄峰老師にお会いし、翌日、谷中の全生庵でも老師にお会いした。それから伊勢皇大神宮、橿原神宮、熱田神宮を参拝した後、一時、母をはじめ先祖の墓参りと財産整理のために郷里の函館へ戻り、本格的に三島の龍沢寺へ行ったのは六月のことでした。そこで玄峰老師に改めて「修行をさせてください」とお願いした。自分の本当のルーツを発見して、マルクス主義や、日本の惟神《かんながら》の道などという狭隘で、一神教的な道ではない、自分の本当に進むべき道を発見したいと頼んだのです。刑務所の中ではずいぶん歴史の勉強をしましたからね。老師は「ようしわかった。大事なことだからな」と言われたが、修行が大変だなんて事は、これっぽっちも言わない。しかし、こうして老師の下で修行したことが、私の今日ある、その基礎を作ったんです。

――それにしても、なぜ玄峰老師の教えを受けたいと思ったのですか。

老師は私の入っていた小菅刑務所に、当時の伊江朝睦所長の特別の計らいで来られ、収容者一同に講話をしていただいたんです。この伊江という人は、沖縄の伊江島の領主の出身で、東大を出て一度検事になった。しかし、自分の未熟さを思うと、とても人など罰することはできないと、そう言って検事を辞め刑務官になっただけあって、立派な人でした。思想犯だけにというわけにはいかないというので、収容者全員で話を聞いたんです。

直接私を玄峰老師に紹介してくれたのは、同じ刑務所に収容されていた血盟団事件の被告の四元《よつもと》義隆(2)君でした。その時、私は玄峰老師に向かって、自分は日本をこうしたい、ああしたいと、自分の心境を語ったのです。老師はじっと私の言う事を聞いておられたが、最後にこう言われた。

「よっぽどあんたは奇特な方や。おっかさんが腹を切りなさって、あんたは刑務所へ入り、もう十年もつとめている。そうしてなお、自分のいく道を考え、世の中のことを考えている。よっぽど奇特な人や。ならばわしはあんたに聞きたいことがある。世の中をああしよう、こうしようというあんた自身が、何であるか、あんたは分かっていなさるか」

しかし、いきなりそんなことを言われてたじろぐ私に、老師はさらにこう言われたんです。

「あんたはけったいな人やなあ。自分自身が何であるか分からなくて、どうして人のことが分かるんや。どうして世の中がいいか、悪いか、分かるのや。どうして人の道が分かるんや。けったいな人や」

そう言われて、返す言葉もなく黙っている私に、老師は「まあ、あなたは自分が何であるか、外道であるか仏であるか、これでも読んでよく見極めなさい」と言われて、一冊の本を差し入れてくれました。白隠禅師全集でした。それからというものは、この本との格闘の日々でした。最初は何が何やら分からぬ白隠禅師の語録を、十数回も読んだでしょうか。この本を繰り返し読み通すことで、やっと自分の進むべき道はこれだと、玄峰老師から学ぶしかないと確信するに至ったんです。ですから刑務所から出ると、迷うことなく老師を訪ねたんです。

――龍沢寺での生活ぶりを話して下さい。

雲水《うんすい》とまったく同じです。入山してすぐ私は典座《てんぞ》といって、飯炊きをやらされました。龍沢寺では起床は午前三時、すぐに読経が始まり、午前四時には粥座《しゅくざ》（朝食）となる。昼の食事は斎座《さいざ》、夜は薬石《やくせき》と呼びますが、いずれも漬物と味噌汁程度の本当の粗食ですよ。もともとは二食なんだが、それでは夜の修行に差し支えるというので、夜は汁の中に昼に炊いた御飯を入れて、おじやのようにして食べるんです。汁といっても昆布だしなどをとるのは極上の部類で、今で言うところの有機栽培の菜っ葉が入っているぐらいですよ。なんせ化学肥料などというものは、まったくありませんからね。

飯なんて生まれてこの方、自分で炊いたことなんかありませんでしたから、しょっちゅうお焦げや、生煮えの飯となってしまう。また人数が多いので、五右衛門釜のような大きな釜で沢山炊くものですから、分量がしょっちゅう狂うのです。ある時いっぱいお焦げをつくってしまい、それを釜からこそぎ落として洗い流しておいたら、老師がつかつかと炊事場に降りて来て「ああ、もったいないこっちゃ」と言うなり、その焦げ飯を口にいれて食べてしまわれた。こっちは冷や汗ものですよ。

それから時々回ってくると、私の顔を見て「あんたは殺生しとるな」と言われるが、禅寺のことで鳥や魚を料理しているわけではないから、そう言われてもこっちは何のことかさっぱり分からない。三カ月ぐらいたって、どうにかまともな飯が炊けるようになった頃、老師は「あんたもやっと殺生せんようになった」と言われた。それで僕も、なるほど物の味を生かすのが料理で、それを生かさぬのが殺生かと。そうすると今度は、物の価値を生かすのは経済で、人と物の価値を最大限生かすのが政治だなと、ピーンときた。これが龍沢寺へ行って、悟りというものの入り口に立った最初の出来ごとでしたね。毎日、毎日飯炊きをやった末のことでした。

一事が万事、こんな調子で、老師の教えはすべて実物教育でしたね。しかも老師の言葉は一つのことにとらわれるということがないから、こちらが同じことを言っても、褒められる時もあれば、叱られる時もある。これも一週間ぐらいしてからのことだったが、何のために龍沢寺へ入山したのかと問われたので、私は得々として「はい、世のため、人のためお役に立ちたいと念願して参りました」そう答えると、その時は「ああ、奇特なことじゃ」と褒められたが、それから三カ月ほどして、また同じ事を聞かれた。私も同じことを答えると、今度はいきなり頭ごなしに怒鳴りつけられた。

「おまえはまだ分からぬのかーっ。わしは世のため、人のためにと念じて修行したことは一度もない。みんな自分のためにやっているんじゃ」

こう言い捨てて、老師は隠寮の中へ入ってしまわれた。それから禅堂に帰ってよく考えてみた。世のため人のためと独り合点して、力み返っている自分が毎日、自分のことだけで手一杯で、自分のために修行すると言われた老師の一挙手一投足が、すべて世のため人のためになっている。小さな我見にとらわれている自分の姿に、このとき初めて気づかされたんです。

——ところでこの時に、田中さんはもう結婚されていたはずですが、奥さんはどこにいらっしゃったのですか。禅の修行に婦人は参加できないはずですが。

田中　夫婦一緒に入山し、修行したのです。これは龍沢寺では前代未聞のことでしたし、全国の禅寺でも多分初めてではないかと思います。私がまず入山し、彼女は少し遅れて龍沢寺に来たのですが、禅寺では女人はほんらい入山は禁制ですから、家内の処遇が問題になりましてね。そのあたりのことは、彼女自身に語ってもらいましょう。

ひで夫人　女は寺におけないので、最初は私だけお寺の近くの農家の離れでも借りて、住まわそうということだったようです。老師の隠侍《いんじ》をつとめ、老師の後に龍沢寺の住職となった中川宋淵《そうえん》という人がおりました。隠侍というのは老師の秘書のようなもので、老師が朝起きてから夜布団に入られるまで、ぴったりお側に付き添って、身の回りのことから対外的なことまで、一切の老師の面倒を見る役目の人です。この宋淵さんが、寺の近くの農家と交渉して、借りる所も見つけてきてくださったのです。それで田中に連れられまして玄峰老師のところへ参り、こうこういたしますと申し上げたら、老師は、
「なにもそんな所に家など借りなくていい。女も男も同じ人間じゃから、寺のどこかにおっ

たらいい」

と言われたのです。老師はことともなげにそう言われたので、こちらはびっくりいたしました。もともと老師は非常に重大なことも、いとも気やすく、そんな風にさらっとおっしゃる方でしたが、戦前、まだ寺のしきたりとか因習とかいうことにはうるさい時でしたから、なおさら驚きました。たまたま宋淵さんが自分のお母さんを引き取るため、境内に庵を建てているから、そこに一緒に住めばいいともおっしゃってくださいました。そんなわけで、あたくしも寺のいろいろな雑務、これを作務《さむ》というのですが、この作務を手伝いながら主人と一緒に修行に入ったわけでございます。朝は三時に起きまして、朝の読経に参列いたします。その後、皆と一緒に粥座を頂き、玄峰老師の法話がある時には、本堂に入って宋淵さんのお母さんと二人並んで、話を聞いたりしていました。

――禅寺の食事というのは、肉も魚もまったく駄目なのでしょうか。

ひで夫人　もちろん精進料理です。寺の中では一切の殺生は禁じられております。そのかわり雲水は托鉢《たくはつ》に出ます。多いときには週に二、三回ありました。この時、托鉢先の在家《ざいけ》で頂く食事、これを点心《てんじん》と申しますが、この時に魚や肉があるのは許されておりました。托鉢の時には雲水さんたちは午前二時に起きて、早々に粥座を済ませると、まだ暗いうちに寺を出て行きます。しかもこの粥座は文字通り粥と沢庵だけですから、大変おなかが空くようでございました。ですから在家の人達も、その辺のことはよく心得ておりまして、点心の時には御飯はお櫃《ひつ》に一杯、汁物なんか鍋のままお出ししますのよ。

私ども夫婦は終戦間際に、三島に居を構えたのですが、そうなるとこんどは托鉢の雲水さんたちをもてなす側になりましてね。雲水さんたちが腹ぺこなのはよく知っていますから、できるだけの料理を作って差し上げるんです。それから龍沢寺は三島市の郊外の沢地村というところにあったのですが、村の人達がことあるごとに、雲水さんたちをかわるがわる家に呼んでは、御馳走しておりました。龍沢寺が地域の人々から尊敬を集めていたことが、そのことでもよくお分かりいただけると思います。ですからそうやって栄養が保たれていたのだと思います。雲水さんたちはみな二十歳前後の伸び盛りでしたからね。

あたくしにはもちろん托鉢はございませんから、何カ月かたちますと、目立って痩せましてね。沼津の有力な信徒でいらっしゃった近藤さんという方が、「田中さん、あんた寺にばかりいちゃだめだよ。痩せちゃうよ。たまにはうちに来なさい」なんて言って下さったこともございました。

田中　寺の食事は確かに今から思えば粗食に見えますが、しかし、今でいう有機農法ですから、立派に自然の理に適っているんです。玄峰老師が九十六歳まで長生きされたことが何よりの証拠ですよ。

ところで宋淵老師ですが、山口県岩国の出身で、私と東大入学は一緒でした。昭和二年です。彼は哲学科。一高時代に陵禅会というのを作り、一高の座禅会を興した功労者でした。悟りを得たいというので、大菩薩峠で断食をしながら木の芽だけで生活するような厳しい修行に励み、玄峰老師を知って入門、私が入山する一年前ぐらいに、龍沢寺に入ったのです。

ひで夫人　宋淵老師のお父さんという方は軍医さんでしたが、早くに亡くなり、お母様は産婆さんをしたり、広島県庁に勤めながら、女手一つで二人の息子さんを育て上げたのだそうです。その点では田中と同じような境遇でございました。玄峰老師はその話をお聞きになって、

「お母様も色々ご苦労をされたのだし、楽しみにしていた息子が、大学を出るとすぐに出家してしまったのだから大変だろう」

とおっしゃって、お寺の近くへ呼んであげたらよかろうと言われ、境内の一角の蜜柑畑の中に庵を建てて下さったのです。

もともと老師様は和歌山県の山奥にある湯の峰という小さな村でお生まれになったのですが、生まれ落ちるとすぐに捨てられ、仮死状態で拾われ、岡本という家の子供として育てられたそうでございます。そんなこともあったのでしょうか、老師様がお母様について話される時は、何時も涙ぐんでしまわれるのが常でございました。

「母親というものは大変なものじゃ。そして自分が生んだ子供を捨てなければならなかった母親が、どんなに辛い思いをしたか」

とよくおっしゃっておられました。ですから自分を育てて下さった岡本のお母様への感謝のお気持ちはもちろんですが、この世に生を授けて下さった生みの母親に対する感謝のお気持ちも、それはもう大変なものでございました。しかも、そのお気持ちをそっくりそのまま、ご自分以外の方のお母様のことにも、お注ぎになるんですね。宋淵老師のお母様のこともそ

うでしたし、田中の母のことも、そうでした。仏壇に田中の母の遺影を飾って下さってね。

——龍沢寺での修行中に太平洋戦争が起きています。開戦の日のことを覚えていますか。

もちろん。私はだいたい、戦争になるとはまったく思わなかった。陛下が戦争に反対だというのは、いろいろ聞いていましたしね。重臣たちもそうだ。だから家内には常々、戦争なんか起こりっこないよと言っていたんです。刑務所生活が長かったものですから、出てくると不思議なことに、みんな何度か高熱を出す。僕もちょうどその頃高熱を出して、沼津の駿東病院に入院していたんですが、家内が病室に新聞の号外を持って入ってきて「あなた、戦争が始まりましたよ」って。俺は「嘘だろう」って言ったんだが、号外を見ると確かにそう書いてある。

翌日いっぺんに熱が落ちた。こういうことになると、お寺の坊さんでも急に威張り出す者が出てくる。軍人だった者も多いし、戦争賛成派もおるんです。老師のいうことがまったくわからん人間だな。早速、玄峰老師のところへ行って「こういう状態でどうするのですか」と尋ねてみた。そうしたら老師はこう言われた。

「軍は気違いじゃ。気違いが走るときは、普通人も走る。日本の軍という気違いが、刃物をもって振り回している。今、歯向かっていったら殺されるぞ。そのうちに気違いは疲れて刀を投げ出す。それを奪い取ればいい。お前は時局に関して、一切何も言っちゃいかん。修行専門だぞ」

それで脇見をせずに修行に明け暮れた。それがよかった。あのとき、下手をやって、なまじ軍に反対でもしていたら、もともと血の気が多いほうですから、こっちが命を落としていたでしょう。老師の喝破《かっぱ》のおかげです。

——本当に何もしないでじっとしていたのですか。

もちろん修行専門ですよ。ただ、それから間もなくして、一度だけ上京したことがありました。それは、今から思えばやはり血が騒いだということになるんでしょうか。枢密顧問官から何から、行く先々はみんな戦争賛成一色だ。東京へ出てまず訪ねたのが、「麴町番町のご隠居」などと呼ばれていた小森雄介(3)という人でした。あのころはああいう人間に、よくそんな敬称を奉ったりしたものでした。この人は満鉄などにも関係し、代議士もやったことがある、コチコチの帝国主義者、超右翼でした。

江藤新平の孫に江藤夏雄という戦後の代議士がいたが、彼はこの小森老人の娘婿でした。その小森老人が「よかった、よかった、大勝利だ。これでアメリカは滅びる。日本の天下だ」と、そう言われたんで、僕は「自分はそうは思いません。日本は早くこんな戦争は止めて、中国と和平し、その金でアジアの開発をやらなければいかんと思います」と、そう言ったんです。そうしたら、いきなり「何を言うか、不忠者ーっ」と、持っていた煙管で殴りかかってきた。

とっさに身をかわしてよけましたけど。見ると広いこのお屋敷には何十人ものシナ浪人や満州浪人が出入りしていて、中には老人から金をもらったりしている者もいる。おそらくその金は満鉄あたりから出ていたのだと思います。軍人も多数出入りしていて、頭からどなりつけられているのもいれば、しっかりやれと激励されているのもいる。この程度の人間が日本を動かしているのかと、情けなくなってね。

その時、小森邸に来ていた人の中に、「神戸又新日報《ゆうしん》」という新聞社の社長がおりました。たしか山本とかいう人でした。僕は車を待たせていたので、表に出るとこの社長さんが出てくるのを待って、車の中でしばらく話したんです。この人がこう言うんだ。

「田中さん、あんたの言うことが正しいよ。こんな馬鹿な戦争をやる奴があるかい。君が言うように無条件でこの戦争を止めて、その金でアジアの開発に使えば、日本はいながらにして王者じゃないか。今はそれが通らないんだ。このままいけば、日本は戦争に負けて壊滅するぞ」

この山本さんはそれから間もなく、敗戦を聞く前に亡くなってしまった。いい人でしたがねえ。

小森邸の後、その足で頭山満先生をお訪ねした。頭山さんは反軍、反戦だって聞いていたからね。しかし、頭山先生は「日本は小にして大。小が大に勝つこともある。それができるのは日本だけだ」などと、どっちつかずのことを言うだけで、失望したなあ。身体ももうずいぶん弱っておられた。頭山先生がもっと元気で気力が充実しておられたら、「日本はそんな馬鹿なことをやるべきじゃない」と、一喝されるかと思ったんだが、そうではなかったので、頭山先生もこれでおしまいかと、がっかりしたことを覚えています。

――玄峰老師の思い出話を聞かせてください。

印象深いのは、まずその声です。その読経の声で師匠の太玄和尚《たいげんおしよう》に認められたというぐらいですから、腹力というのでしょうか、老師の声はピンと張りつめ、全堂を震わす感がありました。「バカーッ」と大喝をくうと、一瞬ですが体がビクッと震えました。ある坊さんが、老師の大喝に卒倒するのを見たこともあります。一喝しただけで人間が一人ぶっ倒れるんですから大変な迫力ですよ。

——本当ですか。

ええ、本当ですとも。私の目の前で起きたことですから。龍沢寺では托鉢の修行に出る時には、朝二時に起きて準備にかかるのですが、そのときにものを言っちゃいかんのに、ペチャクチャよく喋る坊主だった。老師はつかつかつかとその坊主の前にきたかと思うと「馬鹿者ッ」と一喝。全堂割れるようなその大音声に、我々も飛び上がるほどでした。それでそのお喋り坊主が卒倒したんです。

「臨済《りんざい》の一喝、あるときは人を殺し、あるときは人を活かす」と言いますが、まさにその通り。活殺自在だ。

修行の厳しかったことは、老師の法を継いだ龍沢寺の宋淵老師や、円福寺住職の宗鶴《そうかく》老師からいろいろと聞かされました。宋淵老師は玄峰老師の鉗鎚《かんつい》のあまりの激しさに耐えかねて、龍沢寺を退散すること両三度に及んだそうですし、宗鶴老師も論争のあげく、一喝をくって千日間の飯炊きを言い渡され、「千日さん」の仇名を貰ったほどでした。

（1）山本玄峰（一八六六～一九六一）臨済宗僧侶。和歌山県熊野郷湯の峰に生まれたが生後すぐに捨てられ、岡本善蔵に育てられた。二十歳で目を患い諸国を放浪。四国遍路の途中、土佐・雪蹊寺門前で倒れたが山本太玄和尚に助けられ出家。山本姓をつぎ一時、雪蹊寺住職となったが再行脚し、京都・円福寺の見性宗般に参じてその法をつぐ。一五年、三島・龍沢寺を再興して住職となる。昭和の初めから東京で正修会という月例の接心会を開き、政財界に多くの帰依者を生んだ。五・一五事件の裁判では井上日召の特別弁護人をつとめた。しかし、軍部独裁には終始批判的で、敗戦間際には鈴木貫太郎首相に無条件降伏を密かに勧告。さらに戦後も幣原喜重郎首相に象徴天皇制の案を授けたといわれる。四七年臨済宗妙心寺派管長。

(2)　四元義隆（一九〇八〜二〇〇四）　右翼、実業家。鹿児島生れ。東大中退。在学中に国家主義を標榜する学生の団体「七生社」や安岡正篤の「金鶏学院」に参加。三二年、井上準之助蔵相、三井財閥の団琢磨を暗殺した血盟団事件に連座し懲役十五年の判決を受け服役。戦後は「三幸建設」を経営するかたわら、佐藤、福田、中曾根など歴代首相と密接なかかわりを持った。

(3)　小森雄介（一八九四〜一九四二）　政治家、実業家。東京生れ。東大政卒。台湾銀行在職中、米国に留学。逓信相秘書官、日本郵船嘱託、満鉄社員などを歴任。立憲政友会から出て衆院議員一期。

終戦工作の渦中で

——龍沢寺には当時、ずいぶんいろいろな人物が出入りをしていたようですね。

ええ。鈴木貫太郎（首相）、米内光政《よないみつまさ》（海相）、吉田茂（首相）、安倍能成《あべよししげ》（学習院院長）、伊

沢多喜男（枢密顧問官）、岡田啓介（首相）とその婿の迫水久常《さこみずひさつね》（内閣書記官長）、菊池盛登《きくちもりと》（静岡県知事）、岩波茂雄（岩波書店社長）といった、当時、軍に反対の立場を取る人達がおおぜい出入りしておられました。玄峰老師の名声が上がるにつれて、この他にも、世間のいわゆる名士といわれる人々が、しきりに面会を願うようになったんですが、老師は、「ワシの部屋は乗り合い舟じゃ。村の婆さんもくれば乞食も来る。大臣もくれば共産党もやってくる。皆同じ乗り合い舟のお客様じゃ」

と言われて、まったく分け隔てということがありませんでした。近衛文麿氏が軽井沢の別荘を使っていただきたいといってきたときにも、「ワシは乞食坊主じゃから、汽車賃がなくて行けません」と言って、断ったくらいです。

それから昭和十九年、ちょうど東條内閣の末期ごろのことでしたが、迫水さんが私に、「東條が玄峰老師に会いたいと言ってきかないので、取り次いでもらいたい」と言って来られた。俺は会ってもしようがないと思ったから、「直接、老師に申し上げてください」とだけご返事して取り次ぎがなかった。四、五日して迫水さんが来られたという事は聞いたが、老師に呼ばれたのでいってみると、こう言われた。

「迫水さんが来てなあ。用件は東條さんがわしに会いたいということじゃった。わしはお会いしても無駄じゃろうとお返事した。東條さんは日本の大黒柱じゃ、アジアの大船じゃと、我慢や我見にとらわれたままわしに会っても、とてもわしの言うことは分からんじゃろう。せめて幼稚園の子供のような心境になって、すべてを捨て切った東條さんなら、わしの言うことも多少は分かるじゃろうが、今のままでは会っても無駄じゃろうから、お断りしたぞ」
後で迫水さんにお会いしたときにこの話をしたら、彼は「東條にはありのままを伝えたぞ。そうしたら東條は妙な顔をしておったなあ」と言われた。迫水さんはそういう人でした。だからこそ鈴木貫太郎さんの内閣書記官長もつとまった。岡田啓介さんの婿で、もう東條のことなんか馬鹿にしておった。

このように、相手が時の総理大臣であろうと誰であろうと、玄峰老師は権勢には恬淡《てんたん》としていました。政治家もずいぶん会いにきましたが、自ら求めて政治家に会ったのは、敗戦直前の鈴木貫太郎さんだけでしたね。

――政治家からの誘いは東條、近衛以外にもずいぶんあったのではありませんか。

うん。そういえばこんなことがあった。安藤紀三郎という内務大臣がおってね。これも東條内閣の時だ。この安藤内相が老師に会いたいというので、谷中の全生庵まで大きなキャデラックが迎えにきた。老師のほかに僕と山本玄実和尚、それに警視庁の長野特高部長が乗って、前駆も付いたと思う。谷中から数寄屋橋まで行くのだが、空襲があり爆撃された翌日だったものだから、途中、所々くすぶったりしていた。車が皇居前にさしかかったら、老師は、「ときに、坊主の値段も下落したものよなあ。俺がたかが内務大臣に呼ばれて出かけて行くんだものなあ。昔なら法のためとあらば、法皇さまでも寺までお出でになられたものだぞ」ズバッと、こう言われた。内務大臣のところに着いてから、安藤さんにこうでしたと言ったら「深くおわびする。自分は現職なので動けないのだ」と言っていましたがね。

安藤さんの所へいく前に、打ち合わせをするんで、薄田美朝《すすきだよしとも》警視総監のところへも行った。この人は東條の忠実なしもべといわれた人で、そのためにあちこちで顰蹙《ひんしゅく》を買っていた。それで僕はこの際だから是非伺いたいと、こう言ったんです。「あなたは天皇陛下の警視総監ですか。それとも東條総理の、軍の警視総監ですか」「あ、あ、あっ」って、あの人、もともと少しどもるんですが、言葉にならない。いきなりそんなことを聞かれて、びっくりしたんだろうなあ（笑）。それでやっと「もちろん天皇陛下の警視総監だ」と。それで僕は「それを忘れないでください。あとはご自身のご判断でおやりなさい」と、そう言い捨てて帰ってきた。戦後何回か代議士にもなって、応援してくれというので、支援したこともある。北海道岩内の人で、奇しくも函館中学の十年先輩でした。悪い人じゃないんだけどねえ。

——龍沢寺では玄峰老師のお使いとして、ずいぶん対外的な仕事もされたようですね。

これは今の話よりもう少し前、昭和十七、八年ごろのことでしたが、老師に呼ばれて部屋にうかがうと、「これからわしの代わりに京都へ行って妙心寺の管長に会い、これを渡して戻ったら返事を聞かしてくれ」と言われた。龍沢寺は臨済宗妙心寺派に属し、京都・妙心寺は総本山でした。それですぐに発って夕方、妙心寺へ着くと管長に会った。玄瑞鳳洲という人でしたが、預かってきたものを渡して帰ろうとしたら、管長は「田中さん、せっかく遠いところを来られたのだから、夕飯でも召し上がってゆっくりしていきなさい。薬石も準備してありますから」と言う。それで俺も「分かりました。それでは今夜の夜行で帰るのを止めて、明日の昼の急行で帰ることに致します」。そう言って残った。

やがて管長の宴が始まったが、彼が口を開いてこう言ったのです。

「時に田中さん、今一番肝心なことは、我々一統あげて、自分、自分の心の中にある米英を撃つことですよ」

俺はこれを聞いて、あ、このくそ坊主と思ったな。いっぺんに興がさめてね。こんな程度の僧侶が妙心寺の管長かと。それで俺は、

「ちょっと忘れていた用を思い出しました。私、これで失礼させていただきます。これは何か分かりませんが、持ち帰りまして老師にもう一度、相談いたします」

俺はこう言って、いったん渡したものをひったくるようにして、席を立ってしまった。この老師からの預かり物とは、実は妙心寺へ収める上納金だったんです。それで夜行に飛びのって三島へ帰ってきた。龍沢寺は朝が早いですから、私が五時頃寺へ戻ると、もちろん老師も起きておられた。俺は老師に報告してこう申し上げた。

「心の米英を撃てなんてとんでもないことを言う坊主、あんなのが妙心寺の管長であるはずがありません。お預かりしたものはいったん向こうに渡したのですが、もう一度お返し願って持ち帰りました」

僕がそう言ったら、老師は「ウーン、そうか。お前はやっぱりお前じゃなあ、田中」と、そう言って一笑されたきりでした。こっちは心の中に日本があったり、米英があったりするような、そんな理屈禅があってたまるかという気持ちでしたね。当時そんな言葉がはやったんですよ。おおかた軍のだれか小賢しいのが考え出したんでしょう。その時の妙心寺管長は

大学出で、理屈ばっかり言っている、宇宙の実在をつかみ切っていないと、評判があまりよくなかったが、間もなく亡くなってしまった。

——玄峰老師も妙心寺の管長をやっていますね。

ええ、昭和二十二年のことです。あのときは大変でした。京都から本山の人達が龍沢寺まで押しかけて来て、ぜひ管長を引き受けてほしいと懇請したのです。老師は「八十を過ぎたわしに伽藍堂の守りをせいというのは酷な話だ」と言って逃げ回っておられました。その頃はもう私どもも龍沢寺を出て三島に居を構えておりましたが、うるさくてかなわんというので、老師は我が家へ避難して来られたほどでした。

——妙心寺の管長といえば、大変な名誉なことだし、経済的にも恵まれるので、なりたくてたまらない人が沢山いるのが普通ではありませんか。

その通りです。そのために妙心寺派に連なる全国の寺々による選挙が行われるのですから。しかし、老師は「迷惑だ」と、はっきりそう言い切っていました。自分の本業[1]は法を継承し、弟子を育てることだとね。名利なんかはるかに超越しておられた。松原泰道師などもやって来て、僕に老師になんとか引き受けていただくように、君からも話してくれと言うので、老師に伝えたら、お前までそんなことを言うのかと言われましたよ。

それでも結局引き受けざるを得なくなったのですが、老師は条件をつけた。一年に一回、一カ月しか妙心寺には行かないこと、任期は一年だけという二つです。たいていは二、三年は最低つとめるのですが、老師は約束通り一年ですっぱりと辞められた。若い僧の間からは案の定、任期延長の声が起こったが、お聞き届けにはなりませんでした。しかし、この一年の間に、老師は妙心寺のだらけ切った空気を、一新させてしまわれた。

――昭和八年、玄峰老師は五・一五事件の裁判で井上日召の特別弁護人をつとめたことなどから、右翼的な人だったとする見方もありますが。

とんでもありません。老師は右翼とか左翼とかいうようなことは、はるかに超越しておられた。しかし、世間ではたしかにあなたの言われるように、老師のおっしゃることが全く分からない人がいたことは事実です。今でもいるんですから。真面目な信奉者ほどそういう人がいるので、始末におえない。戦前は老師のもとへ軍国主義者のコチコチも行くし、老師はバドリオだからけしからんといきり立って押しかける者もおりました。しかし、そういう者に対しても、玄峰老師は何も返事をしなかったり、とんでもないことを言ったり、本当のことを言ったり、時に応じて変幻自在な応答をしてこられました。ところがどれが本当の老師の姿か、見抜くだけの眼力のない人にとっては、表面だけ見てとんでもない玄峰老師像が出来上がってしまう。

老師亡き後、老師ゆかりの土佐・雪蹊寺《せっけいじ》や、四国八十八カ所めぐりの講が組織されたことがありました。終わって講演会を開いたのですが、ある熱心な信徒で元警察署長だった人が、「老師は尽忠無私の心で軍のために一生懸命やった人でした」なんて、僕らが知っている老師とはまるで違う話をした。話を聞いていると、老師がいかにも軍の旗振りでもやったようで、まるで別人だ（笑）。それを聞いて僕は、そんな玄峰老師像はぶち壊してやれと思ったから、その人の後すぐに立ってこう言った。

「今、老師は尽忠無私というお話があったが、老師はそれよりも、もっともっと尽忠無私でした。というのも、あの無謀な戦争を止めさせるために、天皇陛下や鈴木貫太郎さんに協力して、どれだけ骨を折られたか分からないからです」

そうしたらこの人は怒ったような顔をして、僕の講演を止めさせようとしたが、僕はそんなことは無視して言いたいだけ言ってやった。いるんですよ、そういう法縁のない人が。ですから正確に伝えるということがいかに大事か。天皇陛下についても全く同じことです。満州を取れ、どこそこを取れと昭和天皇が言われたと、自称尽忠無私の連中も、悪意で見ている連中も宣伝しているでしょう。もっと自分を掘り下げ、眼を開いて現実を見てみろと言いたい。俺は玄峰老師のおかげで、極左からも極右からも立ち直ることができて、本当にありがたいことだと思っている。

――玄峰老師は大変なお酒好きであったそうですね。

それはもう大変なものでした。禅僧の話に酒というのは意外に思われるかも知れませんね。「葷酒《くんしゅ》山門に入るを許さず」というのは修行中の話で、その点では厳格この上ありませんでしたが、修行がすめば好きな酒を大いに楽しんでおられました。しかも好きなだけでなく、その飲みっぷりも、侵しがたい風格がありました。

私の友人に朝日新聞大阪本社の編集局長を務めた進藤次郎(3)という人物がいます。彼も大変な酒豪。僕がこの進藤君を玄峰老師に紹介したのが、昭和二十三年の暮れもだいぶ押し詰まった頃、私の家でちょっとした集まりがあったときのことです。

このころ私は、赤坂の氷川神社近くにあった勝海舟の屋敷跡に住んでいた。このときの顔ぶれがユニークでした。玄峰老師の他には、日銀の法王といわれた一万田《いちまだ》尚登《ひさと》総裁、民主党幹事長の苫米地《とまべち》義三《ぎぞう》夫妻、それに酒を飲んで酔っぱらったあげくに、国会内で婦人議員に抱きついて問題となり、大蔵大臣を辞任した直後の泉山三六氏などでした。いずれも玄峰老師とは初対面でした。

まず一万田さんが老師の前に出て挨拶をすると、老師は、

「ああ、そうか。あんたが一万田さんか。あんたはご苦労なこっちゃな。毎日ぎょうさんのお札勘定して、ご苦労なこっちゃ」

と言われたので、羽織袴に威儀を正していたさすがの一万田さんも、「はあー」と言ったきり、二の句が継げなかった。つぎに挨拶したのが泉山さんで、彼は、

「ご承知のように、私は酒で失敗しまして、大臣も辞めました。一生酒はやめようと思うのですが、どうもこればかりはやめられません。今もってこの通りでして」

そう言って盃を干すと、老師はこう言われた。

「あんたな、それは無理ないよ。わしはな、もう七十年も酒を飲んどるが、それでも時々失敗をして、つい飲み過ぎておなかをこわしたりしとる。あんたがしくじるのは無理ないわ。そやから泉山さん、こんど酒を飲みとうなったら、一升瓶持ってわしとこおいで。わしと一緒にゆっくり飲もう」

政界人、財界人と一緒であっても、老師の酒はこんな調子で、こだわるということがなく、辺りにはいつも春風駘蕩《しゅんぷうたいとう》といった雰囲気が漂っていました。酔って乱れるなどということはついぞ見たことがありません。老師はふだん、猪口などを差し出すと「こんなもん、じゃまくさい。これに注いでくれ」と言って、大きな湯飲み茶碗でグビグビやるんですが、ある時間がくると、湯飲みをぱっと伏せて「わしはもうこれでやめや。あとは皆さんでやってくだされ」。そう言ってすっと寝所に消えてしまわれる。私は酒飲みではありませんが、これはなかなか出来ることではないと思う。

——そのほかに印象に残っていることは。

もうこれは最晩年のことですが、昭和三十五年の十一月に発病され、暮れに私が谷中の全生庵にお見舞いに伺うと、病床で断食を始めて、三日目ということでした。老師はすでに心に深く期するところがあったようでした。私が「生きて下さい」と話しかけると、いきなり病人とも思えぬ力で、殴られた。「禅坊主の死に方を見せてやる」とおっしゃったのです。

しかし、断食は大晦日で止められ、正月がすむと人々が止めるのも振り切って、伊豆・竹倉温泉にある伯日荘へ行ってしまわれた。実はこの断食ですが、僕は「老師のいいつけで来年の年賀状をすでに書いて出してしまいました。ですからこのまま断食を続けられて亡くなられたりすると困ります」と申し上げたのです。そうしたら老師は「そうか。死んだものから年賀状を貰っては、みな気味が悪かろうからな」とにっこりされ、中止されたのです。

この竹倉温泉ですが、温泉という名前はついていますが、実際は鉱泉でして旅館も一軒か二軒しかない、さびれたものでした。しかし、老師はこのひなびた、田舎のお百姓たちが湯治にやってくる竹倉が好きでした。昭和三十六年六月三日にそこの伯日荘で、九十六歳で亡くなるのですが、五月二十八日にお訪ねすると、老師は私に、

「今日往生するつもりじゃった。師匠（太玄和尚）の命日じゃ。何も言うことはない。手を握れ」

とそう言われて、堅く握手をして「また六月五日に参上いたします」という私に「龍沢寺の本堂で会おう」と言って笑われた。

亡くなったときはお側におりませんでしたが、当番で看病に当たっていた御殿場青竜寺の中山玄寿和尚に後で聞いたところでは、老師は葡萄酒を所望になり、うまそうに飲み干されると、十分ほどして、

「旅に出る。着物を用意しろ」

と短く言われ、それが最後の言葉だったそうです。見事な一生でした。

――田中さんにとって、玄峰老師との出会いは、結局どのようなものであったと思いますか。

あらゆる面で心から信頼し、尊敬する人生と宇宙の大先達であり、玄峰老師を師匠としてもったことは、私の人生における最大、無上の幸福であったと確信しています。私が直接、老師の教えを受けたのは、刑務所を出てから敗戦の年までのわずか三年半にすぎません。しかし、その後も、亡くなられた三十六年まで、二十年の間、おりに触れて老師をお訪ねし、

教えを受けてまいりました。

亡くなられてすでにもう三十年を越えましたが、私にとっては、玄峰老師は今なお生きているのと同じです。老師の残された言葉に次のようなものがあります。

「人間は早く出世することを考えてはならん。若いときにはなるべく人の下で働き、人を助け、人のために働かなければならん。花も葉もない寒中に、木の根に肥料をやっておくように、人生には何よりも根肥《ねごえ》が大切なのじゃ。四十よりも五十、五十よりも六十と、齢を取るにしたがって人に慕われ、人の役に立つ人間になり、むしろ死んで後に人に慕われ、人を教えていくような人間にならなければならん。それがためには出世を急がず、徳と知恵と力を養っておくことじゃ」

老師の一生はまさにその言葉通りでした。人生の達人というべきでしょう。そして私が、玄峰老師は今も生きていると申し上げた意味も、お分かりいただけると思います。

(1) 松原泰道（一九〇七〜）　臨済宗僧侶。東京生れ。早大文卒。岐阜の瑞龍寺で修行。東京・龍源寺住職。「南無の会」会長として辻説法や座禅会を主宰し「現代の仏教の語り部」といわれる。

(2) 井上日召（一八八六〜一九六七）　国家主義者。群馬生れ。専門学校中退。満州に渡り大陸浪人となったが、二一年帰国。日蓮宗に帰依し、国家主義運動に走る。三二年「一人一殺」を唱えて血盟団を組織、門下の青年に井上準之助、団琢磨を暗殺させて無期懲役となったが、四〇年大赦で出所。

(3) 進藤次郎（一九〇五〜九九）　新聞人。大阪生れ。京大経卒。朝日新聞に入社、西部、大阪各本社編集局長、常務、専務、大阪府公安委員などを歴任。

鈴木貫太郎と老師の会話

——生涯の中で、天皇観を百八十度転換させることになったわけですね。

私が決定的に自信をもって天皇陛下についてお話しできるようになったのは、実は次のようなことがあったからです。三島の龍沢寺で、玄峰老師の下で修行をしていた時のことでした。米軍が陥落したサイパンを基地に日本爆撃に出るだろうと言われた頃だから、昭和十九年の秋ごろか。老師が「田中、きょうは伴僧《ばんそう》はいらないから、お前ついて来い」と言われ、龍沢寺から三島の駅まで一里の道を歩いて行って、三島から汽車に乗り沼津へ行った。玄峰老師はもう八十歳近かった。行き先は言わない。俺は用心棒だから黙ってついて行くだけ。

香貫山の近くの桃郷《とうごう》という所までくると、「お前、近藤のとこで待っておれ」と言い残して、どこかへ行ってしまった。近藤というのは信者代表の一人で、富士大宮から富士一帯の製紙工業で使用する薬品の卸問屋をしていた。その近藤さんが老師のことを心配して「老師は一体だれのところへ行っておられるのだ」としつこく尋ねるんだ。しかし、こっちも知らないのだし「俺は用心棒だから分からない」ということで押し通した。

そんなことが翌二十年の春にかけて何回かありました。四回目だったたか、戻ってこられた老師が「貞明様も今上様も、日本の運命をいかい（ひどく）心配してござるぞ」と独り言のようにぽっと漏らしたんです。それで、ははあ、沼津の御用邸に避難しておられる貞明皇后様にお会いになっているなと、ぴんときた。しかし、一切を黙して語らずで過ごしてきた。

明けて二十年一月十五日は蠟八接心《ろうはちせっしん》(1)の日だ。お釈迦様が悟りを開いたことにちなんで、一週間、帯を解かず横にもならずに座禅を組んだまま公案(2)を練る。禅僧のいわば卒業試験のようなものです。私にとっては四回目の蠟八接心でした。それで老師の喚鐘を聞き入室したら、いきなり大声で「今日の公案は日本をどうするかじゃーっ」と、意表を突かれた。こっちも、ぐっと詰まって「はいっ、戦争を止めるほかありません」「だめだっ、練り直して来いっ」徹夜で座って、また翌日、「日本をどないするんじゃーっ」と老師は突っ込んでこられる。これを三日続けた。老師は、

「どないして戦争を止めさせるんじゃあ。どないすんじゃーっ、言え、言えーっ」

三日目、こっちは追い詰められて、絶体絶命の窮地に立たされた。老師は、

「無条件で今すぐ戦争を止めにゃああかん。今すぐ日本は無条件で負けることじゃーっ」

と喝破されたんです。そこで玄峰老師は追い討ちをかけるように、

「日本は大関じゃから、大関は勝つもきれい、負けるもきれい。日本はきれいに、無条件に負けることじゃ。これは命をかけた人間が五人いれば出来る。お前、出来るか。今「本土決戦じゃ、聖戦完遂じゃ」といって騒いでおるが、そんな我慢や我執にとらわれておったら、日本は国体を損ない、国家はつぶれ、国民は流浪の民になるぞ」

それから半年以上もたった七月下旬になって、日本の無条件降伏を求めるポツダム宣言が

出るが、すでにこの時点で無条件降伏しか日本を救う道はないということを喝破した人は、宗教家であれ、政治家であれ、社会運動家であれ、玄峰老師以外にはおりませんでした。あの小柄な老師が、部屋一杯の巨大漢に見え、私はその気迫に弾き飛ばされる思いでした。私も思わず「日本敗戦の無条件降伏は必ずやります。そのための人間もおります」と叫んでいた。この時は本当に体を断ち切られるような思いをしました。夏になって、本当にポツダム宣言が出たときに、出たなと思ったな。それにしても老師というのは宇宙と共にあり、地球そのものになり切っている。凄いなと思いましたねえ。

接心が明けて間もなく、老師が僕を呼んで、改めて「どうじゃ。どないして日本を救うんじゃ」と言われるから、僕は、

「老師のお言葉を鈴木貫太郎さんや米内光政さんにお伝えし、陛下のお耳にいれたいと思うが、いきなり私がお二人のところへ行くと目立って、非常に危険です。それでまず枢密顧問官の伊沢多喜男さんのお耳に入れたいと思います」

と申し上げた。老師もよかろうということで伊沢さんを訪ねたら、病気で臥せておられたが、老師の言葉をお伝えすると「そうか、老師はそうおっしゃったか」と言って、顔を紅潮させながら起き上がられて、

「分かった。米内さんのところへ行こう。しかし君は動いちゃいかん。玄峰老師は警戒されとるし、憲兵隊も狙っている」

と言われた。当時、戦争を止めるなんてことを口にしただけで、憲兵や特高がすっとんで

きて、牢屋へぶち込まれた時代ですからね。今の人には想像もできんでしょう。

数日後、迫水久常氏から、

「親父（鈴木氏）が玄峰老師に会いたいと言っている」と伝えてきた。三月二十五日だったか、赤坂の旧乃木邸の向いにあった内田眼科病院の内田博士の邸宅で、玄峰老師と鈴木貫太郎さんは会った。俺は用心棒だから付いて行って墨をすったり、お茶を出したりしました。僕が記憶しているそのときのやり取りはこうです。

鈴木「老師、今日はわざわざお越し下さってありがとうございます。日本は今、国が滅びるような危機です。「武人政権をとって国興った例しなし」と古人が言う通りです。私は武人政治には反対です」

老師「力で立つ者は力で滅びる。金で立つ者は金で滅びる。徳をもって立つ者は永遠なりです。あなたは徳がおありだから、徳をもってお立ちなさい」

鈴木「今は武人が政権をとって、国は累卵の危うきにあります。政権を一刻も早く政治家に渡さなければなりません。老師にお会いしたかったのは、実は今、私は陛下から大任を命ぜられようとしています。しかし、私は政治は嫌いです。「武人、政治に関与すべからず」という明治陛下の御勅語を金科玉条に生きてきた者としては、その信念に反することにもなり、どうしたら良いものか、非常に悩んでおります」

老師「あなたは日常の政治家ではないし、総理になる人でもない。総理になる者は、世の中の悪いことも、いいこともよく知っていて、いいことに尽くすことのできる人です。あなたは純粋すぎる。しかし、今はそういう人こそが必要だ。名誉も地位もいらん、国になりきった人が必要だ。あなたは二・二六で、一度あの世に行っている方だ。だから生死は乗り越えていらっしゃる。お引き受けなさい。ただし戦争を止めさせるためですよ」

それから十日余りして、新聞に「鈴木貫太郎に大命降下」と出た。しかし、それと同時に「鈴木貫太郎は日本のバドリオだ」と言う噂が一斉に流れたんです。バドリオとはご承知のように、ムッソリーニの後に政権の座につき、イタリアを終戦に導いた首相ですからね。つまり鈴木さんは戦争を終結させるための首相だというわけですよ。この噂を聞いて軍のなかの本土決戦派の連中は、鈴木さんの自宅にまで大挙押しかけて行って「総理、あなたは戦争を止めさせるために総理になったのですか」と迫った。敗戦のときに狂ったようになって森近衛師団長を殺したりした畑中中佐とか、陸軍の少壮幹部だった連中だ。

しかし、鈴木さんは「貴公らのその勢いさえあれば国は救える。しかばねを乗り越えて本土決戦、聖戦完遂に驀進《ばくしん》してくれ」と答えたという話が新聞に出たものだから、僕はおかしいと思って、老師に「これは話が違うんじゃありませんか」って質《ただ》したんです。そうしたら老師は「おまえは若いなあ。これでいいんだ。へたに虚勢を張って殺されでもしたら、それこそ肝心の大事ができんわ」と一言の下に裁断された。

事実、鈴木さんは自分の本心を米内さんにも漏らさないほど、徹底していた。そのころの閣議で、鈴木さんは戦争を継続するのかどうかという議論になると、徳川家康が三方ヶ原で武田信玄と戦って敗れたときの故事を持ち出し、家康はあえて浜松の城の大手門を開き、何時でも攻めて来いという構えをとったので、さすがの信玄も何か備えがあってやっているのだろうと訝《いぶか》ったという話を毎回、持ち出すもんだから、みんな呆れ返って「総理はとうとうボケてしまった」と言っているという話も聞こえてきた。近衛だけがにやにや笑って聞いていたそうです。玄峰老師と鈴木さんの話は、近衛内閣の書記官長で近衛の最側近だった富田健治さんにも伝えろと、老師から言われていたんだが、富田さんに言えば、すぐに近衛に伝わるのは分かっていたから、俺は話をしなかった。

——なぜですか。

俺は近衛という人間を信用していなかった。近衛は戦後になって自殺をするが、あのぎりぎりのときに、「おれはこんな戦争はやれない」と言い張って軍を押し切り、自分は辞職をすればよかったんだ。後になって自殺をするぐらいなら、肝心なときに命をかけて、持説を貫くべきだよ。だから近衛にこの話が伝われば、側近の外務省なんかのおしゃべり官僚どもから、すぐに軍人どもに伝わるのは目に見えていた。漏れたら殺される話だからな、これは。ともかく、ポツダム宣言を受諾するかどうかの最後の御前会議の時まで、鈴木さんは己の腹中を一切明かさなかった。賛否が三対三となって、最後は陛下の御聖断を仰ぐ形に鈴木さんはもっていった。陛下は一分もかけず即答された。「自分の立場がどうなるか、考慮する必要はない」とおっしゃって、ポツダム宣言の無条件受諾、即時敗戦を宣告された。それで日本の国は救われたんだ。

その時の御前会議で、陛下のご聖断に異論を挟むものは一人もいなかったし、陛下は早速、玉音を録ることを決意し、実行された。念のためもう一度録ろうかとさえおっしゃったと、後の侍従長、入江さんからお聞きしました。

それから米内さん、阿南さん、皆偉かった。なにもかも飲み込まれて、しかもひとことも言い訳などなさらずにね。実は僕は陸軍大臣の阿南さんが自決されるまさにその前日に、偶然お会いしているんですよ。八月十四日午前六時過ぎに、首相官邸でね。鈴木内閣の書記官長だった迫水久常さんが紹介してくれたのです。迫水さんが六時に来いというので行ったら、もう首相官邸の門は開いていた。総理以下、徹夜で会議を開いていたんです。阿南さんは洗面に出てこられたようで、素足にスリッパをはき、ズボンにサスペンダーをしておられたのを覚えています。

私はこの朝、玄峰老師から総理宛ての手紙を届けに伺ったんですが、迫水さんから、「玄峰老師のお使いで来られた秘書の田中さんです」と紹介されると、阿南さんは「あなたが玄峰老師のもとで修行中の田中さんか。私は老師にはえらいお世話になった。くれぐれも阿南が感謝しておったとお伝えください」と言われ、頭を深々と下げて実に慇懃《いんぎん》なご挨拶をされた。お顔の色がなんともいえず透明な感じで、俗気というものがこれっぽっちもない。あれが仏の顔というのだろうね。真夏ですよ。これは死ぬ気だなとすぐに分かった。翌日未明には、もう腹を切られたわけですからね。

さて、あの時、もし陛下が本土決戦を主張されたら、どうなっていたか。今日の日本はありませんよ。完全に壊滅していた。「敗戦救国のために陛下の御聖断を」という玄峰老師の深い洞察と念力が、鈴木首相を通じて、宇宙の大道、自然の大道、世の中の筋道と人間の歩むべき道をよく体得されておられた昭和天皇に、多少なりとも通じたものと私は信じて疑わない。今日のような日本の繁栄が、世界中のだれの目にも明らかになった一九八一年の夏、先帝陛下は那須での記者会見で、談たまたま敗戦当時のことに及んだとき、「鈴木貫太郎には終戦でいろいろ苦労をかけた」と話されたという新聞報道を見て、私はますますその思いを深くした。

――敗戦直後に昭和天皇に会われるのは、どんな経緯があったのですか。

最初に陛下に会わないかと言ってきたのは、静岡県知事だった菊池盛登さんでした。菊池さんは龍沢寺にもよく来られて、玄峰老師とも親しくしておられた。

玄峰老師の言われるままに菊池さんに会ってみると、確かに素晴らしい。菊池さんは決して軍の言いなりにはならなかった人でした。軍の独裁がいかに日本を毒してきたかを、玄峰老師にもせつせつと訴えておられました。菊池さんは僕にも「君はこれからの日本がどうなるか書け」と言うんだ。僕も戦争に負けて皆が天皇制に批判的なことばかり言うものだから、腹が立ってね。高野信が朝日新聞にいたので、『週刊朝日』に「天皇制を護持せよ」という一文を書いたんです。敗戦直後の昭和二十年十月のことだった。

僕が書いたのは、諸民族の複合体である日本が大和民族を形成できたのは天皇制があったからだ。これまでは弾圧と力だけでやろうとしてきたが失敗した。社会的融合なしの政治的統合はあり得ないが、その社会的融合の中心になっているのは天皇制だ。あらゆる物を取り入れ、共に生きるという古来からの真正な神道、汎神論だ。これこそが日本の進むべき道だ。今こそ天皇制を護持せよと書いたんです。

これを読んだ菊池さんは「田中さん、書いたなあ。これはええなあ」と言ってくれました。その菊池さんがたまたま禁衛府（皇宮警察の前身）長官になられて、この一文を陛下のお目にかけたんですね。菊池さんが「田中さん、あなたは陛下を尊敬している。陛下にお会いになりたいと思うか」と言ってこられた。二十年の十二月初めです。びっくりしましたよ。「不可能ではないですか。考えもしなかった」「いや、できるんだ。どうだ」「喜んでお会い致します」。それから四、五日して、菊池さんに呼ばれ「陛下にお会いできることになったから、平服できてくれ。くれぐれもタキシードなんかではなく。生物学御研究所を拝観しているときに、陛下がたまたまお越しになられてお目にかかったということにするから」ということになった。

（1）蠟八接心　蠟八とは旧暦の十二月八日のこと。この日に釈迦が大悟したことにちなみ、禅寺では十二月一日から八日朝まで、横に臥して眠ることなく座禅の行を行うのが習わしとなっている。

（2）公案　禅の問答、あるいは問題のこと。もともとは「調書・案件」をさす中国・唐代の官庁用語からきたといわれる。日本では後世、世阿弥などが芸道における「思案・工夫」の意味でも使った。

昭和天皇に拝謁して

――『入江日記』によれば、お会いになったのは、一九四五（昭和二十）年十二月二十一日ですね。

ええ。場所は生物学御研究所の接見室で、石渡荘太郎宮内大臣、大金益次郎次官、藤田尚徳侍従長、木下道雄侍従次長、入江相政侍従、徳川義寛侍従、戸田康英侍従らがご陪席でした。大金さんは「君が思うことをお上にお話ししてくれて結構だ。君は思うことをズバズバ言う方だから、その通りにやってもらいたい」と言われた。

――どんなことを話されたのですか。

私はなんせ治安維持法違反で一度刑務所に引っ張られていますからね（笑）。私がまず言上したのは、「私は陛下に弓を引いた共産党の書記長をやり、今日では根底から間違っておることが分かりました。ただいまは、自らの罪業の深さを悔い、龍沢寺の山本玄峰老師の下で修行を致しております」ということ。もう一つは、「天皇家が健全なままに二千数百年にもわたって続いてきたこと自体、諸民族の統合体である日本民族を、大和民族として統一し、融和させてきたことを証明するものであり、天皇家なしには、社会的融合、政治的統合体としての今日の日本はございません。したがって皇室ご健在であることに深く感謝致すとともにに、陛下に対しても心から敬意を表します」ということでした。

それから私は三つのことを申し上げた。一つは、

「陛下は絶対にご退位なさってはいけません。軍は陛下にお望みでない戦争を押し付けて参りました。これは歴史的事実でございます。国民はそれを陛下のご意思のように曲解しております。陛下の平和を愛し、人類を愛し、アジアを愛するお心とお姿を、国民に告げたいと思います。摂政の宮を置かれるのもいけません」

ということ。当時、退位論が盛んでしたから、摂政の宮をおけという議論もあった。もう一つは、

「国民はいま飢えております。どうぞ皇室財産を投げ出されて、戦争の被害者になった国民をお救いください。陛下の払われた犠牲に対しては、国民は奮起して今後、何年にもわたって応えていくことと存じます」

ということ。三つ目は、

「いま国民は復興に立ち上がっておりますが、陛下を存じ上げません。その姿を御覧になって、励ましてやって下さい」

というものだった。

——それに対する昭和天皇のお答えは。

「うーん、あっ、そうか。分かった」と。そりゃあ、もう、びっくりしたような顔をされて、こっちがびっくりするぐらい大きくうなずかれたなあ。その後、これを陛下はすべて御嘉納

になられて、おやりになった。

——昭和天皇のほうからは、どんなお話があったのですか。

次々と御下問がありました。私の出身の会津藩のことや、土建業をおこして、戦後の復興に携わっていることなど、いろいろ聞かれ、「田中、何か付け加えることはあるか」とおっしゃった。それで私は「昭和十六年十二月八日の開戦には、陛下は反対であったと伺っております。どうしてあの戦争をお止めにはなれなかったのですか」と伺った。一番肝心な点ですからね。そうしたら言下に、

「自分は立憲君主であって、専制君主ではない。憲法の規定もそうだ」

と、はっきりそう言われた。それを聞いて私はびっくりした。我々は憲法を蹂躙《じゅうりん》して勝手なことをやって、俺なんか治安維持法に引っかかっている。そんなにも憲法というものは守らなければいかんものなのかと（笑）。最初は二、三十分ということでしたが、結局、一時間余りですかねえ。それで僕は、お話し申し上げていて、陛下の水晶のように透き通ったお人柄と、ご聡明さに本当にうたれて、思わず「私は命に懸けて陛下並びに日本の天皇制をお守り申し上げます」とお約束しました。そうしたら、終わって出てきてから、入江さんに「あなた、大変なことを陛下にお約束されましたね」って言われたなあ。それと「我々が言えないことを本当によく言ってくれました」とね。

——今、振り返られて、どんなお気持ちですか。

あの時、陛下に真実自分の気持ちを申し上げて、本当によかったという気持ちです。たと

え陛下がご不興に思われることであっても、事実は事実として、心底自分が思うままを、その通り申し上げようと、私は先帝陛下にそのような態度で臨んできました。先頃の天皇陛下のご訪中でもそうだったが、だれも本当のことを言わないでしょう。靖国神社の公式参拝の時にも、中曾根君に「いかん、あんたがこれをやったら、軍国主義の火付け役になるぞ」って言ったんだが、本当のことを陛下に申し上げることを言い渋っているようじゃ、また国内の軍国主義者どもにやられますよ。強権主義、軍国主義にね。自民党の中心を形成しているのもこういう者たちだ。何かといえばすぐ自衛隊だと言い出す。自衛隊が出た以上、次には発砲するのは当たり前だと言い出すに決まっている。これは彼らの本能です。だからきっかけさえあれば、軍国主義思想が飛び出す。今、堂々と陛下の前で、日本に軍国主義復活の危険性が存在することを申し上げることのできる政治家が、だれかおりますか。

もう一つ、先帝陛下にお会いしたときに、私から申し上げたのは旧ソ連のことでした。この問題は、当時ソ連は戦勝国で日本を管理している四カ国の一つですから、陛下はお話しになりにくいだろうと思い、こちらが詳しく書いて差し上げ、ご説明申し上げた。

「ソ連は日本の復興と強国化を恐れ、そのために日本の解体と天皇制の廃止を狙っております。警戒してください。スターリンは共産主義でも何でもありません。彼の本質は強権主義です」

ということです。スターリンは粛清の名の下にトロツキー、クイビシェフ、ブハーリン、レーニンの奥さん……何万、何十万と殺した。その後の展開はご承知の通りです。今そのソ連という国もなくなり、ロシアになった。最近はロシア皇帝を担ぐ政党まで現れたそうだ。私が共産主義に走ってから六十有余年、「俺らがかつて主張した通りのソビエト、そしてマルクス・レーニン主義の壊滅だ」というのが、結論です。

——その後、陛下にお目にかかったことは。

ございません。この時、お目にかかったことすら、私は長い間だれにもお話しはしませんでした。家へ戻って家内に話しても、信じませんでしたから（笑）。玄峰老師と鈴木貫太郎さん、それと吉田茂さんにだけは申し上げました。吉田さんには翌年になってからだったと思う。陛下にはその後、天皇誕生日なんかにおめでとうございますと書いてお届けすると、入江さんが陛下のところに持っていかれたようで、「田中は元気だね」って笑っておられたと伺ったことがあります。それから入江さんから電話があって「この問題を田中はどう言っておるか」と。それで入江さんとお会いして、二人でよく話しました。国際問題が中心でしたねえ。ずいぶん後になってから、昭和五十六年でしたが、宇佐美宮内庁長官とある雑誌で対談したときに、この話をしたら彼はびっくりしていた。宇佐美さんは当時はまだ東京都庁にいて、知らなかったのです。

——なぜこの時のことを、長い間話さずに黙っていたのですか。

陛下を利用しているって言われるのが何より嫌でしたから。それとね、実はあの時に陛下にお目にかかった後、木下さん、入江さん、徳川さんが、大膳職へ案内してくれたのですが、その時に陛下の召し上がっておられたのが、当時よくいわれた国民食でして、麦飯と里芋の煮っころがしだけの質素なものでした。それをこの目で見ましてね。それなのに、共産党の連中は、「朕《ちん》はたらふく食ってるぞ。汝臣民飢えて死ね」などというスローガンを掲げて騒ぎ回っていた。俺はむかむかしてねえ。共産党がデマを飛ばしたり、宮中へデモをかけているというので、うちの連中を何百人も差し向けた。「殴り倒せ。殺しては駄目だぞ。責任は俺が取る」とね。徳球（徳田球一）が文句言ったら、田中清玄に言われてやっていると言えと、共産党との闘争を公然化させたのです。この当時、日本は敗戦後の混乱の中で、皇宮警察の体制は十分なものとはいえず、またGHQの統合で警察権力には空白が生じ、宮中側には暴徒を防ぐ手立てもなかったんです。

自分としては皇室をお守りすると陛下にお約束したのですから、当然のことですが、問題は自分がこのような闘争をやっていることで、田中清玄のような反共主義者を陛下がお使いになったというようなことを言われるようでは、皇室にご迷惑がかかると考えたのです。当時はまだ極東軍事裁判も始まってはおらず、陛下のお立場も、最終的に結論が出たわけではありませんでしたから。その辺のことも考えて、陛下にお会いしたことについては、ずっと沈黙を守ってきたのです。

――連合国の中には、天皇を戦犯として処刑しろと主張したところもありましたね。

ルーズベルトがあのとき生きていたら、本当にどうなっていたか分からなかったですよ。もうどこから見ても敗戦で、ムッソリーニは縛り首、ヒトラーは銃殺と、枢軸国の元首は処刑されるのが当たり前のような雰囲気でした。ルーズベルトがあのとき急死せずに生きていて、天皇の処刑を要求したら、スターリンは当然それに乗るから、あとはもうチャーチル一人ですよ。どうにもならなかったでしょうね。

――話は飛びますが、安岡正篤氏(1)とはお付き合いがありましたか。

全然ありません。そんな意思もありませんしね。有名な右翼の大将ですね。私が陛下とお会いしたという記事を読んで、びっくりしたらしい。いろいろと手を回して会いたいといってきたけど、会わなかった。私は当時、アラブ、ヨーロッパなどへ行ったり来たりで、分刻みのスケジュールだったこともありましたが、天皇陛下のおっしゃることに筆を加えるような偉い方と、会う理由がありませんからと言ってね(笑)。私には自己宣伝屋を相手にしている時間の余裕などなかった。

(1) 安岡正篤(一八九八～一九八三) 右翼思想家。大阪生れ。東大政卒。伝統的な日本主義を主張して行地社、金鶏学院、師友会などを作った。終戦の際の詔勅に筆を入れたことで知られる。戦後の首相で私淑した者も多い。

第三章

オットー大公と田岡一雄

米ソ諜報機関が接触

――敗戦直後、土木事業を始めていますね。

まだ戦争が終わる前の昭和二十年一月に神中組を作った。その三年後、これが三幸建設という会社に変わっていきます。主として東京と横浜で戦災地の復興の仕事をしました。しかし、大きい仕事としては福島県・矢吹ヶ原の開拓です。あの辺り一帯はもともと陸軍の軍馬養成地だったのですが、土地が荒れ地で、農業には適してはいなかったんです。それで羽鳥湖という多目的の人造湖を作ったんだが、機械も資材もない時代です。ダムを作ろうというのにセメントがない。どうしたかというと、あの矢吹ヶ原という一帯は粒子の細かい粘土質の土が有名なんだ。焼き物にしようかというぐらいのね。その土壌を煉瓦状にして焼いてドレンを作り、それを基礎にして固めていったんです。

食糧の増産とエネルギーがなければ民族の独立はありえないと思っていましたから、日本の復興はまずそこからだと考えた。その次には岩手県釜石市の近くの山中にロックフィルダムを造った。いずれも農業、電力、都市用水のための多目的ダムです。これが次第に八郎潟、印旛沼の埋め立てへと広がっていった。農林省は金が一銭もないから自分で出してやってくれというんだ。それでうちの一族を総動員して、昔は白河商業銀行と呼んでいた東邦銀行が親になり、農林中金から資金を出さして、事業を展開したんだ。当時、日本興業銀行の課長だった中山素平(1)君のアドバイスによる資金計画だった。あの当時は三白《さんぱく》産業などといって、産業の重点がセメント、肥料、農薬に集中していたんです。

――同じ頃、沖縄にも事業展開しましたね。

あれは沖縄の米軍の仕事をすることでドルを稼ぐことと、もう一つの目的は米軍の土木建設の技術を習得したかったんです。敗戦直後の日本の土建屋のレベルをご存じですか。日本国中、どこを捜したって満足な土木機械なんかなく、あるのはスコップとツルハシ、それに人力だけでした。ところが米軍にはブルドーザーがあり、トラクターがあり、そしてクレーン車がありと、まるで月とスッポンでした。それで復員してきた若者を、沖縄の米軍工兵隊の土木技術学校へ送り込んだのです。

当時、沖縄で付き合ったのは琉球軍司令官のオグデンという中将でした。自分のポケットマネーから金を出して、日本人の子供のために学校を作るなど、立派な人物でねえ。最後は全米のインスペクタル・ゼネラル、監察司令官になった人で、私からお別れに日本の壷をプレゼントしたことを覚えています。とにかくドルを稼がなければ、コメも何も買えないのですが、幸い沖縄の仕事は全部米ドルだから、港湾の仕事も住宅建設も必死でやった。それから飛行場、現在の嘉手納基地です。僕は一、二カ月しか沖縄には行かなかったけど、三幸建設はドル稼ぎのトップになった。沖縄の仕事は日本の予算の枠外だったし、決済はドルで行われたので、当時のお金の価値としては大変なものでした。私が敗戦直後に大きなキャデラックを乗り回していたのは、こういう事情があったのです。

――レッドパージに引っ掛かったインテリが、強制労働で沖縄へ連れていかれたこともあったと聞きましたが。

嘘です、そんなもの。左翼の宣伝だ。インテリなんか連れて行ったってクソの役にも立ちません。またわざわざ金を払って連れていく馬鹿はいないですよ。本土から連れていったのは技術者だけです。飛行場建設などは特別の経験がないと駄目ですから。あとの労働者は全部、現地調達でした。

――その後にタイへ行くわけですか。

そうです。時期的には沖縄へ行くのと、タイへ出ていくのと、多少ダブっています。三井の池田成彬(2)さんからタイの戦後復興に日本の支援がいる。君は経験もあるからって頼まれたんです。

――インドネシアへ行くのとタイへ行くのとでは、どちらが先ですか。

インドネシアの方が後になる。最初はタイでした。でも後になると両方一ぺんに行ったり、しょっちゅう動き回っていました。じっとなんかしていません。もちろん占領下ですから、海外へ出るにはGHQの特別許可が必要でした。GHQも最初のうちは快く出していたが、後になると渋るようになってきた。アメリカが本格的にアジアに出てくる前に、日本の影響をアジアに与えさせたくないという、アメリカの警戒心を僕はそのときすでに感じ取ったな。

――戦後、占領下にあって米軍の仕事をするのは、よほど特別のコネクションがなければ出来なかったのではありませんか。

ええ、その通りです。その背景をお話ししましょう。日本が戦争に敗れ、彼らが進駐して来て間もなく、ずいぶんいろんなアメリカ人が私に接触を求めてきました。CIC（カウンター・インテリジェンス・コー）と呼ばれた陸軍諜報部があった頃ですよ。それから海軍、空軍の連中もね。彼らはそうと名乗りはしませんでしたが、私にはすぐに分かりました。キャプテン・メージャー、キャノン機関[3]のキャノンもおりました。それからGHQではG2（参謀第2部）のゼネラル・ウィロビー[4]、GS（民政局）ではホイットニー[5]やケージス[6]も来ました。G2とGSはしょっちゅう対立し、その軋轢《あつれき》がみな日本に跳ね返ってきましてね。ですから、やって来た連中が一体どっちなのかを見抜くことも、大事なことでした。

——なぜ彼らは田中さんに接触をしてきたのですか。

水面下ではすでに冷戦が始まっていて、ソ連、中国に対抗するには、それぞれの諜報機関がばらばらでやっていたのでは、とても太刀打ちできないということで、諜報部隊の再編、統合を日本において実現しようとしていたのです。つまり大統領直属のCIAを作ろうということですよ。一般的にはチャーチルのいわゆる鉄のカーテン演説（一九四六年三月五日）で、冷戦が表舞台に出たことになっておりますが、実際はアメリカ側は日本進駐直後から、工作を開始しておりました。私にそのための力を貸せということだった。米国は日本に大部隊を展開していましたから、自由になる資金も潤沢にあったでしょうし、何よりも日本はソ連、中国に近く地の利もよかったということですよ。KGBに対抗できるCIAを作るなどということは、想像を越える莫大な金がかかるわけですから。連中は俺の判断力、行動力、そして人脈を使おうとしたんだろうね。何度か協力を求められ、サインしろと迫られたが、拒否した。その当時、日本やアメリカのおっちょこちょいジャーナリズムは、いろんな週刊誌なんかで「田中清玄はCIAの手先だ」などと流しまくり、俺のところへもやってきたが、「俺がCIA程度の手先であってたまるかい。証拠を出せ」と言ってみんな追い返してやった。

――GHQを相手に朝鮮戦争を予言したそうですが、どんないきさつだったのか話して下さい。

あれは一九四九（昭和二十四）年十二月のクリスマスパーティーに、GHQのアーモンド参謀長に招待されて、練馬の米軍キャンプへ行った時のことです。このパーティーには当選したばかりの中曾根君や早川崇君などの政治家、それに天川という、戦時中は海軍の嘱託などをしていた男も招かれてきていましたよ。僕は朝日新聞の進藤次郎を連れて行ったんです。GHQ側からはアーモンド参謀長のほかに、マッカーサーの秘書で日系二世の原田大尉、それからノースウエスト航空総支配人のジョー・サイクスらが来ていました。

僕はアーモンドに「朝鮮半島で、北が南に対し挑発戦争を起こしますよ」と言ったんだ。そうしたらアーモンドは、

「そんなことは絶対にない。北の軍隊は装備も旧式で、兵隊の士気も低い。韓国軍の方が米国製の武器で装備されており、機動力も十分だ。だからこそ米軍は安心して南から兵力を引

き揚げつつあるのだ。ソ連も第二次大戦の犠牲が甚大で、もう一度、朝鮮で新しく戦争を始める余裕などとてもない」

と反駁した。大変な楽観論なんだよ。それで僕は「それでは、ソ連が中国軍を応援部隊に使ったらどうするんだ。スターリンはそれぐらいのことをやるぞ」とたたみかけた。しかし、彼は頑として聞き入れようとはしない。

「いや、スターリンはルーズベルトと仲がよかったし、いまの首脳陣とも仲がいい。だいたいスターリンは、つい先頃ベルリンの封鎖をやろうとして失敗し、懲りている。だから君の言うようなことは考えられないし、我々に入っている情報はすべてそうだ。これはマッカーサー元帥の判断でもある」

と、取り付く島もない。こっちは招待を受けている客の立場だし、なにせ当時の米軍やGHQといったら、日本人にとっては神様みたいなもんだから、そう言われてもじっと我慢をしていたんだが、「ジャップの田舎者が何を言うか」と言わんばかりの、アーモンド参謀長以下、米軍の幹部連中の横柄な態度がしゃくに触ったので、酔いも手伝って、つい「マッカーサーの馬鹿野郎」と大声でののしってしまった。もちろんパーティーは一瞬にして白け切ってしまいましたよ。しかし、それから半年後の一九五〇年六月、三十八度線を越えて、北朝鮮軍が怒濤のように韓国に攻め入ったのは、その後の歴史が証明するところです。

――なぜそんな重大な情報を、田中さんは知っていたのですか。

少し長くなりますが、お話ししましょう。スターリンの意図がどういうものであるかについては、さんざんお話ししましたから、繰り返しませんが、一九四八年の秋、事業も緒につきかけていた頃だった。ソ連におったある人物から突然連絡があって、会いたいと言ってきた。迷惑がかかるといけないから名前を出すのは止しましょう。戦後、ソ連に抑留された日本人で、会ってみると、ソ連の諜報活動に従事している人物でした。

ソ連は敗戦と同時に、多くの日本兵士を不当にも抑留し、その中には近衛首相の長男・文隆君のように亡くなった人もたくさんおりますが、スターリンは対日諜報工作のために、この抑留者の中から選抜した人間を特別に訓練して、日本に送り返したのです。その中の一人でした。その人物が「あなたに会いたいと言っている人がいる。会ってもらえますか」「一体だれだ」と言っても、名前も言わない。「会えば分かります。あなたの知っている人です」と言うばかりだ。こっちもピンと感じるところがあって、「よし、会おう。手配しろ」と言うと、相手は日時を指定した上で、「神田の聖橋《ひじりばし》下の道を聖橋に向かって真っ直ぐに歩いて行って下さい。自分が行けなくてもサインがあるから、そいつと連絡を取って欲しい。サインは「シトー」「シトー」とロシア語で二回、声が聞こえたら、そいつの後をついていって下さい」と、こういう話だ。「シトー」というのはロシア語で「何ですか」という意味です。英語の「WHAT」と同じですよ。

指定して来た時刻は夜でした。あの当時、日本国中、電力不足でしょっちゅう停電ばかり。東京のど真ん中でさえ、停電のため真っ暗がりです。その暗い中から、向こうから歩いて来たのは女でした。こっちはどんな野郎が来るのかと思っていたのですが、合図の「シトー、シトー」と言う声で、はっきりと女だと分かりました。とにかく後を付いて行きましたが、なかなか目的の場所までたどり着きません。かなり歩いてやっと着いたのは神田の進駐軍が管理しているビルでした。そこで初めて女の顔を見て、ナージャと分かりました。

——一体、何者ですか。

戦前、ソ連大使館で働いていた女性です。私がつかまる前のことですから、十八、九年ぶりの再会でした。彼女の属長はオムスを担当していたヤンソン。何かの連絡で年に一、二度会う程度でしたが、日本語がうまいですからね。こちらが「やあ、久し振りだなあ。あなた無事で何よりだ」と言うと、彼女は「用件があります。今日のところはこれだけにして、あなたと連絡を取れたということだけを上司に報告する」ということだった。それで僕が「おい、お前の今の属長はだれなんだ」と聞いたら、「ジダーノフ」と、ソ連共産党中央委員会のイデオロギー担当で、スターリンのナンバー2である男の名前を言ったな。当時、ジダーノフは党の政治局員と書記局員を兼ね、スターリンの後継者と目されていた人物ですよ。大物中の大物です。

「だって、ジダーノフは殺されたという噂があるぞ」「いや、そうじゃありません。昨年、私が出てくるときに、ジダーノフに会い、指令を受けてきている。文書もあるのですが、まだあなたに渡すわけにはいきません。まず、あなたの意思が反米でしっかりしているかどうかを確かめなければならない」彼女はこう言うんです。まだ極東裁判も終わっていないときですよ。

――なぜそんな大物が、田中さんに接触を求めてきたのでしょうか。

ソ連共産党のイデオロギー担当というのは、共産圏であると非共産圏であるとを問わず、各国共産党のイデオロギーを点検し、内外の基本的諸政策を決定し、これを実行させる絶大な権限を持っていました。当時、第二次世界大戦が終わって、平和が訪れたと思ったのも束の間、冷戦が始まり、しかも中国では毛沢東による共産主義革命が成功しつつありました。ソ連は自国に隣接する巨大な人口を抱える中国が、政治的にも、経済的にも、もちろん軍事的にも強大化することを恐れていたんです。そのために特に東アジアで、様々な工作を開始していた。私への接触もその一環でした。

――それでナージャという女性は、何と言ってきたのですか。

彼女がその時に私に言ったのは、もう一人の人物に会ってくれということでした。この時も「名前は言えないが、会えば分かります」と言うんだ。会いました。この人物も私は名前を申し上げないことにします。ロシア人ですが、現存しているかどうか消息を確認していないし、不用意に名前を出して、本人や家族にどんな迷惑がかかるか分かりませんから。この人物に会って私が真っ先に聞いたことは「ナンバー2はいつでもスターリンにやられるが、ジダーノフは大丈夫か」ということでした。そうしたらこの人物は、アッと小さく叫んで息を止めましたよ。彼はその半年前ぐらいに来日しているから、その後のソ連の状況は知らないわけだが、私はもうあの時点で、ジダーノフはやられていたのではないかと思うんです。それはともかく、この時のやり取りで、私は彼等がジダーノフ・ラインだというのは本物だなと直感した。

彼等との接触を通じてこちらがようやく探り当てたことは、まず彼がモスクワ郊外のイワノボ・ウオズネセンスクという工業都市にある旧日本軍上級将校のための特別訓練学校の校長だったということでした。その彼がＧＨＱソ連代表部の一員として来日し、私が敗戦後、中山素平君らと一緒にやり始めていた祖国再建運動を調査するという名目で近付いてきたのです。そのうちに分かってきたことは、中国が強大化することを恐れるソ連は、その力をそぐために、東アジアで米中両国を戦争に引きずり込もうとしているのではないかということでした。

スターリンはまずベルリンの封鎖でアメリカの国力弱体化を図ろうとしたが失敗し、次にはベトナムでこれをやろうとしたんです。しかし、それも親中派のホー・チミンの登場と、ソ連からの兵站線が伸び切ってしまうことを理由に見送られ、結局、朝鮮半島がそのための舞台として選ばれた。そうなれば米軍の後方兵站基地としての日本の役割は絶大になってきます。アメリカは日本なくしてはこの戦争を勝ち抜くことはできないでしょう。そこでソ連がこの戦争を勝ち抜くためには、アメリカが日本列島に展開しようとしていた軍事力を排除することが必要でした。そこで米軍支援基地としての日本における後方攪乱《かくらん》工作が不可欠となり、そのための協力を私に求めてきたのです。

――信じられない話です。もし事実なら、当時の事情からして、日本共産党へ働きかけるのが普通だと思うのですが。

その通り。私もそう思いました。それで彼等にこう聞いたんです。
「本来であれば日本共産党挙げて取り組まなければならない、最重要の戦略的任務であるべき米軍の後方攪乱工作を、なぜ私のような一市民に求めてきて、日本共産党には指令しないのか」

これに対して、彼等の答えはこうでした。
「徳田・野坂に指導される日本共産党には、敵と戦う強靭な意思もなければ、組織もない。「愛される共産党」などというスローガンを掲げて堕落している日本共産党は、日本を占領する米軍を、日本解放軍などと持ち上げて拝跪《はいき》[7]している。我々はこのような日本共産党に失望している。その証拠に近くコミンフォルムから日本共産党糾弾文が発表される予定だ」

それで私はこの彼等の発言が、果たしてその通りなのかどうかを判断するために、コミンフォルムによる日共批判が本当に行われるかどうかを待ちました。彼等が企図する朝鮮戦争勃発の確度を、それで占おうと考えたのです。今の人には何のことかぴんとこないでしょうが、この当時、各国共産党がモスクワから批判されるということが、どんなに大変なことだったか想像もできんでしょう。この話を僕から聞いた朝日新聞の進藤次郎が、社内でこうらしいぞって言ったら物笑いになったと、後で話してくれましたが、それぐらい破天荒なことだった。

だが、年が明けて五〇年の正月、彼等の言った通り、コミンフォルムが日本共産党を「日共の路線は資本主義の寵児をめざすもの。革命の役には立たない」と断罪する批判が本当に発表されたのです。日本中、ひっくり返るような騒ぎになりましたよ。間もなく日共は反論の論文を発表しましたが、そのときにも彼等は「近く再反論が出ます」と予告、その通りになった。ことここにいたって私は、スターリンの策謀によって、朝鮮で戦争が起ることをはっきりと確信し、アーモンド参謀長にもそう警告したのです。

――その情報はアーモンド参謀長にだけ教えたのですか。

いや。私は日本人です。まず池田成彬先生、それから池田さんを通して吉田総理に伝えました。池田先生は僕にこう言ったな。「吉田さんは頭の回転が早い方ではないが、しかし、飲み込んだら必ずやる方だ。伝えるなら彼以外にはないだろう。あせったら駄目だぞ」と。吉田さんには彼等から届いた密書を見せてすべてをお話ししましたよ。

――吉田さんにはどこで報告されたのですか。

大磯です。大磯の池田成彬さんの邸宅をまず訪問し、池田邸と吉田さんのお屋敷とは隣り合わせですから、裏口から抜けて、吉田さんのお宅へ伺ったんです。吉田さんはじっと聞いておられました。僕はこの話は大変重要であるから、陛下のお耳にも入れていただきたいが、そちらの方は吉田さんにお任せしますと、自分のほうから言った。それに対して吉田さんはこう言われたな。

「田中さん、あなたは陛下にもお会いになっておるが、これは政治の問題だから、自分に任せてほしい。陛下には自分から申し上げる」

この時、吉田さんに差し上げた手紙は、ジダーノフが私に宛てたもので、それを日本文に翻訳したものでした。しかし、最初はだれも信用しないんだ。吉田さんは外務省に問い合わせたようだったが、外務省は例によって「ああ、そんなもの、いいかげんですよ」と言ったんでしょう。GHQもアーモンド参謀長のときにお話しした通り、本気にしなかった。「何の情報も入っていない」とね。それでどうしても埒《らち》があかないから、僕の友人で外務省にいた萩原徹[8]君を通じて、GHQには詳しくその根拠も含めて説明をしてやった。そうしたら、間もなく「どうも本当のようだ」と言ってきた。カウンター・インテリジェンスをやったら、中国かどこかから反応があったんでしょうね。

その後、二回に及ぶコミンフォルムの日共批判がずばり的中したものだから、吉田さんも、もっと詳しく説明しろと言ってきた。私が言ってきたことの信頼性が増したものだから、この時を境に、あらゆる面での変化が急速に起こった。そうなると今度はどっといろんな人間がおしかけてきましたよ。田中のところへ行けば情報があるというので、外交官も商社員も、自由党（自民党の前身）の連中までわーっときやがった。こんなやつらにだれが話すもんですか。

その時ですよ、僕に自由党へ入らないかって言ってきたのは。吉田さんの子分だった増田甲子《かね》七《しち》[9]、それから吉田さんの娘婿の麻生太賀吉《あそうたかきち》[10]も来た。ずいぶんしつこく言ってきたけど、全部断った。人と組むのは嫌だって言ってね。いろいろと秘密に関わることがあるから、他人となんかとても組めないですよ。

――ソ連が本気で田中さんに、後方攪乱工作を依頼しようとしたとお考えですか。

もちろんです。ソ連が私を使ってやりたかったのは、電力や輸送機関の破壊工作でした。これをやられたら米軍は身動きが取れませんからね。それで私は、「祖国防衛・平和安定のための電源防衛・食糧増産・生産・運輸の安全」をスローガンに掲げ、全国各地の電源・石炭地帯を中心に電源防衛隊を組織して、彼等の破壊工作に対抗したのです。一九四九年には三鷹事件[11]、松川事件[12]が起きていますが、あれはみな国鉄を寸断して、日本の輸送路を断ち送電線を断って、日本を米軍の基地として機能しないようにする、彼等の後方攪乱工作の一環ですよ。私は今でもそう確信しています。

彼等の世界戦略が成功し、日本がソ連軍の支配下におかれて、KGBが監督するようになっていたら、この国はめちゃめちゃになっていたでしょう。私もあなたも生きてはおれませんよ。スターリンの思うつぼだ。

この話のポイントは、スターリンの本当の狙いは、朝鮮での戦争に中国を巻き込ませたかったという点にあります。要するに彼は中国を強大な国にはしたくなかったし、いつも中国を自分の支配下においておきたかったということです。これは何もソ連だけではありませんよ。アメリカは今もっと強烈に中国の強大化を阻止しようと考えています。その点ではアメリカもソ連も変わりはありません。これが現実の世界政治というものです。イデオロギーなどにだまされちゃいけません。

――田中さんとソ連との関係は、その後どうなりましたか[13]。

ひどいもんでした（笑）。当時、東京にデレビヤンコという名前のソ連の陸軍中将がいました。スターリンがマッカーサーに対抗するため、GHQに送り込んできていたのです。このデレビヤンコが俺をGHQに訴えた。田中清玄は反ソ的であり、憲法を蹂躙しているなどといってね。プラカードから手紙まで、何と六千点もの証拠物件なるものをGHQに持ち込んだ。GHQがソ連との摩擦を極力避けようと腐心していた頃のことでした。こっちがアメリカへついたというので、ソ連としては面白くなく、俺を有罪にデッチ上げてソ連へ送り込み、銃殺刑にでもしたかったんでしょう。頭も根性も悪いロシア人の考えそうなことだ(笑)。

GHQへ出頭せよという通知がきたので行きました。GHQは筆跡鑑定人を二人用意していた。この筆跡鑑定人たちが別室に入って証拠書類の鑑定をやって、一時間ほどして戻ってきて言ったことは「この膨大な数の投書は、三人ないし四人の人間が書いたものであることが分かった」(笑)。それでこっちは無罪放免だ。

――ナージャにその後会ったことは。

いや、一度も。生きていればもう八十近いでしょうね。スマートでなかなかの美人でした。ある日突然、「近日中にモスクワへ帰ることになった」と言ってきて、それっきり、そこでぷつんと切れてしまった。

(1) 中山素平(一九〇六〜二〇〇五) 財界人。東京生れ。東京高商卒。日本興業銀行へ入り、理事、頭取、会長、相談役を歴任。経済同友会代表幹事として財界活動を行い、新日鉄の誕生、海運集約化など、産業再編成の推進役をつとめた。その後アラビア湾経済使節団長として中東を訪問。インドネシアとの低硫黄石油開発計画などを手がけた。
(2) 池田成彬(一八六七~一九五〇) 財界人・政治家。山形生れ。慶応義塾、ハーバード大卒。三井銀行に入社。昭和恐慌期におけるドル買い事件への攻撃や、右翼による三井合名理事長・団琢磨暗殺(血盟団事件)の中で三井の改革に奔走。三井報恩会を設立して社会文化事業に関与することで、財閥の近代化を企図。三六年自ら制定した定年制にしたがって辞任。近衛内閣の蔵相兼商工相、枢密顧問官。米沢藩の克己耐乏の気風と、清廉剛直、リベラルな資質が池田の真骨頂とされ、倫理的資本主義者の典型といわれた。
(3) キャノン機関　占領下の日本で「Z機関」とも呼ばれたアメリカの諜報組織。責任者のキャノンの名前からそう呼ばれた。CIAに属し、東京・文京区の旧岩崎別邸(本郷ハウス)が本部で、日共、中共に関する情報収集が目的だった。
(4) ウィロビー(一八九二~一九七二) 米国軍人。ドイツ生れ。米国に移住して第一次大戦に参戦し、職業軍人となる。太平洋戦争中はマッカーサーの参謀として情報を担当。占領軍として来日し参謀第二部(G2)の部長となる。治安・情報を担当したが、徹底した反共主義者で、民主化推進派のホイットニーGS局長と対立した。
(5) ホイットニー(一八九七~一九六九) 米国軍人。GHQ民政局長。ワシントン大卒。弁護士。公職追放、新憲法制定など日本の民主化政策を進め、治安を重視する参謀第二部(G2)のウィロビーとしばしば対立した。
(6) ケージス(一九〇六~九六) 弁護士。ハーバード大卒。GHQ民政局次長としてホイットニー局長を助け日本の民主化に中心的役割を果たす。退官後はマッカーサー元帥の財政管理人もつとめた。
(7) コミンフォルム　一九四七年、ソ連、東欧六カ国にフランス、イタリアを加えた九カ国の共産党が、ポーランドのワルシャワで、各国共産党間の緊密な連携を強めるために設立した組織。コミンテルンのような上部機関ではないと説明されたが、ソビエト国家防衛というスターリンの意向が強く打ち出され、共産主義の総本山的性格は変わらなかった。五六年解散。

(8) 萩原徹(一九〇六〜七九) 外交官。東京生れ。父・守一は初代の奉天総領事。東大法卒。外務省に入省。六年余のフランス在勤後、四〇年末に総力戦研究所員。条約局長、カナダ大使、フランス大使(二期)などを歴任。奉天総領事時代に父の部下だった吉田茂の信任が厚く、対日講和の研究・準備作業に手腕を発揮。退官後は日本万国博覧会日本政府代表。

(9) 増田甲子七(一八九八〜一九八五) 政治家。長野生れ。京大法卒。内務省に入る。戦後は政界に出て吉田首相に可愛がられた。運輸相、官房長官、労相、建設相、自由党幹事長などを歴任。

(10) 麻生太賀吉(一九一一〜八〇) 経営者。福岡生れ。石炭で財をなした麻生太吉の孫。麻生商店の社長となったが、ロンドン滞在中駐英大使だった吉田茂の次女・和子と知り合い結婚。戦後、衆院議員となり吉田の側近として知られた。

(11) 三鷹事件 一九四九年七月、国鉄中央線三鷹駅構内で無人電車が暴走し、民家に突入して六人が死亡した事件。政府は共産党員によるものとして、国鉄組合員ら十人を逮捕、起訴したが、最終審は竹内景助被告の単独犯行として、死刑が確定した。

(12) 松川事件 一九四九年八月、福島県金谷川村の東北本線カーブで、旅客列車が脱線、転覆し、機関士ら三人が死亡。現場のレールは犬クギが抜き取られ、継ぎ目板も外され悪質な列車妨害だった。人員整理反対闘争中の国鉄労組員らが疑われ、十人が逮捕された。うち五人は一、二審で死刑を含む有罪とされたが、差し戻し審の後、最高裁で無罪が確定。

(13) デレビヤンコ(一九〇三〜一九五四) 第二次世界大戦ではハリコフ、ウクライナ戦線で戦う。連合国対日理事会ソ連代表として来日、ミズーリ号艦上での降伏文書調印式に参加。公職追放の徹底、大規模地主の廃止などを求め、マッカーサー司令部としばしば対立した。

全学連に資金を提供

——田中さんといえば、六〇年安保で全学連幹部に資金提供をしていた印象が強烈です。その理由を話してください。

当時の左翼勢力をぶち割ってやれと思った。あの学生のエネルギーが、共産党の下へまとまったら、えらいことになりますからね。一番手っとり早いのは、内部対立ですよ。マルクス主義の矛盾はみんな感じていましたから。ロシアの威光をかさにきてやる者、それから共産主義の欠陥を汲み取れない連中、進歩的文化人ではやりの馬に乗った人間、彼等にはそういういろんな雑多な要素があるんです。しかも反代々木（反日共）で反モスクワである点が重要だ。彼等を一人前にしてやれと考えた。反モスクワ、反代々木の勢力として結集できるものは結集し、何名か指導者を教育してやろうというので、全学連主流派への接触を始めた。もう一つは、岸内閣をぶっ潰さなければならないと思った。

——しかし、全学連指導部の意識は日本の革命だし、立場は正反対だったのではありませんか。

革命運動はいいんだ。帝国主義反対というのが、全学連のスローガンだった。しかし、帝国主義打倒というのを、アメリカにだけぶっつけるのは、不公平じゃないかと僕は言った。「ソ連のスターリン大帝国主義、専制政治はどうしたんだ」とね。そうしたら、そうだと。それで、これは脈があるなと思って、資金も提供し、話もした。私のところにきたのは、島成郎(1)です。最初、子分をよこしました。いま中曽根君の平和研究所にいる小島弘君とかね。東原吉伸、篠原浩一郎もだ。島に会ってくれということなんですね。

——当時の報道ではかなりの資金が渡されたといわれていますが。

機会あるたびに、財布をはたいてやっていました。いろんなルートで。まあいいじゃないですか。それはそれで。

——唐牛《かろうじ》健太郎(2)が函館出身だったというのも、付き合いができた理由ですか。

それが一番大きい。知らなかった、唐牛というのは。島が唐牛に全学連の委員長をやらそうと思うが、どうだろうかって。「あなたと同じ函館の高校で、今は北大だ」と言ってきた。それで僕は「君がいいと思ったら、やったらいいじゃないか」と答えた。島の決断です。私に接近してきたのも、彼の決断だった。島がいなかったら、私と全学連の関係はできなかったでしょう。本当は全学連委員長というのは、東大に決まっているんですよ。それを破って、京大でもない、北大の、しかも理論家でもない行動派の唐牛を持ってきた。唐牛は直感力では、天才ですね。しかし、組織力ということなら島です。先見性もね。決して彼はスターリンや宮本顕治のような独裁者にはならない男です。一つの運動が終わると去っていって、また次の運動を組織していく、そういう点で天性のものを持っている。沖縄での精神病院での地域医療活動だってそうでしょう。まさに社会的実践そのものです。彼はいい男ですよ。時々ここへもポカッ、ポカッと来ますよ。去る者は追わず、来る者は拒まずです。

——具体的にはどんな事をされたのですか。

全学連といったって、最初はただわあーっと集まってくるだけで、戦い方を知らん。それでこっちは空手の連中を集めて、突き、蹴るの基本から訓練だ。僕の秘書だった藤本勇君が日大の空手部のキャプテンで、何度も全国制覇を成し遂げた実績を持っていた。彼をボスにして軽井沢あたりで訓練をさせたんだ。藤本君がデモに行くと、一人で十人ぐらい軽く投げ飛ばしてしまう。「お前は右翼のくせに左翼に加担してなんだ」なんて、だいぶ言われていたけど、「なにを言ってやがる。貴様らは岸や児玉の手先じゃねえか」って言ってね。デモをやると右翼が暴れ込んでくるんだ。それを死なない程度に痛めつけろ、殺すまではするなと。それでしまいには右翼の連中も、あいつらにはかなわんということになった。

——六〇年安保のデモ隊から岸首相を守るため、自民党の福田篤泰代議士の選挙区の三多摩地方から、威勢のいい青年たちを動員したと聞いたことがありますが。

そんなもの来たってちっとも怖いことなどはなかった。しかし、こっちは反帝国主義、反米だけではどうしても今一つ盛り上がらない。それで取り上げたのが反岸だった。それをやったのは島です。全学連の内部では、「国内問題に矮小化しすぎる」「国際性がない」「革命性が失われる」などと小理屈をこねたのもいたが、困るのは自民党、岸一派だけだ、遠慮しないでやれと言ってやった。

水道橋の宿屋で待機していて、田舎から送られてくる部隊を集めては、左翼と一緒に戦えと話をしてやった。彼等は「なんだ、今まで仲間だったのと戦うのか」っていうから、「そうだ、極右である岸・児玉一派と戦うんだ。大義、親《しん》を滅した」なんて言ってね。あのエネルギーを爆発させることができたのは、何といっても戦いに反岸を盛り込んだことだし、それをやり切ったのは島や唐牛でした。彼等がいなければ、警視庁だけでは、岸・児玉一派にやられてしまっていたでしょう。原文兵衛(3)警視総監が一番理解してくれた。

――あの時、岸首相は自衛隊を出動させようとしましたね。

それをきっぱりと断ったのが赤城防衛庁長官と杉田一次陸上幕僚長だった。えらかったねえ。岸がうるさく迫ったんだが、二人ともはねつけた。杉田陸幕長は戦前、東久邇宮付きの武官で、米国留学の経験もあり、あんなところで兵を出したらどんな事になるか、よく分かっていた。

――この際、是非うかがいたいのは、一九六三(昭和三十八)年十一月九日に起きた狙撃事件の真相です。

お話ししましょう。丸の内・東京会館で行われた、戦前の共産党の同志で、片山潜と並ぶ国際共産主義運動の指導者だった高谷覚蔵の出版記念パーティーに出て、玄関を出ようとしたところを、いきなり腹を撃たれたんです。そこでひるんだら本当に殺されると思ったから、向かって行って相手を倒した。銃口を肘に押し付けて首を絞めようとも思ったが、こっちは空手をやっていたし、殺してしまったら背後関係も分からなくなってしまう。それで殺さずに、まずピストルを奪おうとした。相手も必死でした。ピストルをとられたら、逆に殺されると思ったのでしょう。それでもう一発、肘を撃たれました。その後、やっこさんは東京会館に逃げ込もうとしたのを、こっちは追いかけていって、ドアのところに挟むようにしてつかまえてやろうとしたが、そのときドアの隙間から三発目を撃たれたのが、腎臓にまで届いた。

すぐに築地の聖路加国際病院へ運ばれたんですが、新聞記者が大勢押しかけて来ましてねえ。あんまりうるさいから「たかが生きるか死ぬかじゃねえか。何をガタガタ騒ぐんだ。うるさいから静かにしてくれ」って言ってやった（笑）。

聖路加国際病院では後に院長となられた牧野永城先生の手術をうけた。牧野先生は東北大学の黒川利雄先生の弟子で、アメリカのウィスコンシン大学の大学病院で、六年間にピストルで撃たれた患者を四百人も治療された、経験の豊富な先生だった。私が撃たれたのは三発だったが、内臓に九カ所の傷ができたので、十人を越える医師が腸を手術台の上に広げ、十時間もかかって手術をしてくれた。それで助かったんです。元気になってから、牧野先生に、「田中さんは一言も痛いとはおっしゃいませんでしたね。どこを押しても黙っている。しかし、医者としてはどこが痛いのか言ってくれなくては困るんです」

って言われましたよ（笑）。

あのときは西ドイツのリュプケ大統領が来日中で、たまたま隣の日生劇場でドイツ・ベルリン・オペラを観劇中で、陛下もお出でになっておられた。警備の最高責任者だった原文兵衛警視総監も現場近くにおって、犯人逮捕と並行して、警備隊をすぐに池田総理と河野一郎の屋敷と児玉誉士夫[4]の自宅へ派遣したんです。

――なぜその三カ所を警備する必要があったんですか。

実はこの事件には政治が絡んでいるんです。あの時、児玉はもう一度、岸の独裁政権を作ろうとして、河野一郎並びに米国のCIAと組んで動いていた。岸は戦前からの軍をバックにした強権主義者の頭目で、害毒の最たるものだった。軍部的なものの復活ですよ。この動きを一番妨害したのが僕だった。それで佐藤栄作さんや山口組の田岡一雄[5]組長から「児玉が君を狙っているから用心した方がいい」と言われていたんです。

――犯人は暴力団東声会の木下陸男という組員でしたね。

児玉がやらせた。私が田岡組長と組んで、山口組の東京進出を図ろうとして起きた暴力団同士の抗争事件だなんてマスコミは書いたけど、全部うそだ。それ以来、児玉は恐れてねえ。こっちの連中が児玉を狙い出したので、僕は田岡さんに「児玉に対する復讐はやめてくれ。二・二六のように血で血を洗うようなことをやっていたら、日本の破滅だ。僕は助かったんだから、やめてくれ」と繰り返し言ったんだ。そこらの暴力団なんか田岡さんが動いたら吹っ飛びますからね。田岡さんは初めは「しかし、この際、ここで根を断っておかないと、こいつらは二度も三度も同じことをやる」という意見だ。僕はしかし、「人間、仏ごころを持つことも、ときに必要だよ」と言ったので、田岡さんも最後は「ようし、わかった。あいつらこのままでは生かしておかんつもりだったけど、田中さんがそれ程言うならやめよう」と。

これは後のことですが、犯人は児玉から金を貰ってやらされたんだし、聞くと、親一人、子一人の私と同じような境遇だという。それで僕は検事あての、できるだけ寛大な処置にしてやってほしいという上申書を書いた。(6)たしか刑期は十年ですんだはずです。

しかし、児玉は田岡さんや作家の林房雄までつかって、なんべんも俺に会いたいって言ってきたが、絶対会わなかった。児玉を、戦前は軍が使い、戦後も自民党の長老たちは使っていたなあ。世のため人のためにやるなら別だが、国家の名前を使いやがって、一番悪質な恐喝、強盗の類いじゃないか。

——林房雄というのは、どういう関係ですか。

東大新人会。あれは大宅壮一とはまた違った才能があるんですよ。学生のときから文筆で飯を食って。あれはお母さんがいい人でねえ。彼が京大学連事件でぶち込まれたときに、その間、お母さんは新人会にこられて、若いものを放ってはおけないと、誠心誠意、我々のお世話をしてくださった。私の母が昭和三年五月に函館から上京してきたときに、私は「もう母には会わない。親子の縁を切っても革命運動をやる」と言ったら、林のお母さんは「そういうもんじゃない。お母さんはあなたを心の支えにして、独身を通してきた。私もお会いして涙がこぼれた。是非会いなさい」って強く言われて、俺に会えないまま上野駅に戻っていった母を、引っ張られるようにして追いかけて行って、汽車に乗る直前の母に会った。母は二年後の昭和五年二月五日に自殺しましたから、そのときが母に会った最後でした。

だから林には義理があるんです。だが、林が何と言おうと、児玉にだけは会わなかった。「林よ、お前は何も知らんのだから、よけいなことはせんでくれ」って言ったんだ。林は晩年は児玉から資金援助を受けていたんだから。マリンクラブなんかを林はやっていましたからね。児玉を激賞しておった。林にはそういうところがあるんです。この話は新人会の浅野晃から聞いた。「児玉に会ってくれって林がうるさい」って僕が言ったら、浅野は「林は児玉が一切を賄《まかな》っているからなあ」とね。浅野も七年前に亡くなった。林は晩年、『大東亜戦争肯定論』などという本を書いたが、あんなもん『大東亜戦争提灯持ち論』だよ。太平洋戦争があったお陰で、飯が食えているという連中だ。児玉がまさにそうだった。

――どれくらい入院していたのですか。

三カ月入院して、その後は川奈ホテルで一カ月静養しました。それからも一年間は散策などをしながら体力の回復を待ち、やがてゴルフもできるようになりました。その翌年にはヨーロッパにも出掛けていきましたが、みんなびっくりしていましたよ。

(1) 島成郎(一九三一~二〇〇〇) 医師、元学生運動家。東京生れ。四九年共産党に入党。東大教養学部自治会副委員長。東大医学部に再入学。五八年共産党を脱し、共産主義者同盟(ブント)を結成、書記長となる。六〇年安保闘争では全学連主流派を指導。卒業後、国立武蔵療養所、沖縄玉木病院などに勤務の傍ら、地域精神医療活動に従事。

(2) 唐牛健太郎(一九三八~八四) 元学生運動家。北海道生れ。北大中退。在学中、全学連委員長に選ばれ六〇年安保闘争を指導。羽田事件で逮捕され、建造物侵入罪などで懲役十年の判決を受け服役。

その後ヨットクラブ設立、飲食店経営、労務者、漁師、セールスマンなど転々と職を変え話題となった。
(3) 原文兵衛（一九一三～九九）警視総監、政治家。東京生れ。東大卒。内務省に入り長野・神奈川県警本部長、警視総監などをへて、七一年から参院議員四期。鈴木内閣の環境庁長官。九二年参院議長。
(4) 児玉誉士夫（一九一一～八四）右翼。福島生れ。戦前、天皇直訴事件などで数回入獄。三九年から外務省、陸軍省の顧問となる。大西滝治郎海軍中将の依頼で上海を中心に児玉機関を作って物資調達活動を行い、戦後、この資金を鳩山一郎の自由党政治資金として提供。戦後、A級戦犯で三年間巣鴨入り。その後は岸首相、河野一郎らと組んで、政界フィクサーとして君臨。ロッキード事件では秘密代理人として十七億円を受け取り、所得税法、外為法違反で起訴されたが、死亡により公判停止。
(5) 田岡一雄（一九一三～八一）山口組三代目組長。徳島生れ。幼くして両親と死別し神戸の叔父の家に引き取られる。三一年ごろ山口組員。三七年傷害罪で入獄。四六年三代目組長を襲名。
(6) 林房雄（一九〇三～七五）作家。大分生れ。東大中退。新人会の運動からプロレタリア文学に入り、四回にわたり投獄。出所後はプロレタリア作家廃業を宣言、四〇年に右翼団体・大東塾の客員となる。戦後、読売新聞に「白井明」のペンネームで戦後文学批判のコラムを連載。代表作に『大東亜戦争肯定論』『西郷隆盛』。

山口組三代目は信用できた

――ところで山口組三代目の田岡一雄組長とは、いつ頃からのお付き合いですか。

これは古い。そもそも私が昭和十六年に刑務所から出たときの身元引き受け人が、富田健治さんでした。富田さんのところへ、「いよいよ龍沢寺で修行に入ります」と挨拶にいったときに、「ところであなたに用があるときはどこへ連絡をしたらいいんですか」とお尋ねしたら、「その時は、君に佐藤軍次君を紹介するから、この人を通じて連絡を取ってくれ」と、富田さんはそう言われた。もう東條内閣になっていて、日米開戦も間近なころだし、世相も何かとうるさくなっていたときでしたから、直接連絡を取ったりすることは控えようと思ったのです。

この佐藤さんという人は、横浜で義兄の藤木幸太郎さんと一緒に海運業をやっている人でした。佐藤さんの奥さんは藤木さんの妹さんなのです。あの頃の言い回しで言えば「荷揚げ人足の大親分」といったところだが、スマートないい男でした。

佐藤さんは「分かりました。何かご用があればご連絡しましょう。ときに、田中さん、修行した後はどうするのか」と言われたので、僕は「その時は何か仕事をしようと思うが、まずは修行です」そう言って、ともかく龍沢寺へ行った。龍沢寺では玄峰老師から、坊さんにならんかと言われましたよ。

しかしその時、私はもう結婚しておりましたからね。臨済禅では結婚していては、僧侶にはなれません。それに田中家では、跡取りが私一人しかおりませんので、坊さんになるわけにはいかなかった。それで在家のまま修行を続け、目を開けということになり、家内と二人、龍沢寺で修行をしたわけです。

やがて三年がたちひとしきり修行も終わって、三島に家を買いまして、何か仕事をということになって、横浜の佐藤軍次さんに連絡し、訪ねて行ったんです。そうしたら、佐藤さんは自分の兄貴の藤木幸太郎さんを紹介してくれた。京浜一帯の沖仲仕の総元締めで、大親分でした。もともとこの藤木さんのことは、僕が警視庁に逮捕される前に、京浜工業地帯のオルグをしていたときに知っていましたが、親しくしていただいたのはこのときが初めてです。

この藤木さんという人は、富田さんが昔、神奈川県の警察部長だったときに、横浜一帯の荷揚げ人夫らが、喧嘩はする、博打《ばくち》は打つと、ヤクザそのものの生活だったのを、なんとか正業につかせようというので、ヤクザから足を洗わせるため、富田さんの依頼を受けて、いろいろやっていたんです。佐藤さんは富田さんと藤木さんの間の連絡役だった。

大正の末ごろのことですが、横浜の大黒町など鶴見の埋め立て地を舞台にした一大騒動がありましてね。陸と海の勢力がぶつかったんです。暴力沙汰も起きた。陸の方の代表は土建業「松尾組」の松尾嘉右衛門、海の方は藤木さんです。海の方が圧倒的に強かった。県も放置できんというので、富田さんが藤木さんの人柄を見込んで、海運業者とその従業員の組合を、二つ作らせたんです。

戦後この組織を再編し、海運業者の集まりを日本海運協会、従業員の方を日本海運協同組合という組織に作り替える過程で知り合ったのが田岡さんです。神戸の沖仲士を仕切っていた有力者で、この組織に挙げて賛成してきたのが田岡さん、それから名古屋では、藤木海運創業者の伊藤清造さんだった。藤木さんは海運協会の会長に田岡さんをと考えたが、田岡さんはどうしてもうんと言わない。

——どうしてですか。

自分は組を継ぐと言うんだ。仁侠道を生かすと二代目に誓約したので、山口組を継ぐのだと。その約束を守って、二足の草鞋《わらじ》ははかないと言うんです。

——この二つの組織ですが、具体的にはどんなことをやったんですか。

綱領というのがありましてね。麻薬はやらない。素人には迷惑をかけない。正業を持つ。皇室を尊敬する。外国人が入ってきて勝手なことをやろうとしたら、結束してことに当たる。沖仲仕といっても、昼間から博打を打って、中にはヤクザと少しも変わらぬ暮らしをしている者もいましたからねえ。だからきちんとした正業を持たせ、それで十分生活ができるというところまで持っていかないといけないんだ。

さらに田岡さんや藤木さんたちがやったのは、各地の港の荷揚げ労働者が油で汚れた顔をして家に帰るのでは、人に不愉快な感じを与えるというので、作業場に風呂を作り、最後は海員労働者専門の労災病院まで作った。兵庫県などは所帯が大きいから神戸と尼崎の二カ所に作った。いいことをずいぶんやっているのですよ。

それから、武器の取り引きと麻薬をやった者はただちに除名した。これらは藤木さんや皆との間の誓約だから、徹底してやった。こうして初めて全国的な大組織ができたからこそ、戦後、戦争に負けて占領されても、台湾、香港、韓国の組織にやられずにすんだし、六〇年安保も共産党に勝つことができたし、ヤクザが政治家とくっついて勝手なことをするのを、封じることもできたと思っている。

——児玉誉士夫の「東亜同友会」を潰したことですか。

そう。一九六三年初夏のことだった。ロンドンにいた私のもとへ田岡さんから電話がかかってきて、児玉が河野一郎政権を作るため、全国の博打打ちと右翼を糾合した「東亜同友会」という組織を作ろうとしているという話だ。その背後には岸信介がいた。すぐに取って返し、田岡さんと相談して「麻薬追放・国土浄化連盟」という組織を作り、全国キャンペーンを始めた。もちろん彼等の野望を打ち砕くためです。

児玉は田岡さんに副会長をやってくれと申し入れて来たのです。自分は会長をやるから、田岡さんは箱根から西を受け持って、副会長になってくれとね。しかし、田岡さんは児玉の危険性を全身で感じ取ってきっぱりと断った。もしこれに乗っていたらえらいことになっていた。何でもできますからね。軍国主義の完全な復活ですよ。田岡さんはロンドンから取って返した僕に、こう言ったよ。

「田中さん、政治のことはあなたがやってくれ。自分らはあなたの言う通りに動く。しかし、ヤクザの世界のことは素人には分からないから、俺らに任せてほしい」

麻薬追放は彼等の資金源を断ち切ることを意味しましたからね。日本海運協会の活動以来、こっちは麻薬絶滅の立場だ。田岡さんは麻薬に手を染めたという理由で、一度に三千人の山口組組員を除名したことのある人物ですよ。あの時、俺が自民党の治安問題関係者と警察に拳銃と麻薬の取締りが本当にできるかと、聞いたら、彼等は「自分たちで十分できる。暴力団組織を壊滅させてもやる」と言ったな。マスコミもそれを支持し、我々を支持したものは一つもなかった。そればかりか我々の運動は、マスメディアの悪意に満ちた煽動とデマゴーグに悩まされ続けた。「麻薬追放・国土浄化連盟」の会長には、松下正寿(1)立教大学総長をすえ、菅原通済(2)、山岡荘八(3)、福田恆存《つねあり》(4)、市川房枝(5)などという人達にも加わってもらったが、「ヤクザと文化人の奇妙な提携」だとか、「山口組の全国制覇のための巧妙なカムフラージュ」などと、いろんなことをさんざん書かれました。そして私が撃たれたときには、ジャーナリズムはヤクザの島争いだと書いた。しかし、いま、これだけ麻薬がはびこったのは、警察とジャーナリズム、そして政治家の責任だと私は言いたい。

——どういうことですか。

警察が点数を稼ぐため、山口組壊滅作戦をやった。その結果どうなったかね。犯罪、麻薬、武器そのどれを取っても、今日ほどはびこったことはなかろうが。日本は今、東南アジアで生産される麻薬の最大の消費国ですよ。あの時きちっとやっておれば、こんなことにはならなかった。これは自民党と検察並びに警察の、国民に対する裏切りであって、許されるものではない。

あの時、藤木さんが俺にこう言ってきた。「おい、田中さん、妙なことがあるぞ。警察が麻薬反対運動なんかやられると、自分達が迷惑すると言うんだ」

警察官の中には毎月何件か摘発して賞与金を貰っている者もいたし「麻薬追放をやられた

ら俺たちが困る。俺たちの出世の邪魔をするな」と言った警察官さえいたという。それから一体これまでに何人、警察官から暴力団と黒い付き合いをしていたことが発覚して、犯罪者となった者がおりますか。皆、目先のことばかりだ。今里広記[6]はかつて国家公安委員だったから、現実はこんなだぞって言ってやったことがあります。

官憲の取締りだけでヤクザがなくなり、武器がなくなり、麻薬が消えていくというなら、日本からとうに犯罪はなくなっていますよ。

田岡さんが心臓病で入院した時に、こう言ったことがある。

「田中さん、山口組のどこが悪いんだ。警察は勝手に手前たちの都合のいい時だけ使っておきやがって、今度は都合が悪くなれば、止めてくれ、解散しろって言ってくる」

しかし、実際のところ、いくら警察を責めたって始まらない。本当に悪いのは政治家だ。麻薬問題、暴力団問題は日本の政治を根底から改革し、革新しなければ解決しません。自民党の竹下や金丸それに小沢、それからそれに拝跪しているうすぎたない連中が、見てくれだけでごまかしの政治改革をやったって、何の役にも立ちません。かえって蔓延させるだけだ。こういう連中が政治家を辞めること、これが一番だ。それからこういう政治の腐敗勢力にくっついている一部のジャーナリズムも問題だ。これは国を滅ぼす。

世の中に悪いことをやっているものはごまんとおります。暴力団にも警察官にもおる。しかし、一番許せないのは政治家だ。竹下、金丸、小沢と、こういう連中に牛耳られた自民党の国会議員は、いったいどうなんだ。中身を空っぽにしておき、どうにでも逃げられるようにしておいて、国会に証人喚問だって出てきて、堂々と罪逃れをしてるじゃないか。政治家が腐っていて、どうして犯罪の取締りができるんです。それから腰抜けの社会党を始め野党の連中は、竹下や金丸たちから金を貰ってるそうじゃないか。俺はこの問題では、日本にもう絶望している。わずかに救いは、日本に天皇制が健全な形で存在していることだけですよ。

——山口組とは今も付き合いがあるのですか。

いいえ。私は何も山口組と付き合ったわけではありません。私が付き合ったのは田岡一雄という一人の侠客であって、彼とは終生の友人でした。それはだれが何と言おうとまったく変わりません。いったん信じたら、とことん付き合うのが私の流儀ですから。

面白かったのは、田岡さんを握ると、カジノのような賭博場が日本でできると思い込んだのか、国際的な商売人、ギャング、マフィアのたぐいが、田岡詣でに殺到したことがあったことです。田岡さんから私のところに相談があったから、全部断れと言ってやった。例えば、サウジアラビアのカショギ(7)という大金持がいる。この男はニューヨーク、ロンドン、カイロに店や事務所を持って、手広く商売をやっている人間だが、東京にも進出しようとした。田岡さんから、どうだと聞かれたから「彼は世界最大のいんちきだから、相手にするな」と答えてやった。

——会ったことがあるのですか。

会いたいと言ってきたが、会わなかった。むかし僕がロンドンへ行ったとき、僕の泊まっているホテルへ「ナイトクラブで待っている」といきなり電話をかけてきた。ロンドンへ着いてすぐですよ。彼等は飛行場でもホテルでも、スパイみたいなのをいっぱい張り込ませているから、すぐに分かるんだ。それで言うことがいい。「アブダビの王は俺の言いなりだ。アブダビの開発をやるのなら、俺と組んだほうが早いぞ」。しかし、こっちが色よい返事をしないもんだから、今度は「アラブに入るには俺の許可がないと入れないぞ」って脅しにかかってきた。それからこっちは「とぼけるな、貴様、サウジの王から追放をくって、祖国にはおれない人間じゃねえか」って言ってやった。それっきりだ。

その後、神戸の田岡さんの所に電話がかかって来たので、「セイゲン・タナカは親友だ。お前のことはタナカから聞いてよく知っている」と答えたら、二度と電話をかけてこなかったそうだ。そんな手合いが、国際社会の中にもいっぱいおりますよ。

(1) 松下正寿（一九〇一〜八六）国際法学者。青森生れ。立教大卒。コロンビア大で国際法を専攻。立教大総長、参院議員一期。東京都知事選に二回立候補したが、いずれも敗れた。

(2) 菅原通済（一八九四〜一九八一）経営者。東京生れ。ロンドン大経卒。戦後、民主党、芦田内閣成立のかげで政治資金集めに奔走し、黒幕といわれた。昭和電工事件では芦田均とともに起訴されたが無罪。売春防止法の制定に活躍。

(3) 山岡荘八（一九〇七〜七八）小説家。新潟生れ。高等小学校中退。長谷川伸に師事する。戦争中の親軍的行動により追放されるが五〇年に解除。大河小説『徳川家康』でブームをまきおこす。「自衛隊友の会」会長を長くつとめた。

(4) 福田恆存（一九一二〜九四）評論家。東京生れ。東大英文卒。戦後の反共・反進歩派の代表的論客。安易な国語改革への批判者としても知られる。劇作家、演出家でもあり、代表作に『キティ颱風』

『龍を撫でた男』がある。芸術院会員。

(5) 市川房枝（一八九三～一九八一）婦人運動家、政治家。愛知生れ。戦前から一貫して婦人参政権獲得運動を始めとする女性の権利獲得のための活動に従事。戦時中、大日本言論報国会理事をつとめたため、戦後追放されるが、解除後は日本婦人有権者同盟会長として活躍。また二十年以上にわたって参議院に議席を持った。

(6) 今里広記（一九〇八～八五）経営者。長崎生れ。大村中卒。九州採炭副社長、日本金属産業社長などをへて、日本精工社長。石油危機前後にはジャパン石油開発、サハリン石油開発の社長として、エネルギー問題や共産圏との経済協力に動いた。

(7) アドナン・カショギ（一九三五～）事業家。サウジアラビア生れ。父はサウジ王家の侍医。王家とのコネを生かして軍用トラック販売でのし上がり、米国からサウジへの武器輸入の八割を独占する武器商人となった。世界十数カ所に邸宅を持つ大富豪。イラン・コントラ事件、フィリピン大統領国有財産詐取事件などに関与、八九年、盗難名画転売容疑でスイス警察に逮捕された。

尊敬する右翼は二人だけ

――右翼といわれる人達とは、どんな付き合いだったのですか。

私が本当に尊敬している右翼というのは、二人しかおりません。橘孝三郎[1]さんと三上卓君[2]です。二人とは小菅で知り合い、出てきてからも親しくお付き合いを致しましたが、お二人とも亡くなられてしまった。橘さんは歴代の天皇お一人お一人の資料を丹念に集めて、立派な本を作られた。そのために私もいささかご協力をさせていただきました。

橘さんは獄を出てからも、いわゆる右翼運動などには一切かかわらず、文字通り晴耕雨読の晩年でした。彼が一高を中退して故郷の水戸へ帰る時の文章は「田園まさに荒れなんとす」という、まさに今でいえば環境問題の神髄をとらえた素晴らしいものでした。彼の流れを汲む人々は、今も有機農法、自然農法、河川浄化などで立派にやっておられますよ。一方、三上君は優れた実践家でした。

――それ以外の右翼とは。

児玉は聞いただけで虫酸《むしず》が走る。こいつは本当の悪党だ。児玉をほめるのは、竹下や金丸をほめるよりひでえ（笑）。赤尾敏というのもいたな。彼をねじあげて摘み出したことがあった。俺がまだ学生の頃です。彼は我々がデモや集会などをやっていると、警視庁と組んで、解散させにやって来るんだ。腕に「国民糾察隊」などという腕章をつけ、ナチスと同じようなユニフォームを着てね。まず赤尾が騒ぎ、警察がそれを口実に介入して集会を中止させるというのが、彼等の常套手段なんだ。いつもやってくるから顔は知っている。東大の仏教青年会館の前だった。「おい。お前、暴れたら摘み出すからな」。僕がそう言ったものだから、暫くはおとなしくしていたが、やがて腕章をつけてやり出したから、「約束が違うじゃねえか」といって、腕をグイッと逆手にとってねじり上げ、足払いを掛けてその場へ倒してやった。二千人ぐらいの聴衆が見ていた。ぶっ倒してそこにあった石で殴りつけようとしたら、島野武が止めろというので、一瞬、気を抜いたすきに、赤尾はすっと立ち上がって、逃げ出した。この野郎と思ってあとを追いかけていったら、何と本富士署の中へ逃げ込むんだ。慌てて引き返したが、こっちも危うくそのまま中へ入ってしまうところだった（笑）。

――戦後の右翼はどうですか。

ほとんど付き合いはありません。土光さんが経団連会長の時に、野村秋介《しゅうすけ》が武器を持って経団連(3)に押し入り、襲撃したことがありましたね。政治家と財界人の汚職が問題になった時のことでした。どこかの新聞社の電話と野村とが繋がっていると聞いたので、俺はすっ飛んで行って、その電話を横取りするようにひったくって、こう言ってやった。

「おい、野村、貴様、即刻自首しろ。貴様が土光さんに会いたいというなら、それは俺が取り計らってやるとあれほど言ったじゃねえか。それを、約束を破って経団連を襲うとは何ごとだ」

そうしたら、野村はつべこべ言った揚げ句に、謝りにくると言うから「貴様は約束を反古にした。顔も見たくねえ」と言って、それっきり寄せつけない。約束を守らないようなやつは駄目だ。その前に藤木幸太郎さんに一度会わしたことがあったが、藤木さんは「あいつは小僧っ子だな」って、そう言ったきりだったな。

――昭和三十年になって、三幸建設などの土木・建設業を、血盟団事件の被告だった四元義隆氏に譲っていますね。

四元君には玄峰老師を紹介してもらった恩義があった。それからこれは僕の欠点なのだが、非常に気が短い。事業においてもそうなんです。戦争直後の混乱がある程度おさまって、世の中が少し落ち着いてきた頃ですが、そうなると土建の世界では、あらゆることが、例の談合というやつで決まってしまうようになった。全部代議士がらみ、今と一緒ですよ。私はもうダンゴーだ、コンニャクだ（笑）というので、つくづく嫌気がさしてしまった。今日の土建業を毒している悪弊は、当時すでに全部ありました。何十年という積年の病弊ですよ。

ちょうどその頃、エネルギーや食糧の自給が大事だというので、東南アジアに出かけることも多くなり、それで持っていた会社は全部、四元君にやったんです。「これで玄峰老師を紹介してくれたお礼はすんだ。あとどうするかはお前さんの努力次第だぞ」と本人には言った。以来、本人とじっくり話したことはないなあ。

――神中組が三幸建設に変わったいきさつは何だったのですか。

あれは僕が沖縄で事業を始めた頃だった。私は社長を退任して、富田健治さんの推薦で住友にいてパージに会った永田さんという住友銀行本店の専務を社長に迎え、そのほかにも何人かの住友出身者で役員を固めた。しかし、一年半ぐらいで住友陣は退くことになり、もう一度私が社長をという声もあったのだが、その頃には私の関心はもう東南アジアに向かっていたし、松永安左ヱ門(4)さんの推輓《すいばん》もあって、四元君に社長を譲ったのです。その際、残っていた借金は、松永さんや神部《かんべ》満之助さんの了解を得て、私が持ってきた工事を間組に渡して、間組を通じてそれぞれの借金を、私が埋めたのです。それをやってから三幸建設として、四元君の名義に変えたんです。ところがそれを、田中清玄は四元君に借金まで負わせたと、と

んでもないデマを飛ばした馬鹿な右翼がいた。人を侮辱するにもほどがあると思った。右翼

――深沢七郎の『風流夢譚』という小説がきっかけで起きたいわゆる嶋中事件では、右翼を抑えるために動かれたそうですね。

あの小説が中央公論に連載されたことを怒った愛国党員が、嶋中社長の自宅を襲い、お手伝いさんを殺し、夫人にも怪我を負わせた事件ですね。事件の後も右翼が中央公論社を刺激して困るので、福田恆存が中央公論に頼まれて、右翼を抑えてくれと言ってきたんです。こっちはもうあの時は、東南アジアに出かけ、アラブにも行って、そちらの方がものすごく忙しかったものだから、はっきり言って、そんな詰まらんことで時間を取られるのは嫌だった。前から付き合いがあり、友人でもあった朝日新聞の進藤次郎に相談した上で、関西の右翼の畑時夫君に依頼することにした。彼とは戦後間もなく国鉄労組に対抗する組織を作ろうとして、一緒に行動したことがあり、顔見知りだった。

僕が大阪まで出かけて行って畑君に会い、その後は彼が何度か上京して来て、新橋の第一ホテルでいろいろ相談した。

そのときに僕が言ったのは、「これは刑事事件だから警察に任せておいたらいいだろう。右翼が騒ぎ回ったらろくなことはない」ということだった。

何回か会合がもたれ最後に話がまとまった時には、築地の「峰家」という料亭に嶋中社長、福田恆存、畑、進藤らがいたと記憶している。当時、こっちはいろいろ事業をやっていて忙しかったので、早くこの件からは解放されたかったんです。とにかくこの話はこれでまとま

った。

ところがしばらくして、進藤が妙なことを言ってきた。

「田中清玄が嶋中事件を解決するのに、中央公論から十万円を受け取ったという話が流れているぞ」

原文兵衛警視総監が、進藤と僕が親しいのを知っていて、心配して教えてくれたという。実際に僕が使った金はそんなはした金じゃないがね。調べてみたらこの話を流したのは、朝日の社内の人間だった。進藤の足を引っ張ろうとしてやったらしい。朝日という会社は大変なところだと思ったな。それにしてもこの俺が、鼻紙代にもならんわずか十万円ばかりのはした金を受け取ったと思われただけで、この時は本当に胸糞が悪くなった。文筆業にたずさわる人間がいかにいじましいかを、この時ほど感じたことはなかったよ。

それから、あの時、中央公論側が不愉快な態度を取ったもんだから、

「俺は何も君達のためにやっているんじゃない。二日会という会合で熱心にやっている福田恆存が、頭を下げて頼みますというからやっているんだ。本当はこんなものやりたくはねえ」

と言ってやった。

金のことはともかく時間がもったいなかった。こんなことに関わり合っている時間がね。結局、進藤もその後、九州へ飛ばされ、なんとも後味の悪い事件でした。

（1）橘孝三郎（一八九三～一九七四）農本主義者。茨城生れ。一高中退。農業のかたわら青少年教育

を行い、三一年愛郷塾を設立。井上日召を知り、五・一五事件では東京の発電所を襲撃して無期懲役となったが、四〇年恩赦で出所。戦後も郷里で執筆、農民運動を続け『日本愛国革新本義』『天皇論』などがある。

（2）三上卓（一九〇五〜七一）軍人。佐賀生れ。海兵卒。三二年首相官邸を襲って犬養毅首相を暗殺。反乱罪で禁固十五年。戦後、六一年のクーデター未遂、三無事件にも関与。

（3）経団連襲撃事件　一九七七年三月、右翼・野村秋介や元楯の会会員ら四人が、ピストルや日本刀で武装して経団連会館（東京・大手町）に侵入、職員十二人を人質にして、約十一時間監禁した事件。野村に懲役六年、三人に同五年の判決が出て刑は確定。

（4）松永安左ヱ門（一八七五〜一九七一）財界人。長崎生れ。慶応中退。福沢諭吉の養子、桃介と組み商売に入る。九州電力、中部電力、東京電力などの経営に関わり、広田内閣の電力国営化に反対した。戦時下に電力の国家管理が実行されると一切の事業から手を引いた。戦後は民有民営による電力の九分割体制づくりに奔走し、電力の鬼と呼ばれた。

オットー大公とその交遊

――欧州共同体（EC）の経済統合が九三年一月からスタートしました。汎ヨーロッパ運動を戦後一貫して進めてきたオットー大公[1]について話して下さい。

私が三十年来の親交を続けている人に、神聖ローマ帝国の正統継承権をもつハプスブルク家の当主、オットー・フォン・ハプスブルク大公がおります。現在は欧州議会の議員です。一九一年暮れにも地球環境問題の講演のため来日された。オットー大公はすでに戦前に皇位継承権を放棄し、反ナチ、反ファシズムの立場で戦ってこられた方ですよ。一貫して汎ヨーロッパ運動を続けてこられたが、大公によると、欧州の統合というのは、ハプスブルク家の家憲なのだという。七百年の間、調和の精神、共存の精神でやってきたから、ヨーロッパにおいてハプスブルク家は続いてきたと言うんです。

一九六二年に大公を初めて日本にお招きした。その時、藤井丙午や池島信平らが大公に「汎ヨーロッパ運動というが、どこからどこまでをさすのか」と質問した。「ウラルから大西洋までだ」と大公が答えられると、「しかし、その間には共産圏が含まれていますが」との重ねての質問だ。それに対して大公はこう言われた。

「それらは一時的な現象にすぎない。いずれこれらは雲散霧消するだろう。欧州には求心力と遠心力の二つの力が働いている。ある時は求心力が強く、ある時は遠心力が強い。いまは求心力に移りつつある」

どうです。それから三十年たって、共産圏は本当に雲散霧消したではありませんか。この息の長さと、透徹した洞察力を日本人は持てますか。

——歴史観の違いでしょうか。

歴史観の有無というべきでしょう。歴史の重みと言ってもよい。アメリカなんか、国家としてはたかだか二百年そこそこの歴史しかないじゃないか。そのアメリカの顔色をうかがって、日本の外務省は長い間、この欧州議会というものを無視し続けてきた。イギリスも最初はそうだった。「予算を持っていないし、決議権もない」「無力だ。欧州共同体はいずれ雲散霧消する」などと言ってね。たまたま、フランスのジスカールデスタン大統領の片腕だったシモーヌ・ベイユ(2)女史が欧州議会の議長として出ていた。このシモーヌ・ベイユ女史はオットー大公とも非常に親しい。我々はこの議会はいずれヨーロッパを支配すると見ていたので、会合があるたびに、日本を呼んでくれと彼女に頼んでいた。ところが彼女は、そのたびに「返事がありませんね、日本は」と言うんだよ。「発会式には大使館にも議会にも案内状を送ったのに、ウイともノンとも言ってこない」

しかし、最初六カ国ぐらいであったのが、次第に増えていき、いまや十二カ国にもなった。ようやくそれから二年ぐらいたって、日本の国会も重い腰を上げた。与野党が一緒になった議員連盟を作って、公明党の矢野絢也氏を団長に、欧州議会事情調査団が派遣されることになったんです。矢野さんが僕のところにも相談にきましたよ。

「オットー大公に紹介するから、連絡をとって議会を案内してもらったらいい。僕もちょうど同じ頃、向こうにいく用事がある。うまくいけば向こうで会えるかも知れませんね」

ということを僕は言った。

欧州議会はその時は北フランスのストラスブールで開かれていた。ルクセンブルクと交互に開きますからね。そのストラスブールにホテル・メトロポールという、ハプスブルク家に仕えた家臣がやっている五百年くらいたつ古いホテルがある。オットー大公の紹介でそこへ泊まり、翌朝、欧州議会に行こうと思って出かけたら、門の前で日本人が十人ぐらい何かやっている。フッと見たら矢野さんがいる。どうしたんだって聞いたら「田中さん、いいとこへきた。実はアポイントメントを日本大使館に頼んで見学にきたんだが、中に入れないんだ」という話だ。僕は「おかしいじゃないか。日本大使館を通したのに入れないって。だいたい僕はあなたを大公にまで紹介したんだし、大公とはその後会ってそのことを話もしているんだ」と言って、とにかくそこから電話をかけた。大公もシモーヌ女史もいなくて、埒があかないので、とりあえず僕だけ中へ入り、間もなく大公が来られたので、事情をお話しした。大公からシモーヌ女史に話をしたら、彼女はこう言うんです。

「欧州議会が成立して以来、今まで何回、日本を招待しても返事がない。国際慣習に照らしてやってきても完全に無視されるので、こちらももう必要はないから、案内は出さぬし、見学もお断りだ」

大公は「それじゃ困る。なんとか僕の顔を立ててほしい」と頼んで「大公、あなたを信用して、それじゃ今回だけ」ということで、やっと許可が出た。僕もついて、大公と女史の二人の秘書とともに、門のところへ行ったら、秘書の一人が、一緒について来た日本大使館の一等書記官と通訳に向かって、

「あなたのところは我々を無視している。そのようなところに我々は何もご機嫌取りをやる必要はない。何回我々は案内状を出したか分からない。二人は入ってもらっては困る」

そこまでいうんだぜ。俺は二人に何とかしてくれと言われて、また中へ電話をかけて、今

度はわざわざ大公に門のところまで来ていただいて、それでやっと全員が入れたんだ。

——それはずいぶんひどい話ですね。

これが現実だ。外務省の諸君は、俺がそんなことを言うと、また「田中清玄が勝手なことを言っている。あれは偏見だ」って言うでしょう。もう俺は勝手に言わせておくことにした。しかし、日本外務省の連中の、この奴隷根性だけは我慢がならん。なぜならこれは国を滅ぼすからだ。何もアメリカと喧嘩をしろと言うのじゃない。もういい加減に自立国家の矜持《きょうじ》を持てと言いたいんだ。

もう一つある。九一年十二月にオットー大公が来日されたとき、天皇陛下にお目にかかりたいというので、あらかじめ八月に大公ご自身が手紙を書かれて、親しいドイツ駐在日本大使を通じて、日本外務省に送ってきた。ところがこの手紙が二カ月間、行方不明だ。最初、問い合わせたら「そんな手紙は来ていない」と木で鼻をくくるような挨拶だ。

「そんな国王でもない、国でもない、訳の分からない組織の代表を、外務省が推して陛下にお引き合わせする必要はない」

立派なもんだ。それで大公に聞いたら、ドイツ駐在大使は大公の手紙を八月三十日に日本に送ったと言っていると、そういう事だ。宮内庁に聞いたら、宮内庁は「待っている。まだ届いていない」って言う。全部調べた上で、改めて外務省におかしいじゃないかって文句を言ってやった。陛下がお会いするとなったら、今度はあわてたなあ。宮内庁は蹴ると思ったんだね。ところが宮内庁は、陛下のお耳に入れるし「待っている」というものだから。それで「大公の本来の国籍はオーストリアのはずなのに、手紙はドイツから来たから」とか何だとか、小理屈だ。これが日本の外務省だ。ドイツから来たらおかしくて、オーストリアから来たらいいのかい。こういう小理屈を、こともあろうに外務省の局長が言うんですよ。情ないじゃないですか。知らないのかもしれないが、大公はドイツ国籍も取得して、現在は二重国籍なんですからね。

こんなわけだからどこの国にでも振り回される。アメリカはもちろん、アジアでも、ロシアにでもそうだ。ペルーのフジモリなんかもそうだ。彼は日本を去って五日目に戒厳令を敷き、議会の機能を停止してしまった。それで何と言ったか。「これは本当の民主主義を実施するためのものであって、独裁ではない」だと。スターリンもヒトラーも同じことを言って、あれだけひどいことをやったんだ。どうしてスターリンやヒトラーはいけなくて、フジモリだけは許されるんだい。ジャーナリズムも、こういう連中の太鼓叩きは、いいかげん止めてもらいたいと思うな。オットー大公は欧州連合の代表であり、指導的立場にあるのですよ。一九六二年に来られたときは、スペイン王家の宗家だというので、先帝陛下にもお会いしているんだ。もうそういうのは、しょっちゅうだ。今度ももちろん、大公は陛下にお目にかかりましたよ。

——九一年十二月、オットー大公と一緒に官邸で宮沢首相に会いましたね。

地球環境の話をしました。そもそも大公をお招きしたのは僕。表には出ませんでしたが地球環境問題のセミナーで講演していただいたのです。大公と宮沢首相との会見の方は、原文兵衛さんに頼んだら一発だった（笑）。アメリカのブッシュ大統領はここ二年ほどのサミットなどで、最大の議題は地球環境だと言い続けていたんですよ。ゴルバチョフと声明まで出してね。ところが九二年になったら、トーンダウンしてアメリカは何も言わない。理由は大統領選挙だ。アメリカはこの程度の国だ。しかし、地球サミットはアメリカが参加しなければ、成功しなかったのも事実だ。ヨーロッパはそれを日本に非常に期待したんです。一月にブッシュ大統領が来るというので、オットー大公と中曾根君を会わせてその話をし、宮沢君にもその点をアメリカに言ってもらおうと思って官邸に行ったんです。そうしたらブッシュ大統領が倒れ、それでこの話はお終いになっちゃった。宮沢君の限界はそこだ。

——これまで外務省とは随分やり合ったようですね。

一九七三年秋、田中角栄さんがロンドンへ行った時、土光さんや中山素平君なんかと一緒に民間の使節団で、僕もついて行ったことがありました。その時、パリで田中首相を中心とする慰労のパーティーがあって、全員が招かれた。明日はボンに行き、そのあとはモスクワへ行くという前の晩です。大使はいなくて公使が来ていた。僕が皆の前でこんな話を披露したんです。当時、フランスの大統領はポンピドーさんですが、彼はモスクワへ行くと、帰りには必ずボンに寄って、西独のブラント首相と話をして帰ってくる。ECの運動をやっていましたから、それはもうはっきりしたものですよ。

ところがポンピドーさんは「ボンには困ったもんだ。ボンで午前中に話したことは、午後になると全部モスクワが知っている」と言っていると。皆があんまりブラントを褒めるので、フランス側から聞いていたから、そう言ったんです。そうしたらその公使は「そんなことはない。ブラントは大変な民主主義者で、信頼できる。彼はソ連に対しても一線を画しているし、とんでもないデマだ」と言い出すので、俺は「そうじゃない。聞いてみろ」と、彼と論争になった。角さんがそばで聞いていて「まあ、いいじゃないか。よその国のことだ」そう言って取りなした。それからほどなくして、ギョーム(3)がスパイ罪で捕まった。彼はブラントの十数年つとめた側近の秘書官ですからねえ。角さんは「田中さんの言うのが当たったな」って。

――その公使というのは誰ですか。

まあ、いいじゃないか。武士の情だ(笑)。彼はその後も会うと、頭かいて「田中さん、情報くれよ」って。なかなかいい男でしたよ。

ブラントの話が出たついでに、パルメ(4)のことも言おう。スウェーデンの首相で暗殺された。これは日本では民主主義の神様みたいに言われているが、俺に言わせれば彼はモスクワの完全な犬。今になって分かってきた。ブレジネフのエージェントで、長い間モスクワのために働いたが、モスクワ離れを始めたんで、暗殺された。モスクワが機密を漏らされるというので、やったんだ。だからいつになっても犯人の逮捕は進まない。

――外務省にも立派な人はいたと思うのですが。

日本の外交官では、フランス大使なんかをやった萩原徹がよかったですよ。彼は反ナチだったから、ド=ゴールとも非常に親しかった。戦前、軍部に狙われ、一時閑職に追いやられたこともあった人物です。彼のお父さんというのも、奉天総領事などを務めた外交官で、吉田茂さんを育てた人でした。同じ長州の出というので、山県有朋に見込まれて懇請されて夫婦ともども、山県の養子になった。彼はその息子ですが、萩原のフランス語は本当に素晴らしかった。お嬢さんがいて、パリの大学を卒業し博士号をとった才媛ですが、そのお嬢さんが、

「うちのパパはフランス語がうまいとおっしゃるけど、うまくないわ。ゆっくり、ゆっくり話しているだけで、ちっとも流暢ではありません」

なんて言ったことがあるけど、そのゆっくりさが実は大事なんです。確かに彼は決して流暢でも雄弁でもなかったが、彼が話をすると、フランス人が次第に波を打ったように引き込まれてくるのが分かるんだ。私なんか萩原にずいぶん言われた。

「おい、田中。おまえのドイツ語もフランス語も早すぎる。もっとゆっくりものを言え」

とね。

だいたい、最近テレビを見ていて、非常に気に障るのはアメリカ人だか、アメリカ帰りだか知らないが、キー、キーものをいう、あの話し方だ。なんであぁ早口なのかね。あれは本当に品がなくて、軽薄で、人を動かすものがないねえ。いかにも薄っぺらな感じだけ。アメリカ文化の悪い影響の一つだ。ことに日本はその影響を受けているから、日本人でありながら、ひどいもんだ。

まあ、そんなわけでド＝ゴールとも親しく、エリゼ宮の大統領の部屋に、外交官でノーノ

ックで入れるのは、萩原だけだといわれていた。大学が一緒だったこともあって、僕と非常にウマが合いましてね。あるとき彼がこんな話をしてくれた。

「今日、ド＝ゴールに会ったけど、大統領は「あのプランス（皇太子）には困ったものだ」と言っていた。どのプランスだろうな。まさか日本の皇太子殿下のことじゃないだろうな」と言うので、俺は「それはないにきまっているわ」「じゃあ、誰だ。どうにも見当がつかないんだ」と彼。それで俺は「話の様子からすると、今フランスにとって一番大事なのは、インドシナの問題だ。だからきっとそれはノロドム・シアヌーク[5]のことじゃないか」と言ったんです。すると萩原は「そうだ！　あいつか。お前、よく分かったなあ」「俺は商売だからな」と答えました。

当時から、シアヌークはフランスにとって持て余し者だったんですよ。俺も嫌いだった。これはもう本当のオポチュニストでねえ。これまで彼のことでは、みんな困り抜いてきた。しかし、これからカンボジア和平を達成するためには、彼の存在を無視はできない。それが歴史的伝統というものだ。それを無視すれば必ず失敗する。

――そもそもオットー大公と知り合ったのはどんないきさつからですか。

二重、三重の因縁です。汎ヨーロッパ運動をやっていたクーデンホーフ・カレルギー伯爵という人がいます。この人はもともとハプスブルク家の家臣で、そのお父さんが明治維新後、日本に公使としてこられた。この人は青山光子という日本婦人と結婚したくらい日本びいきの外交官で、その次男がカレルギー伯爵。もちろん日本語はぺらぺらです。弟さんもいて、ウィーンの日本大使館に勤務しておられた。日本の音楽家などがウィーンにずいぶん留学できたのは、このカレルギーさん兄弟のお陰ですよ。日本人では外交官だった鹿島守之助さんがカレルギーさんと親しく、オットー大公が私にカレルギー氏を紹介してくれた。一九六一年にヨーロッパへ行ったときのことです。

鹿島さんはカレルギーさんからいろいろ話を聞いて、オットー大公に会いたがっていました。カレルギーさんはオットー大公を汎ヨーロッパ運動の会長にしたかったんです。私が大公に呼ばれて欧州へ行ったとき、カレルギーさんがヘッセン州フランクフルトのヘッセンシャーホーフというホテルへわざわざ訪ねてきて「オットー大公が会長を引き受けるように説得してほしい」と頼まれたこともあります。それでその後オットー大公にお会いした時に、その話をしたら、大公は「会長役はカレルギーさんが受けるべきだ。私はハプスブルク家の当事者だから、彼の下で精神的アドバイザーとして、全力をあげて支えていく」というお話でした。そんなわけでオットー大公の周りには、アデナウアー、シュトラウス、ド＝ゴール、欧州復興で有名なシューマン・プランのシューマンなどといった人達が集まり、汎ヨーロッパ運動の仲間として、みな欧州の復興に心血を注いでおられた。私は汎アジア主義者として、日本の、アジアの復興はどうしたらいいのか、自分でも事業家として、いろいろ取り組んでもいた頃ですから、この運動には大きな関心を抱いていたのです。反ナチ、反共という共通性もありました。

それからもう一つは、タイ国の首相だったピブン・ソングラムさん(6)。この人を私に紹介してくださったのは、三井の大番頭といわれた池田成彬さん。ピブンさんは若い頃、パリに留学していて、オットー大公と知り合いだったんです。池田さんは会津の隣の米沢藩の家老の家ですから、先祖が知り合っていたからって、可愛がっていただいた。池田さんは本当に立派な尊敬できる財界人でした。最近のなんぼ儲けた、なんぼ損したというような、大道商人のような者たちとは、根本から違います。

(1) オットー・フォン・ハプスブルク（一九一二〜）　ハプスブルク家当主、元欧州議会議員。パンヨーロッパ連盟名誉議長。オーストリア生れ。一八年オーストリア皇帝の父カール一世が退位し、翌年ハプスブルク家は亡命。五四年から西ドイツ・バイエルン州に住む。五七年創設されたパンヨーロッパ連盟の副議長となり、七三年から二〇〇四年まで議長。一九八九年八月、オーストリアとハンガリーの国境の村ショプロンで「ヨーロッパ・ピクニック計画」を立案・実行し、旧東独からの旅行者が大量に西側に逃れ、ベルリンの壁崩壊のきっかけを作った。

(2) シモーヌ・ベイユ（一九二七〜）　フランスの政治家。中道派。第二次世界大戦中、両親、姉妹とともにアウシュビッツ収容所へ送られ、彼女だけが生き残った。ジスカールデスタン大統領のもとで厚生相。七九年から三年間、欧州議会議長。

(3) ギヨーム事件　一九七四年四月二十四日、ブラント西独首相の個人秘書、G・ギヨームが東独から送り込まれたスパイであることが発覚、五月六日、ブラント首相は責任を取って辞任。ギヨームは五六年、東独からの亡命者に見せかけて入国、フランクフルトで写真材料商を営み、同地区の社会民主党に入党。連邦議会職員などをへて、七〇年から首相の個人秘書をつとめていた。

(4) パルメ（一九二七〜八六）　スウェーデンの政治家。ストックホルム大卒。米国に留学。五二年社民党に入党。上院議員、運輸相、教育相などを歴任。六九年首相。一度政権を去ったが、八二年総選挙で勝ち六年ぶりに首相。映画を見ての帰路、路上で何者かに暗殺された。スウェーデン人男性が殺人容疑で起訴され、地方裁判所は終身刑を言い渡したが、控訴審は証拠不十分で無罪を宣告。

(5) シアヌーク (一九二二〜) カンボジア国家元首。元国王。七〇年、ロン・ノル派のクーデターで追放され北京で亡命生活を送る。八二年、反ベトナム勢力による民主カンボジア連合政府大統領に就任。その後、ヘン・サムリン政権との和平交渉を成功させ帰国、カンボジア最高民族評議会議長に就任。節操のない政治的行動でも知られる。

(6) ピブン・ソングラム (一八九七〜一九六四) タイの軍人政治家。陸士卒。仏、独へ留学。帰国後、三二年の立憲革命に参加、三八年首相となる。以後、第二次大戦前後の一時期を除いて八期十五年にわたり政権を担当し「永遠の宰相」と呼ばれた。国歌制定、国産品愛用運動など民族意識の高揚につとめ、対外政策は親米反共。五七年部下のサリット元帥の反乱で失脚。日本へ亡命し、相模原市で死去。

儲け主義の商社

——タイとの繋がりができたいきさつを話して下さい。

そもそも私をタイに紹介したのは池田成彬さんです。池田さんは吉田茂さんの依頼を受けて、三井物産のなかにタイ室を作り、三井銀行を通じてタイの開発に力を注いでおりました。それで僕も一九五五年にタイに家を持って、五年間にわたりタイと日本を往復する生活をしていたんです。

ピブンさんは戦時中、日本に協力をしたというので、戦犯容疑で裁判にかけられたわけですが、私が行った頃は、ピブンさんに無罪判決が出た直後でした。ピブンさんに会って申し上げたのは次のようなことでした。

「アジアのことはアジアでやりたい。欧米の力を借りたら、必ず植民地と同じような状態になる。タイの復興に必要なのは、食糧の増産と石油発電所の建設だと思う。日本は先の戦争で壊滅状態に陥ったが、一歩、一歩立ち直りつつある。できる限りのご協力をしたい」

その頃、日本政府が困っていたのは、戦時中に発行した軍票の処理だった。たしか十五億円分ぐらいあったと思います。日本はこの軍票で米をタイから日本本国や戦地に送っていたわけですが、決済が終わっていなかった。その賠償請求権をピブン首相は戦後、放棄してくれたのです。日本政府としては何とかこのタイの厚意に報いようと、合計百五十億円の経済協力を行うことになった。このうちの約百億円は円借款供与という形の経済協力でした。

ところがタイ側は、これは東洋的感謝の気持ちの表れとしての経済協力なのだから、当然、タイが要求する機械や生活用品などの日本製品を無料でくれることと受け止めた。しかし、実際の内容は百億円に相当する現物借款であって、タイは十年後には現金で日本に返済をし、金利も年々、支払わなければならない、まったくの借款であることが判明し、タイ国内では「日本は我々の厚意がまったく分かっていない。だまされた」ということで、強い反日の機運が盛り上がっていました。それでなんとかこの問題を収めたいというので、一万田蔵相、松永安左ヱ門さんなどから、池田成彬さんを通じて私に話があり、ピブンさんに会うということになったのです。

——密使というわけですか。

外務省とは別ルートです。この問題の解決は外務省じゃとてもできませんよ。相手国から信頼されていないんですから。それで池田さんに言われて、空手とタイ拳の交流という名目で行ったのです。ちょうど三井物産の支店次長でいたのが、ダルマ宰相といわれた高橋是清さんの倅で、お父さんにそっくりないい男でした。高橋君は欧米の植民地化を排除してアジア人の手で復興を果たそうという僕の話に共鳴してくれて、欧米の金をポンプの誘い水にして、工業化を実現しようとしたんです。タイは戦争中、日本に協力したというので、アメリカの援助を受けられなかったし、日本軍が荒らし回ったので、復興も遅れて貧乏だったんです。

その頃タイに進出していた企業に松下電器がありました。電球や懐中電灯を売っていた。ところがそこの専務というのがやってきて、俺にこう言った。

「田中さん、もういい加減にしろ。いつまでこんな貧乏国を相手にしていたって駄目だ。ドルがもっとふんだんにあるところへ行って、ドルを稼がなければ、日本は立っていかない。こんな金のないところに金を注ぎ込む馬鹿はいない。こんな見込みのない国はないから、引き揚げてカナダへ行く」

それから俺は聞いた。それは君の意見か、社長の意見かと。「社長の意見だ」という。「よほどお前さんのとこの松下幸之助というのは、大道商人だな。俺は違う。金を突っ込んでもアジア人の手でアジアを復興しなければ、共産主義にやられるぞ。中国、ソ連にやられ、アメリカにやられるかもしれんぞ。俺は最後までやるぞ」

そう言って、会ったこともない松下の社長を俺も、いわば侮辱したわけだ。ずいぶん後になって人づてだが、松下が、

「自分の会社の専務が田中清玄にやられ、自分が怒鳴られたように腹が立った。非常に腹が立った。しかし、今になって中国の問題なんかに立ち入ってみると、田中清玄の言うのは正しいと思う」

と言っているという話を聞いた。それを聞いて僕は、松下幸之助という人は、やはりひとかどの人かと思いましたよ。

たまたま中国で作家の有吉佐和子さんに会った時に、この話をしたら、彼女は「あなた、いい加減になさいよ。松下さんはもう九十歳近いのよ。あなたまだ若いでしょ。許してあげなさいよ」って笑われた(笑)。松下はあるとき中国へ急接近した。中国市場を独占しようとしたんです。鄧小平さんと会った時にも、松下はどうかと聞かれたから、

「松下は大きいといっても一メーカーに過ぎません。全部まとめようというのはおかしいですよ。他にもメーカーはいくつもあるんですから」

そう申し上げたんですがね。そんなこともあって松下さんは訪中し、やはりアジアの開発はアジア人がやらなければということに、気が付いたんでしょう。

――松下幸之助氏にお会いしたことは。

ありますよ。一度だけですがね。モンペルラン・ソサイエティーの会合がヨーロッパで開かれることになり、その会長に立教大学の松下正寿が推されて、「家内を連れて行くには資金が足りないので、松下幸之助さんに頼んでくれ」と、正寿が言ってきた。彼の奥さんというのは世界社交ダンス協会の副会長か何かで、会長になりたいらしく、そのために亭主と一緒にヨーロッパへ行きたいというんだ。それで亭主の費用は松下が負担することになっていたんだが、奥さんの分も松下が出すように頼んでほしいと言うんだよ。僕のところへくる前に、中山素平君に頼んだらしいんだが、素平君はそれを聞いて怒った。

「立教大学の総長たる者が、自分の細君がダンス大会に行く費用を人から出してもらおうというのは、何ごとだ。奥さんの経費まで面倒を見ろというのは、筋が通らんぞ」

そう言ったようでした。素平君はそういう点は実にはっきりしていますからね。それで俺に回って来たんです。出発の日が迫っていた。自分で行きゃあいいのにね。毎日のように電話かけてきて小うるさいんだ。うちの家内が「せっかく正寿さんも、あんなに頼んできているのですから、口だけきいてあげたらどうですか」と言うものだから、それじゃこれが最後と思って、正寿に僕は「松下幸之助さんと俺の関係はこうこうだぞ。聞くか聞かないか分からんが、それでも言えというなら言ってやる」そう言って幸之助氏に会いに行った。

「松下さん、あなたのおかげで正寿はモンペルランの会合に出られることになったが、彼の奥さんも社交ダンスの集まりに出たいと言っているので、こちらの方もお願いをしたいと、正寿本人が言っている。ただし、お断りをしておくが、私自身があなたの厄介になりたくて来たわけじゃない。私自身はあなたの金など一銭もほしくはない。俺はだいたいここへ来たくなかった。やる、やらんはあなたのご判断だから、お話のむきを伝達だけしておく。後は直接、正寿と話してくれ」

それだけ言って帰って来た。夜になってまた正寿から電話が来て、俺が金でももらってきたと思ったのか、行ってくれたかと言うから「いい加減にしろ。俺は立教大学総長の使い走りじゃねえや」そう言ってやった。松下さんに会ったのはそれが最後で、この時一回だけ。その話がその後どうなったかは知りません。

――タイでは具体的にはどんなことを。

発電所を作ろうとしたが、沼沢地帯なのでズブズブ埋まるから、杭を打って地盤を作らなければならない。松永安左ヱ門さんがチームを作れって教えてくれた。それで日本鋼管を親にして、間組と三井物産も加えて、現地に会社を作った。松永さんを中心に、河田重日本鋼管社長、新関八洲太郎三井物産社長、神部満之助間組社長なども入った立派なチームができ、興銀も金を出すというところまで進んだ。

ところがタイ側で、汚職が始まった。自分らの利益を出すところに切り替えたいわけだ。政権の実権をピブンさんから奪い取るために、ピブンさんの副官であるタナム陸軍大将とプラパート中将の二人が画策し、ピブンさんの息のかかったのを外して、全部自分ら軍人たちが切り回しにかかったというわけだ。俺は顧問だったから全部蹴った。「これを入れてくれ」

という彼等の要求をね。

そうしたら、後で三井物産の社長やＮＨＫの会長になった池田芳蔵が出てきて、

「田中さん、手を引いてくれ」

「どうしてだ」

「いや日本鋼管じゃ能力も足りないし、金の力も弱いから、新潟鉄工に切り替える」

「鋼管側に言ったのか」

「いや、言っていない」

「そんな事ができるか。お前」

「あなた、今までの費用もかかっただろうから、これで手を引いてほしい」

そう言って鞄の中から出したのが、五千万円の現金だった。いまの五十億ぐらいか。

「なんだ、これは、人を馬鹿にするのか。お前、これをだれに話した」

「中山（素平）さんに」

「中山君は何て言った」

「お前、ぶん殴られるぞと」

「その通りだ。いや、ぶん殴りはしないが、貴様らはもうだめだ。三井物産のほうこそ手を引け。俺はピブンさんに会って全部言う」

僕はそれでピブンさんにすべてを話し、こっちの陣容を立て直したときに、タナムとプラパートの二人の副官が、ピブンさんに対するクーデターをやった。

この話には後日談がある。ある人が教えてくれたんだが、池田は「田中清玄のところへ金を持っていったが、突っ返された。どうも金額が少なかったようだ」と言っているって(笑)。商社というものはまったく度し難い。それから、これはもっと後になってからのことだが、今度は池田本人が直接、大使になりたいので口をきいてほしいって俺に言ってきた。財界人などといっても、この手合いはこんな程度ですよ。恥ということを知らん。

——どこの大使にというのですか。

こっちは聞きもしないで追い返したから知らないけど、おおかたイランあたりでしょう。三井物産はIJPC(1)をやっていましたからね。あんな連中は利権の絡んだところ以外は、動きませんよ。同じ三井の池田だけど、成彬先生と芳蔵では、全然違います。釣り鐘に提灯《ちょうちん》だ。

——ピブン氏は結局、日本で亡くなりましたね。

ピブンさんがクーデターを逃れて、安全に日本へ亡命する仕事は、全部私がやったんです。それまで三井物産はピブンさんの奥さんの弟サマイがやっていた会社と組んで、ずいぶん儲けたんですよ。物産はその弟の会社に五千万円ぐらい借りがあり、素っ裸になったピブンさんは、その金を当てに日本に亡命しようとしたんだ。

しかし、結局、三井物産は一銭も出そうとはしなかった。池田成彬先生も、もうお亡くなりになった後のことだった。「ピブンなんかにやっても、もう権力を失ってしまったから、金儲けにはつながらない。これから我々はタナムとプラパートの線でいくので、そちらに金は出せても、ピブンには出せない」とか何とかいってね。しかし、これ借金だぜ。それを返さないんですよ。だから俺は外務省にもこのことを言って、外務省からも三井物産側に言わせようとしたんだが、外務省は弱腰だからよう言わないんだ。商社ってこんなもんだよ。橋本という副社長だ。彼とはずいぶん喧嘩したなあ。それからこっちは、まず新宿・牛込にとりあえずの家を準備し、後に都下の町田に一億円ぐらいの土地付きの家を捜して住んでもらったんです。松永さんのお声がかりで、丸善石油、日本鋼管、間組が金を出したんです。

——亡命ですから、当然秘密裡にことを運ぶわけですね。

もちろん、密行です。当時はバンコクにいたのが渋沢大使で、大木という参事官に話して、日の丸の付いた大使の車を出してもらって、これに乗せ、まずバンセンという海軍基地へ連れていった。というのは、この基地の司令官はピブンさんの息子だったから。そこからカンボジアへ飛んで、先に日本へ帰っていた僕のところに、外務省経由で「田中の厄介になりたい」というピブンさんの電報が来たのは、カンボジアからだった。

ピブンさんは最後は日本で亡くなったけど、遺体が故国へ戻って国民葬、陸軍葬、三軍葬と三回も葬式が行われた。このいきさつをその後、オットー大公にも全部お話し申し上げたので、大公も「自分の目に狂いはなかった」とおっしゃって下さいました。なにせ大公とピブンさんとは、パリで学生のころからのお付き合いでしたからね。

——その後タイで軍隊に一時、拘束されたことがあったそうですね。

うん。ピブンさんを助け出した後、再びタイへ行ったら、クーデターをやった連中が「日本に亡命させたのはけしからん」と手ぐすねを引いて待っていて、糾弾するというので、ドンマンという飛行場へ呼び出された。そこの司令官だったブンチュウという中将だった。「介添えを一人だけ認める」といわれてね。武装した二百人の反乱派の陸軍兵士に取り囲まれた。「なんで俺らの敵のピブンを助けた」って大変な剣幕だ。それで言ってやった。

「俺たちはピブンさんには非常に恩を受けている。戦前、日本が国際的に孤立したとき、ピブンさんはタイを挙げて、日本を支持してくれた。日本と同盟を結び無条件で支持してくれたのはピブンさんだけで、他にそんな国はどこにもない。それからピブンさんはアメリカ、イギリス、フランス、オランダに反対して、アジアの解放に向かって乗り出してくれた。君達はそのピブンさんの副官でありながら、タノム将軍らとともに義軍と称して決起し、政権を奪い取って監禁した。俺らがピブンさんを助けるのは当然の話じゃないか。君達のところのタノム将軍が同じ目にあったら、俺は助けてやるぞ」

しかし、敵は大勢だ。これでどうせ命はねえなって思ったから、せめて一人だけでも目玉をえぐりだしてやれって狙いをつけたのが、ブンチュウ司令官だ。そうしたら向こうも気配を察したのか「戦争中、お前たちはこの国をオーバーランしたじゃないか」と。オーバーランというのは、走り抜けて蹂躙したという意味だろうね。それから、俺は即座に、

「冗談じゃない。俺はそれをやった軍に反対して十一年も刑務所に入っていて、出てきたばかりだ。それでタイの賠償問題があるので、その解決のために日本を代表してきているんだ。外務省からも聞いているだろう。俺の経歴も知らないで、何を言うか」

そう言ったら、向こうも驚いたのか思わず向けていたピストルを垂らしてしまった。と、

ちょうどそこへバーンとドアを蹴破って入ってきた一団がいる。戒厳司令部のククリットという大将が、二個中隊を率いて取り囲んだんだ。機関銃を向けてね。戒厳令下だから、ククリット戒厳司令官の許可なしに、そんな集会など開けんわけだ。ククリットは日本の陸大を出て、民族派だ。彼がやってきて「いったいだれが俺の許可なく日本人を拘束して、この集会を開いたんだ。ブンチュウ、お前か」てなもんだ。ブンチュウは「いや、私じゃありません」って逃げるんだ。俺は「こいつ」と思ったけど、喧嘩になって血を流したりするのは嫌だから、まあいいやと思って、黙っていた。そうしたらククリットが「ミスター田中は帰れ」って言って、ホテルまで軍の護衛付きのジープで送ってもらった。威張ったもんだ。面白かったなあ（笑）。なんといっても、ピブンさんをすでに日本に亡命させちまっているから、あの連中はどうにもできないわけだ。

このことがあってからは、タイ国内ではどこへ行っても英雄扱いでした。クーデターを妨害したというので、二百人の反乱派に囲まれたが、その後ククリット戒厳司令官が手を伸ばして釈放したというのでね。もっとも日本人は、外務省はじめ商社員も怖がってだれも寄ってこなかった。タイ政府当局からにらまれるというのでね。寄ってこられたって、うるさくてしょうがねえから、ちょうどよかった（笑）。

（1）ＩＪＰＣ　イラン日本石油化学。イラン国営石油会社と日本の三井グループ五社との合弁で作られた石油コンビナート。しかし、イラン革命とイラン・イラク戦争で操業不能になり、三井グループは大きな痛手を受けた。

岸、児玉一派は許せない

――インドネシアとの付き合いはどうして始まったのでしょうか。

エネルギーです。タイを食糧供給地とすれば、インドネシアは東南アジアで最大の産油国でしたから。この国は戦後ずうっと、民族独立のシンボルとしてスカルノ[1]大統領が支配してきましたが、実態は自己に都合のいい独裁政治で、しかも容共政権でした。このスカルノと組んで利権を漁っていたのが、岸信介、河野一郎、児玉誉士夫といった連中だった。彼等はスカルノが容共であろうが、そうでなかろうが、当座の利益さえ漁れればよかったんです。

私は反スカルノ、反共、それからオランダからの完全な独立を目指して運動してきたインドネシアの人々と、[2]密かに連絡を取り合い、出来ることは精一杯支援してきました。例えば一九六五年九月三十日の反スカルノ、反共産主義革命ですが、政権を取ったスハルト将軍と共に、生死をかけて戦ってきた人物に、アラムシャという中将がおります。この人はスハルト将軍に次ぐナンバー2の地位にあり、その後スハルト大統領の下で宗教大臣をつとめた実力者です。もともとはアンボン州の大豪族の出身で、スマトラにおけるイスラム教の一宗派の祭主でもありました。大変な親日家ですよ。というのは彼は旧日本軍がインドネシア独立のため設立した「インドネシア独立義勇軍養成学校」の第一期生なのです。

その義弟にヘルミという人がおり、後に国会議員にもなりましたが、スカルノ体制下で逮捕状が出て、一時日本にも逃れてきていたことがあったんです。同じような立場の人間はそのほかにも何人かおりましたが、私はヘルミのような人達を、日本ではもちろん、バンコク、シンガポール、香港などで何度もかくまい、全面的に支援してきたのです。このような人達が集まって、アイジット・インドネシア共産党書記長が中国の支援の下に、じりじりと勢力を伸ばし、スカルノ体制に食い込んでいくのを防ごうと、ついに立ち上がったのです。

――インドネシアとの関係では、「ニセ電報」事件というのがあったそうですが、真相を話してください。

一九七〇年代、日本は石油に含まれるサルファ（硫黄）分による大気汚染公害で困り果てていた。当時は今のように、温暖化が大きな問題になっていたわけではなく、一番問題だったのは、サルファ分の少ない石油をいかにたくさん確保するかだった。そのサルファ分が一番少ないのはインドネシア産の石油だったんです。「しろもの」と言いまして、これは生焚きができた。

ところで、一九七〇年暮れに、私は胃ガンの手術を受けましてね。その時、スハルト大統領はわざわざ腹心のアラムシャ中将を、東京まで見舞いに差し向けてくれました。それでその年の四月、術後の経過も順調だったものですから、そのお礼にとインドネシアを訪問したんです。その時、スハルト大統領から「日本の助力に対して何かお礼をしたい」という話があった。スカルノ一派の容共分子と対抗し、インドネシアの完全独立とスハルト大統領の実現に協力してきた我々へのお礼というわけです。

僕は即座に「それは石油です。保守勢力を助け、日本を安定させるには、石油が絶対に必要です。とりわけ貴国の石油のようにサルファ分の少ない石油が、公害対策上も日本には必要なのです」と申し上げた。大統領はそれに対し「それではインドネシアの残った取り分がある。それを全部日本のあなた方に回そう」と言われ、プルタミナ（インドネシア国営石油公社）の石油を我々に売ってくれることになったんです。

それで私は「これは単なる商業ベースの話ではなく、両国の友好のシンボルとしての石油の売買だから、両国とも汚職分子は一切関与させないでやりたい」と、スハルト大統領に申し上げたんです。大統領ももちろん賛成でした。

帰国すると早速このことを佐藤総理に報告しました。私が「政治家と変な利害関係を結び合っているような石油会社や事業家は抜きにし、政治家も関与させないで、日本で一番汚職も何もない新たな石油会社を設立したいと思う」と申し上げると、佐藤さんは「君は誰を中心に考えているのか」と尋ねられた。僕が「それはトヨタ自販の神谷正太郎社長がよいと考えています。私が相談した土光敏夫さんや中山素平君らも、口を揃えて神谷さんを推薦しました」と答えると、佐藤さんは「それはいい。神谷さんなら間違いない」と言い切りましたよ。

神谷さんは商人の神様といわれるぐらいの手腕の持ち主で、清廉な人物でもありました。

このように私らのこの仕事には、丸紅、伊藤忠、日商岩井などのような、とくに大阪商人のように政治家と結託して汚職をし、金儲け一辺倒に走るような連中は一切関与させないというのが、私や神谷さんの根本方針でした。この輸入に関わりたくて、ずいぶんいろんな人間どもが政治家を通じて運動してきましたが、全部排除した。

岸一派はすでにスカルノ大統領時代にコネをつけて、インドネシアから石油を輸入していました。「ファー・イースト・オイル・トレーディング」という合弁会社で、これは完全に岸一派の資金稼ぎのための利権会社だった。ですから彼等はそれを根底から壊される気配を察知して、我々の仕事をことごとく妨害してきたのです。

プルタミナの総裁だったイブン・ストウ中将は、すっかり日本の岸信介一派と組んでおりましたから、大統領の決定を潰しにかかった。ストウがある公開の席で、

「田中なんかのところにやる石油など、どこにもない。スハルトがどう言おうと、石油のことは全部俺が仕切るんだ。それは俺の権限だ。スハルトなんか石油のことは何も知らねえ。素人だ」

こう言ってタンカを切った。それで僕はそのあとスハルト大統領にお会いしたときに、ストウはこう大言壮語しているって、全部報告した。

——日本の外務省はどういう立場だったのですか。

外務省は岸一派にしっかり握られていたから、駄目。こっちを相手にもしない。

——結局、どうされたのですか。

佐藤総理に会ってこう言った。「あなたの兄貴の岸がじゃまをしている。あれが妨害して

いるんだ。あなたから言ってくれ」とね。佐藤さんは「サルファ分の少ない油を入れるのはおおいに結構だ。是非話を進めてほしい」と言っていたんだ。どうして話が進まないんだというから、そう言ってやりました。

——佐藤さんはどう言いましたか。

その話は田中（角栄）通産大臣に言えと。しかし、俺は「幹事長時代に一度会ったぐらいで、田中という人物はよく知らない。会えるように取り計らってくれ」と頼んだ。そうしたら佐藤さんは「よし、分かった。しかし、田中さん、あんたは喧嘩っ早いから通産大臣と喧嘩しないでくれ」って言ったな（笑）。田中さんに会ったら「岸さんがこの話には反対しているんだ」って言いながら、困ったような顔をしていたけど、最後は「よし分かった」と言ってくれました。

——「ニセ電報」とはどんな内容だったんですか。

ニセでも何でもない真正なものですよ。田中通産大臣に会って二、三カ月後、インドネシア当局から、こっちの方に油を売ることが決まったという内容の電報だった。新たに「ジャパン・インドネシア・オイル」という会社を新設しましてね。それを日本の外務省や通産省の連中が「君のとこにきた電報はニセモノだ。まだ決まっていない」と、こういう話だ。それを聞いて俺はすぐ田中さんのところへすっ飛んでいった。「インドネシアの通産省から日本大使館にニセ電報を打ったかどうか、至急調べてくれ」と田中さんに言うと、田中さん、変な顔をしていたよ。

――なぜですか。

田中さんは「清玄さん、あんたはなんでそんなに熱心に石油問題をやるんだ」って、そう言うんだ。それから俺は、

「石油がなけりゃ民族の自立は出来ないじゃないか。あんたも知っているだろう。食糧の自給とエネルギーの自給は民族自立の根幹だ。だから俺はこの問題は徹底的にやるぞ」って答えた。それでもまだ怪訝《けげん》そうに、「清玄さん、そこまでやって、何か得るところがあるのかい」という質問だ。俺は即座に、

「そりゃあ、借金返すぐらいのもんだな」

「それだけか」

「当たり前だ」

そうしたら田中さんは「そうか。話が違うな」って言ったよ。どうやら、俺が儲け話で動いている、その儲けた利益は田中さんと対立する福田派の政治資金になるんだから、田中さんに対する敵対行為だと、岸一派の連中が妨害のためにそういう悪宣伝を盛んに吹き込んでいたんだよ。

それから俺は、

「話が違うって、どう違うんだ。俺らはこれまで、インドネシア支援のために、どれだけやってきたことか。この何十倍ですぞ。松永安左ヱ門の爺さんや、トヨタ自販の神谷正太郎社長らにも参加してもらい、スハルト大統領支援ということでやってきたんだ。役人たちはあ

んたの役所の両角《もろずみ》良彦事務次官(3)と小長啓一秘書官(4)を除けば、あとはみんな敵側だ。商社に至っては、目先の利益で動くだけでとても話にならん」

そう言ってやった。角さん、やっと納得した様子で「そうか、借金を返せばいいのか。分かった。それにしても清玄さん、あんたは国士だなあ。おれんとこへ来るのは全部利権屋だ。何ぼ儲けるとか、そんなのばっかりだよ。おれはあんたのような人物を待っておったんだよ」って(笑)。

——結局その話は成功したわけですね。

もちろんです。だって外務大臣の頭を飛び越えて、通産大臣から「あの電報は本物だ」と訓令電が行ったんですから。スハルトさんの命令で、ラディウス国立銀行総裁が調査委員長となり、これら一切のいきさつに関する調査を行い、我々の方に石油がくることが正式に決まったんです。

岸一派の「ファー・イースト・オイル・トレーディング」の方にも、それまで通り石油は入っており、我々はそういう既存のルートを邪魔することはしなかった。しかし、岸の方はインドネシアの石油を独占しにかかっていた。彼のやり口はね、ヨーロッパでもアラブでも東南アジアの国々でも、どこでもそうなんだが、すべて利権はその一切を自分の手に握るという、独占的かつ独裁的なやり口だ。これは彼が戦前の軍部と結託し、東條と結びついて、権力の中心に自分が座るという、極めて権力志向の強い彼の性格そのものからきている。戦前、戦中、戦後を通じて、このような手口で日本を毒し続けてきた岸信介、河野一郎、児玉誉士夫、この連中を今でも俺は許せない。

——東南アジアでの面白いエピソードを話してください。

タイは暑いところですから、食欲がなくなってしまうんです。そこで辛い物をよく食べる。とくにペキヌーという香辛料はめっぽう辛い。ペキヌーとは「ネズミの糞」という意味だそうだ(笑)。こいつを間違って幼な子にやったりすると、死ぬこともあると言っていましたよ。これを食うと大人の僕らでも、二時間ぐらいは汗が止まらないし、いても立ってもいられない。心臓の悪い者は食べると危険なぐらいです。こいつを広川弘禅に食わした(笑)。

広川は民自党の幹事長だっていうんで、大きな顔をし、威張っていた。人をあごで使ったりしてね。しかも吉田さんに拾われて親吉田だったくせに、吉田さんが佐藤さんを幹事長にしたというので、一転して反吉田に変わった。

それであいつは生意気だからというので、そのときにタイに派遣されていた高瀬侍郎公使とはかって、広川がタイに来たのをさいわいと食事に誘ったんです。高瀬君はおれと同じ弘前高校の一年後輩でね。松永安左ヱ門さんの推輓でいろいろ活動していたこともあって、私とは非常に親しかったんです。

それでこのペキヌーが何粒か入ったスープを注文した。俺らは食ったような顔をして、脇へ出して置いたんですが、彼はまともに二つも食ったからたまんない。「ファー、ファー、ファー」って。転げ回って苦しんで、汗が止まらないどころじゃない。私らはこれを「口中原爆」って呼んでいましたよ。後でこの話を吉田さんにしたら、「広川は馬鹿だからなあ」

と、ひと言だ（笑）。

――田中さんの話の中で、ふしぎとフィリピンのことは登場しませんが、なぜですか。

アジアで気をつけなければいかんのはフィリピンです。大統領をやったマグサイサイのような傑出した人物を、仲間である保守が殺してしまう国ですからね。彼は日本占領下における抗日ゲリラの中心でした。戦後、抗日ゲリラは民族主義と共産ゲリラに分かれていくのですが、彼は親アジアの民族主義の立場でした。彼はその後ゲリラ部隊を指揮して国防長官になる。米国も認めざるを得なかったんです。そして共産主義と戦い、やがて大統領になった。

そこで彼がやろうとしたことは、「土地なき者に土地を」というスローガンに代表されるような、農地解放でした。この保守の一番の中心人物を、フィリピンは暗殺してしまうのですからねえ。彼は飛行機事故で死んだことになっていますが、時限爆弾を仕掛けられ、明らかに暗殺ですよ。その後、マルコスもアキノもだれも、農地解放などやれないでしょう。彼等自身が大地主ですから、やれるわけがない。

それよりも情ないのは、私は周恩来、スハルト、リー・クアンユー、マグサイサイといったアジアの中心的な人々を日本に呼んで、将来、アジア連盟というのを作ろうという夢を持っていたのです。そしてその手始めに、まずマグサイサイを日本に呼ぼうとしたら、その矢先に殺されてしまったんです。それでいっぺんにあの国が嫌になってしまった。ご覧なさい、いまだにあの国はアセアンの中で一番治安も悪く、疲弊し切っているじゃありませんか。

――韓国、台湾のこともあまり出てきませんね。

私は韓国、台湾には一度も行ったことがありません。どうも波長が合わんのです。私が現役で活動をしている頃は、そういう国々から日本に出入りしているのは、岸信介に代表される昔の日本の権力者を担いだような連中が多かった。それで本能的に嫌悪感を感じていました。韓国も台湾も私を自国へ案内したいというので、ずいぶん誘いにきましたよ。どちらも当時の大使がやってきて、「飛行機の用意もしたし、ビザも取りましたから、是非お出かけを」なんて何度も誘いにやってきたが、全部断った。自分の意に沿わないものには、一つも動いていません。

(1) スカルノ (一九〇一〜七〇) インドネシアの政治家。スラバヤ生れ。バンドン工大卒。オランダ留学の後、帰国して国民党を結成。オランダ政府に逮捕、投獄されたが、一九四二年進駐してきた日本軍により釈放。オランダとの独立戦争のすえ五〇年、初代大統領に就任。バンドン会議で反帝、反植民地主義に傾き、その一方で終身大統領制で独裁体制を確立したが、容共に反発する軍部の台頭で六七年三月、失脚。

(2) インドネシア九・三〇事件 一九六五年九月三十日、親スカルノ派のウントン中佐らが、反スカルノ派を一掃するため起こしたクーデター。しかし、難を逃れたナスチオン国防相らのために鎮圧され、逆にスハルト＝ナスチオン体制が確立された。共産党員三十五万人が処刑されたといわれる。

(3) 両角良彦 (一九一九〜) 通産官僚。長野生れ。東大法卒。商工省に入る。フランス大使館書記官時代、米国巨大資本の欧州進出を体験し、国際競争力確保のため官民協調の必要性を痛感。七三年の石油危機では原油の安定供給に奔走。通産省企業局長、事務次官、電源開発会社総裁などをへて日銀政策委員。

（4）小長啓一（一九三〇〜）通産官僚。岡山生れ。岡山大法文卒。通産省に入る。田中首相秘書官をつとめ『日本列島改造論』の実際の執筆者の一人といわれる。官房長、事務次官、興銀顧問をへて、アラビア石油社長。

第四章
世界の石油と鄧小平

アブダビ首長との出会い

――イスラム圏、アラブ社会とのつながりができたのは、何がきっかけですか。

直接のきっかけはインドネシアの時にお話ししたアラムシャ中将が、私に、「田中さん、あなたは我々の独立革命を助けてくれたが、これからインドネシアやマレーシアなど東南アジアの国々や、南西アジアの国々と付き合っていくには、アラブとイスラムの知識がなければ、本当の付き合いはできんぞ」と、忠告してくれたことだった。彼が「田中さんがアラブの完全独立に協力するというなら、私が仲介の労を取ろう」と言って、独立間もないクウェートの国王の叔父にあたる副首長を紹介してくれたのです。一九六一年のことでした。

会ってみると、アラムシャ将軍が紹介してくれただけあって、なかなかスケールの大きい、聡明な人物でした。その副首長が俺にこう言うんだよ。

「自分はいま国王を助けて新国家建設に邁進しているが、アラブの運命、とりわけクウェートの状況を非常に心配している。というのは、わが国は石油が出てお金が入るので、海外に出ている留学生たちは、皆遊んでばかりいて、女を作り、学業を途中で放擲《ほうてき》して、まともに大学を卒業した者はほとんどいないくらいだ。私は各種の文献で日本のことを研究しているが、日本では伊藤博文、大久保利通といった明治維新の元勲たちも、若いときには貧しい中から身を起こして、刻苦勉励、努力して、それで東洋の小国だった日本を、今日、世界の一流の国家にしたではないか。この前の戦争では負けたにせよ、学問の分野では世界のトップクラスだ。我々はその日本に学ばなければならない。田中さん、若い連中に機会あるごとに説教してやってくれ」

それで、何人かの人間に会ったが、副首長のいう通りなんだよ。大体今度の湾岸危機でも分かる通り、指導階級が国民から信頼されていない。だからサダム・フセインのようなやつに、いとも簡単にやられてしまうんだ。サダムは確かに悪いが、そんなに簡単に他国の侵略を許してしまうというのは、その国自身にも問題はあるんだ。だってサウジアラビアもそうだが、いまだに憲法も国会もないんだぜ。間もなく二十一世紀だというのに、そんなことが通用しますか。僕が副首長に説教してやってくれといわれてから、三十年も経っているんだからね。

そんなわけで、僕はクウェートにはあまり興味は持たなかった。その代わり副首長が推挙してくれたアブダビのシェイクザイド首長とは長くお付き合いをいただくことになりました。お付き合いをしてみて、僕はその人柄、識見、判断力、行動力、それらをすべて総合して、彼こそがアラビア人としては最高の英傑だと思った。今でもこの評価は変わりません。彼が偉いのは、自らの部族であるアブダビのことだけを考えているのではなく、同一種族のドバイ、アジマーン、シャルジャ、ウムアルカイワイン、フジャイラ、ラスアルハイマやオマーンなど、アラビア湾岸のアブダビと同一部族全体のことを常に考えている点だった。

一九七一年、彼は英国からアブダビの完全独立を勝ち取ると、二年後にはこれら七つの首長国をまとめ上げ、アラブ首長国連邦を打ち立てた。オマーンは別の国ですがね。彼はその初代大統領に推され、現在も大統領をつとめておられる。このシェイクザイド大統領がいたお陰で、日本は広大なアブダビ海上油田開発に参加できたんです。

シェイクザイド王といえば、こんな面白い話がありますよ。海上油田の話がすんだ後のことですが、シェイクザイド王がアラブ首長国連邦駐在の日本の大使を謁見したときに、この大使は「今回の油の権利委譲については田中清玄は何も関係はないのでしょう?」と言ったんだそうだ。国王は返事をしなかった。我々がいかに努力をしたか、そして日本の役人がそれをいかに妨害したかをよく知っているから、何を今更というようなもんですよ。

大使はさらに言葉を継いで「田中清玄のようないい加減な人物が、いろいろ勝手なことを言っているようですが、何かご用の向きがありましたら、私どもに直接お申し付けください」と言ったんだそうだ。そうしたら王はひとこと「貴公になんか何も用はない」と(笑)。この話、皇太子から聞きました。僕と非常に仲が良い。今の首相です。

ところでこの日本大使だが、旧制静岡高等学校で中曾根さんと同級生だったというのを鼻にかけてね。それで自分はアラブのゲリラをしっかり握っているから、PLO(パレスチナ解放機構)であろうと何であろうと、自分には手を出さないなどと、しょっちゅう自慢しているような男だった。

これには後日談があってね。それから数日後に、PFLPによる日本大使館襲撃事件[1]が起きた。大使館ジャックですよ。この大使は便所にまで逃げ込んで、PFLPに誰何《すいか》されると「助けてくれ。俺はここの掃除人だ」と言ったんだそうだ。いい恥さらしだ。まもなく転勤になってしまった。さすがに日本外務省の耳にも入ったんでしょう。

後でPFLPの人間が俺のところへきてね。「これでいいか」って聞くんで、俺は「もうあの程度で止めておいてくれ」って言ったんだ。それでもうPFLPは日本に対して、それ以上の危害は加えなくなった。勘違いをしないでほしいんだが、こんな話をすると、俺がPFLPを使ってやらせたのかと早合点するのが多分いるだろうが、そうじゃないんです。彼等は大使の言動ぐらいはすぐにつかみますし、私がアラブで何をしているかもよく知っています。いいですか、本物のテロリストはね、何も指示をしなくてもすべてを見ていてね、そのときの空気を的確に把握して行動するものなんです。「テロリストは空気で動く」なんて言っても、日本のような平和にどっぷりとつかりきって、ドンチャカ、ドンチャカやらなきゃ満足できないような、神経の麻痺した日本人たちには理解できないだろうが、心しておくべきことですよ。

――シェイクザイド王はずいぶん田中さんを信頼してくれたものですね。

ありがたいことでした。アラブ世界でピタリと波長の合った数少ない人物の一人でしたね。一九七〇年の秋頃、シェイクザイド王が自分のブレーンで外務大臣でもあったアハマド・スウィディー官房長官を私のところによこして、アブダビにとって国家存亡の重大事態が起きているとと相談してきたことがありました。聞いてみるとサウジアラビアのファイサル国王がアブダビに対して、油田を含む領土の割譲を要求してきたと言うのです。もともとこの土地はその十五年程前にも、帰属をめぐって両国間で紛争のあったところで、その時は英国の高等弁務官だったサー・ジョージ・ミドルトン卿が仲介して、一度は両国の国境画定は解決していたところだという。この間の湾岸戦争のもととなったイラク・クウェート紛争と同じようなものですよ。

両国が砂漠の国境地帯に軍隊を結集して、まさに一触即発というさなかに、スウィディー長官に案内されて、国王の待つ砂漠のオアシスにある宮殿まで、取るものもとりあえず駆けつけました。国王の話を聞いて俺は考えた。サウジのファイサル国王が言うことを聞き、彼を説得できる者はニクソン米大統領をおいて他にはいないと。それですぐにその日のうちにアブダビを飛び立ってロンドンへ向かい、そこからまた飛行機を乗り継いで日本に帰った。それですぐ佐藤首相の長男の佐藤龍太郎君に連絡を取って、即刻、首相にお会いできるように取り計らってもらい、すぐにお会いした。もちろん外務省も通産省も一切通さずにですよ。首相にはアブダビとサウジの地図や、油田関係の書類などを持っていって説明しました。佐藤さんはたまたま国連総会で、日本の首相として演説するということで、ニューヨークに行くことになっており、そこにニクソンも出てくるというので、「分かった。ニクソン大統領に話そう」ということになった。佐藤さんはその通りやってくれました。おかげで戦争は回避され、アブダビの領土を守ることができたんです。それで王は「日本へのお礼や、田中さんへのお礼はどうしたらいいか」って言われるんで、俺は「私自身には何もいらない。日本に対しては油田の開発に参加できるよう取り計らってもらいたい」とそう言った。そうしたらシェイクザイド王の方から、ならば日本も油の採掘権を持って我々に協力しろという話が出た。

「日本は採掘から精製まで全面的に協力せよ。欧米ばかりにやらしているわけにはいかない」

王ははっきりとそう言った。欧米以外の国がアラビアの油田に、採掘から関与するのはこれをもって嚆矢《こうし》とするということですからね。これは欧米メジャーカンパニーの油田独占を完全に打ち破る宣言でもあったわけです。いまコスモ石油を通して各電力会社や機械工業などに、アブダビの海上油田から石油が入ってきているのはその時の所産ですよ。

（1）日本大使館襲撃事件　七四年二月六日、在クウェート日本大使館がパレスチナ解放人民戦線（PFLP）の武装ゲリラに占拠され、日本大使以下二十九人が人質となった事件。ゲリラはシンガポール製油所襲撃犯の釈放と航空機の提供を要求、日本政府がこれを受け入れたため、約五十時間ぶりに人質は解放。

失敗した北海原油工作

――エネルギー問題、とくに石油問題について話してください。

私は二十五年前に、日本のエネルギー確保のためやりましたが、もともと日本に油田は持たせないというのが、メジャーカンパニーの根本方針ですよ。アメリカの四社、それからイギリスのBP（ブリティシュ・ペトロリアム）、オランダのロイヤル・ダッチ・シェル。最近はこれにもう一社加わって、ロシアと中国を除けば、世界のすべての油田を支配している。ロシアと中国だってこれ以上採掘しようとすれば、彼等欧米の技術を借りなければ不可能だ。僕はかつてアメリカのメジャーの一つ、エクソン社の会長からこう言われたことがある。

「ミスター田中、君は石油を日本に持っていこうとしているけど、それは不可能だぞ。日本は我々の供給する油を使用すればいいんだ。いかに安く購入し、効率よく使用するかが日本の仕事だ。石油の掘削に関与したいのなら、下請けをやれ」

とね。それで何を言うかと思った。しかし、実際のところ油はもう限界です。埋蔵量に限界があるし、大気を汚染する。地球温暖化の問題もある。だから太陽エネルギーに切り替えるべきなんです。私はそのことを石油危機以来ずっと主張してきたのです。この二十年間、その研究を日本や欧米の各会社が本気でやっていたら、多分、湾岸戦争なんか起きなかったでしょうな。これは世界の指導階級の重大な過失ですよ。

石油の次に天然ガスといわれたけど、これだって化石燃料で、埋蔵量には限界があるし、害は免れ得ない。根本的な公害対策がいまのところないんです。では原子力はどうか。これまたチェルノブイリを見れば分かる通り、いったん事故を起こしたら、その惨害は甚大だし、核燃料はみなアメリカのメジャーカンパニーが握っている。ウラニウム鉱を採掘しようと、新しい会社を興そうとしても、参入できん。今世界で一番ウラン鉱石があるのは、アフリカ南部のナミビアです。あそこにはそのほかモリブデンなどのレアメタル（希少金属）が豊富に埋蔵されている。その埋蔵量は世界一です。もともと南ア問題というのはそこからきている。アメリカはこれを自分らのものとして、コントロールしようとしている。これを握れば世界の支配も簡単でしょうな。しかし、白人の支配、つまりは一神論を信じる者の支配になってしまうことは明らかだ。

私がアラブへ行ったとき、田中は余計なことをするなってさんざん言われた。油は金さえあればいくらでもメジャーから買えるってね。大蔵省も通産省も外務省も、役人たち全部の意見でした。本当に分かって理解し援助してくれたのは佐藤栄作さん、田中角栄さん、中曾根康弘さんぐらいでした。通産省の役人などは、みんな日石、出光などに天下っていくから、メジャーが気になるんです。財界だって土光敏夫さんや中山素平君を除いたら、みんな反対だった。

――石油危機のときはどうだったんですか。

アラブ首長国連邦にアブダビ王家と英国が半分ずつ持っていた油田の採掘権を、日本に譲ったんです。その交渉をやりました。一九七三年に独立してアラブ首長国連邦の初代大統領になるシェイクザイドさんは、前にも話したようにアブダビの首長の頃から親しかった。もう一人はBPの副社長だったアースキン卿だ。とにかくイギリスの国営の油田ですからね。それを回してくれるという交渉のとき、いよいよ話がまとまったので、我々は「記録を取ってサインしよう」と提案したら、いらないっていうんだよ。

「ノット　ネセサリー、ウイ　アー　ザ　スコティッシュ」つまり「サインはいらない。我々はスコットランド人だ」と言うんだよ。

これはもう最高の確証ですよ。我々が、「俺は侍だ」と言うのと同じだ。判証文はいらんというのだからね。それで俺も、

「アイ　アム　ア　サムライ」

って言ってやった(笑)。

場所はBP本社の会長室でした。最近まで外相だったダグラス・ハード氏が、BPと当時のヒース首相との連絡役だった。向こうはいっぺん決めたら、何日たとうが言うことは寸分違いません。ところが日本の役人ときたら言うことが毎日のようにくるくる変わる。恥ずかしくてねえ。最後に言ってやった。

「お前さんのような定見のない者を引っ張っていくんで、俺はもう立場がない」

だいたい日本の官僚は平気で嘘をつく。都合が悪くなれば「言わなかった」なんて言い出

すんだ。こっちの信用に関わるからね。外務も通産も大蔵もみな一緒だ。揚げ句の果てはどう言うか。「田中清玄、いらんことをする。金さえ出せば石油はいくらでも買える」と、これだ。買えもせんくせにだ。腹が立ったから、部屋には入れなかった。

「我々がネゴシエーションはやる。君らが入るとこじゃねえ」

と言って、指一本触らせなかった。交渉はBPの会長室でやったんです。会長が日本人に敬意を表して自分の部屋を提供してくれたんです。今日、これだけ湾岸危機だとかいっても、油が日本にくるようになったのは、アースキン卿とシェイクザイド大統領のお陰ですよ。

――北海油田のときにも動かれましたね。

あれは田中内閣の時。アブダビの油田の話が成功して、油が日本に入ってくることになった。田中首相がどうお礼をしたらいいだろうかって言うんで、僕はお礼を貰うためにやっているんじゃないが、それでは日本が北海油田に参加して開発する権利を頂きたいと申し上げた。僕が考えたのは、日本が北海油田に参加して日本の金で開発をし、それで取れた石油は日本まで運ぶのは大変だから、アメリカに渡す。その代わりアラスカのノースポールで、BPとエクソンが掘っている油田に日本を参加させる。いわゆるスワップ方式です。角さんもそれは非常にいい案だと賛成してくれた。

田中首相がロンドンへきて、いよいよ発表というので、僕らも土光さん、中山さんなど経団連の幹部と一緒にロンドンに行った。僕の案が通って、イギリス側のOKもとれた。国営ですから、いよいよ明日の英国議会を通れば、発表ということになって、

「それまでにこれが漏れたら議会はとても通らないから、絶対秘密に」

とみんなで確認までし合ったんです。


翌朝早く、サー・ジョージ・ミドルトン卿[1]が真っ青になって、我々の宿舎へ飛び込んできた。この人はエジプトを独立させ、アブダビなどの湾岸諸国をまとめてアラブ首長国連邦を作った、アラブ諸国にとっては恩人ともいうべき人です。それでサーの称号を貰った。日本で朝鮮の独立に手を貸してやって、勲章を貰ったり、伯爵や男爵になれましたか。殺されるのが関の山だ。イギリスの凄いところですよ。


ミドルトン卿がこれを見てくれって差し出したのが、「フィナンシャル・タイムズ」でした。一面トップに「不可解な事件」という大見出しで、

「議会の承認なしに北海油田の割譲を日本に約束し、ノースポール油田とのスワップの権利を日本に与えた経緯は極めて不明朗だ。日本側が新聞記者を集めて発表した」

と書いてある。


それで俺は、これは今里広記（元日本精工社長）だなとピンときた。今里も同行していたから、

「おい、貴様だな。おしゃべりめ。貴様がこういう事をやるとは思っておった。お前、日本を立つ間際にしゃべったんだろう」

と言ってやったんだ。土光さんも中山も言えないんだよね。俺が言った。今里は「俺じゃねえ」と言ったな。

それから俺はもう今里という人間は一切相手にしなくなった。彼はもともと株をやっていたですからね。この話を利用してひと儲けを企んだんですよ。今と同じです。今里はその後死んだが、俺が財界そのものを信用しない理由はそれだ。それが吉田四天王の一人だよ。自分のことだけだ。

——結局、その話は成功はしなかったのですか。

するもんですかい。英国側は議会に出せないよ、そんなもの。それでおしまい。イギリスという国は実にはっきりしている。逆立ちしたって、何百億積んでもだめ。だめなものはだめ。

日本の中には政治家はだめだけれど、財界人はいいという考えがあるけど、これは間違いです。政治家と同じです。甘さ、のぼせ上がり、目先だけの権力欲。それを脱しきらなければ、日本人は本当の意味で世界の人達から尊敬されません。日本になりきり、アジアになりきり、宇宙になりきる、そういう人がいま政界でも財界でも、求められているんじゃないでしょうか。

——世界最大の産油国であるサウジアラビアと田中さんの関係はどうなんでしょうか。

世界の石油の三割を持っているというサウジの王に、みんながスリ寄っていく。油が欲しかったり、金を貰いたかったりね。俺は全然動かない。イギリスのサー・ジョージ・ミドルトン卿が、何度も何度も、

「サウジの王が君に会いたがっている。会った方がいい」

と勧めてくれたけど、断った。

「いや、俺は油で付き合うことはやらない。もうエネルギーは油という時代は終わった」

と言ってね。太陽エネルギーをすぐに電力に置き換えられるような研究を全力を挙げてやらなければ、大変なことになりますよ。エネルギーがなければ、生命体は生存できないんですから。

先頃、長男の知り合いがロンドンへ行ったらサー・ジョージ・ミドルトン卿と会う機会があって、

「ミスター田中はよく知っている。お会いしたらよろしく伝えてほしい」

というメッセージが届きました。今年九十二歳で、今でも奥さんと二人で、毎日の散歩を欠かさないという話でした。

――イギリスといえば、田中さんは英国に三百年続く世界的な保険機構、ロイズ(2)の会員でもあります。この会員は現在日本には二人しかいないそうですが、ロイズの会員というのは何をするのでしょうか。

簡単にいえば出資者ですが、だれでもなれるわけではありません。世界中の保険会社は航空機、船舶、原発などの大規模事故にあたって、契約にしたがって保険金を支払いますが、金額が巨額に及ぶため、一社だけではリスクを背負い切れません。そこで今度は保険会社が保険を掛けるのですが、この保険を引き受けるのがロイズなのです。

ロイズは会社組織のように見えますが、正確にいえば企業ではありません。一種のクラブ

か組合と考えたほうが分かりやすい。会員が自己の資産をすべて投げ出して、最終的なリスクを負担するいわゆる無限責任が原則です。このメンバーとなるには、この無限責任の原則を十分理解した者で、最低十万ポンドの個人資産を持っていること。それに会員二人の紹介が必要です。

私がこの会員に選ばれたのは、日本が石油危機のころ、中東におけるイギリス領有の油田の割譲を受け、イギリスは日本が支払ったその金をもとに、北海油田の開発ができたということがありました。それでBPでは何人かがサーの称号をもらいましたよ。自国の国益に多大の貢献をしたということでしょうねえ。しかし、こっちはイギリス人じゃありませんから「サーどうしましょう」ってなものですよ（笑）。そのときのお礼の気持ちというのが、私がロイズの会員に加えられた理由なんです。

入ってみて驚きましたよ。向こう三年先の税金まで払わされるんだ。取るとなると容赦なく取り立てる。しかし、また取り過ぎて還付するということになると、これまた実にきちんと明細をつけて返してよこす。二、三十万円の還付金をもらったって、事務手続きに消えてしまうようなものだが、それぐらいがっちりしている。イギリス人ほど現実的かつ実証的な民族はいませんよ。

――田中さん以外に、現在、日本人にはあと一人会員がいるだけですが、入会はそんなに厳しいのですか。またどんな特権があるのでしょうか。

私がメンバーに加わったのは一九七四年ですが、その二年前ぐらいから調査機関が動いて、私の資産関係を徹底的に調べていきました。もちろんこの家屋敷も、万一の場合は投げ出すことになるわけです。ソニーの盛田昭夫会長が入会を申請したが、認められなかった。ソニーはイギリスに物を売って、ソニーと日本を潤したかもしれないが、イギリスのためになったとはいえないというのが、却下の理由だったと聞きました。

ロイズの機構は大変に複雑でたくさんのシンジケートに分かれており、それぞれのシンジケートは互いに独立している。だからあるシンジケートのリスク負担が膨大になってたちゆかなくなっても、利益を上げている別のシンジケートがサポートして助ける仕組みになっている。

私の加わっているシンジケートには、サッチャー前首相や、エリザベス女王のお母様が入っておられます。しかし、自分が属するシンジケートについてはレポートが送られてくるが、それ以外のことは、まったく秘密にされているので、複雑すぎて全容は会員にも分からない。特権というのは、唯一、イギリスと旧大英帝国の国々で、出入国の際の税関がフリーパスになることぐらいかねえ。

(1) サー・ジョージ・ミドルトン (一九一〇〜九八) オックスフォード大卒。三三年、外務省入省。駐ヨルダン、アルゼンチン、アラブ連合共和国などの英国大使を歴任。八八年以来、モンディアール国外在住者援助会社会長。

(2) ロイズ 英国の個人保険業者の集団。十七世紀末、ロンドンに開かれたコーヒー店を溜まり場に集まった海運貿易業者らが、情報交換、取り引きしたのが起源。保険の引き受けは「アンダーライター」と呼ばれる個々の会員の勘定と危険負担において行われ、各会員はシンジケートごとに引き受け代理人を任命して業務を行わせている。世界中の保険会社の保険引き受け業務を行っている。

イラクに援助せねばダメだ

――石油を買い付けるといっても、大仕事です。田中さんがたった一人でやってのけた秘密が、何かあると思うのですが。

いい質問だ(笑)。僕が石油のことを考える時に忘れ難い人物が一人います。それはエンリコ・マッティです。イタリアの国営炭化水素公社（ENI）の初代総裁だった。僕と同じ一九〇六年の生まれだが、僕が資源ナショナリズムの立場から実際に石油問題に手を染め始めて間もなく、彼はこの世を去ってしまった。殺されたんだ。徒手空拳でメジャーカンパニーに戦いを挑み、彼等が看板を降ろさなきゃならなくなるようなことをやってのけたがゆえに、目の敵にされ、一九六二年十月、飛行機事故で亡くなった。僕は今でも国際石油資本がマフィアを使って殺したと思っている。アメリカは平気でやりますからねえ。エクソンやシェルにつぶされたんだ。

――一体何をやった人物ですか。

最も早くから産油国の資源ナショナリズムに理解を示し、祖国イタリアのエネルギー自立のために、アメリカを中心とする国際石油資本による市場の独占と戦い続けた人ですよ。例えば世界に先駆けてジョイント・ベンチャーをイタリアとイランの間に作り、役員の半数はイラン人にするとか、石油利権協定もENI方式といわれる産油国側に有利な方式を生み出した。また原油価格の安定と供給の多元化を確保するために、アルゼンチンやブラジルには石油産業開発のための借款を供与し、ソ連やアルジェリアにまで手を伸ばそうとした。しかし、彼がやった最大の功績は、戦後イタリアの復興におけるエネルギーの重要性を十分認識して、それに徹し切ったことです。そして、イタリア国内で採算を度外視して探鉱活動を行い、ついにポー河流域で一大ガス田を発見する。それだけではない。彼はその天然ガスを自由競争に委ねよと主張するメジャーの要求を断固としてはねのけ、国有化した。放任すればメジャーの手に渡ってしまう天然ガス資源を、そうやって守ったわけです。このようにことごとくメジャー、とりわけアメリカの意向に逆らったので、最後は暗殺されてしまった。

彼の経歴がまたおもしろい。戦前はパルチザン部隊を指揮して、ムッソリーニのファシスト政権と戦い、またキリスト教民主党の再建に関わるなど、実業家でありながら、その一方でマッティは政治活動にも深く関わっていました。

――マッティとは親しく付き合ったのですか。

いや、油の問題で質問を受け言葉を交わしたことはあるが、実は親しく付き合ったわけじゃないんだ。もっぱら彼の調査レポートを読んだのです。石油危機の後、僕が産油国から直接石油を買おうとした時に、日本の外務省や通産省から、さんざん悪口を言われた話は申し上げましたね。

「田中は石油も出ないような油田を買っている」

「田中清玄に何ができる」

などとね。しかし、そんな時でも平気で反論したり、自信をもって無視したりできたのは、実はエンリコ・マッティの調査資料を独自に手に入れて読んでいたからなんです。彼の作成した石油に関する資料は実に大変なものでした。

例えば人工的に地震を起こして、地中を地震波が伝わる波型を調べて、この地域には石油があるかどうかとか、それから試掘井を掘って、原油が噴き上げてくると、その上にいわゆるクリスマスツリー(1)を建てて、将来の採油に備えるか、それともただちにタワーを建てて、精密な調査をする。そうやって調査した資料全てですよ。彼が直接「これを読め」とね。僕のやっていることを見て、彼は自分がやってきたことと同じだという、何か通じるものがあったんじゃないでしょうか。それから彼は「もう俺はこの組織を解散する」とも言っていた。やはり身辺の危険を感じていたんじゃないかと思う。ともかく、この調査資料は大変な財産だった。

――知り合ったきっかけはなんですか。

彼もまたモンペルラン・ソサイエティーのメンバーだった。会長のブルーノ・レオーニ教授が紹介してくれたんです。しかし、そのレオーニさんも、その後暗殺されてしまった。

——カタールの石油買い付けの時のいきさつについても、話してください。

あれはカタールの国王とやったんです。僕はこの国王がまだ皇太子だったころから知っていたんだ。そのお父さんは早くに亡くなり、父の弟である叔父さんが一時、カタールの王だったが、叔父がなかなか王位を甥に返さないで、内紛が起きたりしていた。隣国のアブダビのほうは人種も同じベドウィンだし、なんとかアラブ首長国連邦に入れたいと思っていたが、うまくゆかない。僕は一貫してこの皇太子を支持していたんだ。私はアブダビとの交渉の後、カタールの海上油田の三十年、四十年という長い使用権を認めてもらう交渉をやったんです。一九六八年のことでした。

当時、国王は必ず週に一回は砂漠に出かけていって、テント生活をする習慣だった。オアシスに近く、掘れば水が出るような、緑樹がわずかばかり残っているような場所にテントを張って、一晩寝ないと血が騒ぐというんです。そこへは僕のほかには、アメリカ、ドイツ、フランス、イタリアの連中が来ていた。みんな会社を代表し、国を代表してきているから必死ですよ。「日本は見込みないぞ」なんておどかされながら、四時間、五時間と待たされてね。そうしたらカチフという宮内大臣が「王がお呼びです」とみんなを迎えにきた。テントの中へ入っていくと、いきなり王が、

「この石油は日本にやる。明日になると自分の気持ちが変わるかもしれないから、今直ぐに決めてここでサインしろ」

という話だ。みんなびっくりしてねえ。「どうして日本なんですか」「田中は自分を全部捨

て、日本のためだけを考えてやっている。それが自分には分かるので、田中の愛国心を愛でてやるのだ」ということを国王が言った。それでこの話はおしまいさ。あのときはポール・ゲティーも来ていたが、悔しがってねえ。

——何者ですか。

油屋の世界では有名な男ですよ。個人でやっている。世界中を股にかけてね。ロシア系のユダヤ人で、ロシアと非常にいい。レーニンやスターリンもこのポール・ゲティーの言うことは聞いたという。大金持のくせに大変な締まり屋で、やるときには思い切ったことをやる。変わりもんです。イスラエルのいう通り金を出さないものだから、ユダヤ人でありながら、イスラエルには長い間入国できなかった。僕がイギリスに滞在していたときに、「明日、ポール・ゲティーがイスラエルに行く」という記事が新聞に出た。「アメリカからモスクワへ行って、その後、自家用機でテルアビブの飛行場に飛来する。彼はイスラエルの発展に寄与することになるだろう」という記事だ。

この記事を読んだBPのアースキン卿が「彼は飛行場で払う金がもったいないというので、そこいらの原野にでも不時着するんだろう」と言ったんで、その場に居合わせた人達はみんなワーッとなった(笑)。この二人は因縁がありましてね。ポール・ゲティーが、スコットランドの王家の出身であるアースキン卿の叔父さんが持っていたロンドンのお屋敷を、金にあかして買い取った。バッキンガム宮殿より大きく、この屋敷内の道路には信号機があるぐらい広大なもので、当時評判になった。その後、僕がゲティーに会ったら「君はアースキンと親友だそうだな。あれに嚙みつかれたらどうしようもねえ」と言うから、俺は「向こうもそう言ってるわ。ポール・ゲティーに嚙みつかれたら逃げようがねえと言ってるぞ」と言ってやった。ゲティーも今、病気じゃないかなあ。なりをひそめてきた。もうあれの時代も去ったな。彼ももう九十歳を越えましたからね。

アースキン卿の屋敷といえば、思い出すのは土曜と日曜にあそこのサマーガーデンで、ガーデンパーティーが開かれる。そのときの話に日本の皇太子さんの話が出た。ロンドンへ留学しておられたからね。アースキン卿の甥ごさんがオックスフォード大学のラグビーの選手だった。フォワードだ。彼が「あんな立派なジェントルマンはいない」と言ったら、二十何人かが招かれていたんだが、みんな異口同音に、そうだそうだと言うんだ。皇太子さんはウイークエンドになると、オックスフォードからアースキン卿の家によく来ておられたんです。

ところがその後だ。彼等は、

「バット　アワ　チャールズ、ヒー　ノウズ　トゥー　マッチ」

と言うんだ。今になって英国のマスコミが、スキャンダルとしていろいろ書いているけど、あの頃から彼等はよく知っていたんだ。それにしても「ヒー　ノウズ　トゥー　マッチ」って、うまいことをいうよなあ（笑）。あの台詞は「シャーロック・ホームズ」かシェークスピアの小説にでもあるのかもしれないねえ。

――湾岸戦争以後、アラブ世界も複雑な問題を抱えるようになりましたね。

私はアラブを敵に回すべきではないと言っているんです。日本はヨーロッパやアメリカと、アラブとの間に立って、その仲介役をやれって主張しているんです。サダム・フセインを「悪い、悪い」って言ったり、「アメリカが勝った、フセインが負けた」と言うのは簡単です。しかし、両方の顔が立つような解決をしなければ、いつになってもこの問題は、本当の解決にはなりません。

なにせイスラム教徒は世界中に十億といわれています。彼等は中東だけにいるわけじゃありませんからね。アジアにも、アメリカにも、ロシアにも、中国にも、アフリカにも、広く世界中にいるんですから。マグレブってご存じですか。アフリカ北西部のチュニジア、アルジェリア、モロッコの総称で、アラビア語で「日没の地」つまり「西方のアラブ諸国」という意味ですが、乾燥地帯の多いアラブ諸国の中で、比較的緑の多い地帯であり、共通点が多いことから、これをブロック化しようという構想です。彼等はみなアメリカのイラク攻撃に反対でしたからね。アメリカがイラクを爆撃するたびに、世界中で反米主義者を増やしていっているようなものでした。

アメリカは国内の強硬派にブッシュ大統領が突き上げられ、話し合いに応じることができなかった。旧ソ連は話し合いをしようと動いたでしょ。しかしアメリカは拒否してかかった。本当のことがアメリカは分かっていない。今になってアメリカはクルド族に手を焼いていますが、下手にクルドなんか助けたら、あの辺りでクルドスタンなんか作られて、反乱ばかり起こりますよ。アメリカは今になって、あげた手の、上げも下ろしもならんでしょう。

日本はそんなアメリカの後ばかり追っていたら駄目ですよ。日本が人道を名目にクルドに援助をするのはいいでしょう。しかし、それなら同時にイラクにも援助をしなければ、それで仲介の労を取り、サダム・フセインに「言いにくいことだけど、お前さん、引退しろ。責任があるぞ。ただし裁判にはかけないから」とね。そこが一番のポイントです。テロでやられるのは、それは相手の国のそれぞれのいき方です。アメリカはそのくらいやりかねませんがね。

なぜサダム・フセインのような男がでてきたかだが、これは非常に権力欲の強い男です。僕も会ったことがありますが、会っていてもどこまで信用してよいものやら、わからん人間です。「なんだ、こいつ、ジャポネの小僧っ子、ブツブツ言うなら帰さないぞ」っていうくらいのもんですよ。僕は顔を見ただけで、これは駄目だと思いましたね。同じことを中曾根君が言っていたな。彼は湾岸戦争が始まる直前に行きましたからね。「最初は堅くて話にならなかった。二回、三回と会っているうちに、すこしずつほぐれてきた」と。

人間誰しも仏の面と夜叉の面、神の面と悪魔の面というように、両面ありますからね。神の面が出れば釈迦であったり、弘法大師であったり、イスラムのアユトラであったりする。根本は一元論ではないということです。異なるものとの共存こそが、人間の、国家の、世界の、そして宇宙の、つまりこの世の中すべてを支配する根本原理だということですよ。

サダムに対して戦争をするかどうかは、最初アメリカ国内もフィフティー・フィフティーだったですね。ところがブッシュが踏み切ったら、九〇%近い圧倒的な支持率でした。それを一番操ったのが「ニューズウィーク」「ニューヨーク・タイムズ」など、アメリカのジャーナリズムだった。

――アメリカのジャーナリズム資本は、ほとんどをユダヤが握っているということと、それは関係があるんでしょうか。

もちろん。強大なイブラハムを作らんというのが、彼等の大命題ですから、石油会社の資本がまさにそれです。アメリカ社会で支持されている層というのは、ジューイッシュが一番多い。我々のようなアジアの大乗仏教圏にある民族はみな汎神論だが、彼等は一神論だ。文明の基礎が違う。すべてのものはお互いに侵略しあわず、貪りあわず、共に共存し、共生しあうというアジアに広く広がっている思想の根本はそれです。それを京都大学の今西錦司先生は「棲み分け」と呼ばれた。ところがアメリカで学んできた生物学者達は、それをさかんに間違いだと言いつのっている。しかし、今西先生は京都大学で、日本でノーベル賞を貰っているのは、大半が京都大学出身ですよ（笑）。

サダム・フセインですが、彼はもともとイスラムではないんです。アラブ・バース党という社会主義政党です。イスラム世界を支配していた王政から解放して、石油を支配しようと図った男です。ところが多国籍軍との戦争が始まると、国内的にどうにもならなくなって、イスラムということを言いだした。追い詰められ、絶体絶命になって、イスラムを持ち出した。宗教に屈服した。テレビで彼がイスラムのお祈りをするのを見ていて、サダムはそこまで追い詰められているなと思いましたよ。

――アフガニスタン、ユーゴスラビア、カンボジア、イラクと、いずれも何度か和平協定が結ばれながら、戦争が繰り返されています。民族や部族間の争いは今後も繰り返されるとお考えですか。

彼等は本当に一致するということがありませんよ。時期を見て自分が優勢になったら、いつでも相手を倒そうとするんですから。現にボスニア・ヘルツェゴビナでは十数回の和平協定を結んで、それを全部破っている。「和解した。武力攻撃はしない」といって、お互いに停戦協定にサインして別れて、それですぐ発砲しているんですよ。まだまだ遠いんじゃないですか。部族、民族が提携して、統一国家ができる、平和がくるという夢は、危険な夢だ。私ははっきりいって、信用していません。寝るにしても、甲冑《かっちゅう》をつけて寝た方がいいというようなもんですわ。甲冑を着て、その上に衣をかぶったというような連中ばかりですからね。これらの国々へは、私も何回となく足を運びましたが、分からない。分かったと思ったらとんでもない。人類というものの宿業というほかないですよ。人間というものはこういうものなんだ。善と悪と両面ある。だから幻想を持って付き合ったらだめですよ。

――PKO推進論者の中には、自衛隊を海外に出したって、日本が軍国主義になるはずがない。そんなものは太平洋戦争ですっかり消えてしまったと言った人も多いのですが。

現実を知らない観念論だ。人間というものを知らなすぎる。お互いが殺し合いをしている中へ放り込まれ、追い込まれたら発砲する。戦後培われた民主主義、平和主義があるから大丈夫だと言った人がいたが、そんなもの、瞬時にして変わる。俺が少年時代を過ごした大正デモクラシーだって、相当のもんだったが、いっぺんに変わってしまった。私はそれを見てきた。

人間は一度決めたらその通り進んで行くんだったら、こんな程度の文明じゃなかった。いまだにこんな殺し合い、憎しみ合いをやっちゃいませんよ。第一次大戦の後、国際連盟を作って平和がくると思ったら、第二次大戦でもっとひどい戦争を人間はやった。核兵器も使われた。それが終わってやっと本当の平和がくるかと思ったら、その次には冷戦だ。それも終わったはずなのに、今度は民族紛争、地域紛争だという。ソマリア、インド、ユーゴ、アフガン、みなそうじゃありませんか。これはもう人類の業《ごう》そのものです。善と悪の両面をもつ人間が、いかに神の面を長く保持するために努力するかということじゃないですか。

（1）クリスマスツリー　海底油田を掘削する際、海上のやぐらの上に組んだ生産量を調節する坑口装置のこと。形がクリスマスツリーに似ていることからそう呼ばれる。

レジスタンスの親分はヤクザ

――スペインにもしばしば行っておられますね。

一九九二年にはセビリアでの万国博覧会やバルセロナ・オリンピックがあって、日本じゃ大変なスペインブームになったが、さてどれだけ日本人のスペイン理解が進んだかだ。オットー大公に招待され初めてスペインにいったのは一九六二年のことでした。センター・オブ・ヨーロッピアン・ドキュメント・アンド・インフォメーションという組織の大会があったんだ。当時はまだフランコ政権下だが、これの実態は反フランコ組織だった。いかにしてフランコ体制を自然死させていくかが真の狙いだったが、ドン・フアン・カルロス国王（当時皇太子）やオットー大公を会長に据えるわけにはいかないというので、フランコ以前からのマルチン・アルタゴという枢密院議長を会長にしていた。フランコにも睨みがきくというのでね。表には出せなかったが、実際の計画者はオットー大公だった。

空港に着いたらオットー大公と、カルロス皇太子の組織の側からと、両方から迎えがきていて、スペイン外務省が車を用意していた。宿はマドリードのグランドホテルだが、もう夜も九時近いので、グランドホテルの向いにあるリッツホテルへ寄って、食事をして行こうということになった。食事の後にフラメンコが入るんです。二つのホテルとも一流中の一流で同じ経営なんだが、当時グランドホテルの方は、格式があってフラメンコは入れなかったんです。

ダンスも終わって、さあグランドホテルへ行って休もうと玄関まで出てみたが、車は一向に来ないし、案内の者が変な顔をしている。どうしたって聞いたら、車が盗まれたと。警察を呼んで、いろいろ調べたが、ホテルの守衛の言いぐさがいい。「ここまでが私どものホテルの責任になる管轄下で、その境界からあなたの車は一メートル出ていましたから、我々の責任ではない」って（笑）。立派なもんだ。これがスペインに着いた、まさにその日のことですよ。

――犯人は捕まらなかったんですか。

出てくるもんですか。ジプシーの国ですよ。昔は馬泥棒というのがあった。馬泥棒は三十分もたてば、自分の馬かどうかまったく分からなくなってしまうぐらい、次々と人から人が乗り換え、鞍や馬車の造作はもちろん、毛並みや色つやまですっかり塗り替えてしまうので有名な国だ。馬が車に変わっただけの話で、今でも変わりありません。いや、当時はフランコ時代で、犯罪者に対してフランコは厳罰で臨んだからまだましだった。民主主義になってずっとひどくなった。内務大臣が見舞いに来てこう言ったな。

「大変な目に会われたそうで、まことにお気の毒なことです。しかし、そうしたことは、わが国においては前古未曾有のことで、かつて無かったことです」（笑）

スペイン人にこの話をしたら、何人かが「セニョール田中、ここは馬泥棒の国だということを忘れなさんな。ここはジターノ（ジプシー）の本場ですよ。盗賊を商売にしている民族は、ジターノとベドウィンじゃないですか」と言われましたよ。首都・マドリードにしてこれだ。セビリアやアンダルシアなんかに行ったら、もっとひどいですよ、ジターノの本場だから。もうあれは改まりませんね。それをなんで日本の新聞は、ダリの国だとか、百年をかけて教会を作っているとか、上っ調子だけの、この世の天国みたいに書きやがるんですかねえ。どこか抜けているな。

それで、腹が立つよりも何よりも不便なのに困った。翌日になってだれかが、オットー大公に報告したんでしょうね。大公が気の毒がってねえ。とにかく着替えの服も、パジャマも、歯ブラシも何もかも持っていかれてしまったんだから。レジナ大公夫人が全部、一式取り揃えて部屋に届けてくれましたよ。しかし、どんな国でも悪い所ばかりではない。今度はスペインのいい話をしよう。

オットー大公は毎年夏になると、一カ月、それとクリスマスの二週間だけは、スペインのバルセロナ近くのベニドームという町に別荘があって、そこで過ごされる。バカンスですね。僕も招かれて四十回くらい行きました。バレンシアのアリカンテなんて地中海沿岸の町は、最初行った頃は人口が五千人くらいだったのに、今では三十五万人くらいになっている。ドイツ、デンマーク、ノルウェー、スウェーデン人が移住し、ドイツ語とマルクが立派に通用している。ドイツの銀行まである。毎年行っていたが、あそこへ行くとドイツ語が通用するから、ホッとします。これはフランコ時代のいい点です。あの時代に基礎を作ったんです。経済というやつは、社会が融和し統合されて、政治的に動揺さえしなければいくらでも発展するものなんです。政治的発展はそうはいかない。アメリカの蚊トンボ・ジャーナリストなんかは（笑）、無責任な政治家の先頭に立って、民主主義万歳、万歳なんて言って、フランコ時代にやったことをまったく見落としているけど、とんでもない。そのアメリカの尻馬に乗っているから、日本では誰もこんなことを言うものがない。俺はアメリカというのは信用しないですからね。自分がおさまらなければ、自分が何もかもやったというのでなければ、アメリカはおさまらぬ国なんです。

最初に行ったときのことに戻りますが、大公の会が終わって、私を慰労するというので、車でマドリードからセビリア経由コルドバまで案内していただいた。大公と大公の二人の侍者、デーゲンフェルド伯爵と軍人のグラフトーン伯爵の四人の旅でした。コルドバで大公は「田中さんは宗教に興味があるから」と言って、かつてイスラムが支配していた頃のムーア人が作った大モスクへ連れていってくれました。イスラムのモスクだったのを、キリスト教徒が奪回して、今は両者が共存していますよと言われるんだ。中へ入ってみて驚いたなあ。何千人も入る大きなドームで、キリストの像を掲げたその教会の中に、イスラムの礼拝のための場所があるんですよ。大公いわく「これが人間の本源の姿ですよ。イスラムもキリスト教も、あらゆるものは共通点を見出し、共存していかなければならないんです」と。

これを見て俺はいかに自分らのスペイン観が薄っぺらだったかを思い知らされた気がしたな。確かにスペインは小部族を入れたら、どれだけあるか分かりません。アンダルシア、バレンシア、サンセバスチャン、ビルバオ、バスク……。五万、十万、二十万という小部族が点在しているが、なぜかその首長は年配の婦人が多い。バスク自治連邦なんかそうだ。いずれも独立を狙っている。しかも、いずれも日本人に対しては、非常にいい感じを抱いている。「我々はラテンじゃない。イスパニョールじゃない。モロキアン（蒙古人）であってアジアだから、日本とは親戚だ」って言われたこともありますよ。

マドリードは六月になると日中は気温が四十度を越えるほど暑くなるので、政府ごとサンセバスチャンに移ってしまう。しかし、夜になると急に冬が来たように冷え込む。グラナダのジプシーの家なんか、穴居生活です。貧しいからじゃなくて、このほうが昼は涼しいし、夜は暖かいんです。理に適っている。彼等ジプシーの夢は、男は闘牛士になること、女はフラメンコダンサーになることです。スペインのもう一つの特徴は、テロが多いことです。

——それはどうしてですか。

小部族が多いし、独立を狙っているからなんだ。全スペインに広がっている。パリが根城で、地中海側からも出入りするし。カリリョがかつて共産党政権を作って、その後潰されたとき、モスクワへは行かずにパリに行っています。スペイン共産党自体が親モスクワではなかった。今の国王のドン・フアン・カルロスさんは、フランコの晩年に、カリリョがパリから戻ってきてスペインに出入りするのを認めよとフランコに迫って、人気がグーンと高まった。カルロス国王は空挺部隊の二等兵から上がっていった人で、それぞれの階級で、歴年の軍人たちが皆、同期生ということで国民的人気が高い。

天皇陛下が皇太子時代にスペインへ行かれたとき、彼が軍用機を操縦して一緒に案内してくれた。親日家で有能な人物です。空手が五段、その御子息も空手をやっている。オットー大公の影響です。大公とは従兄弟同士なんです。本当はフランコはじぶんの娘婿を皇太子にしたかったのだが、国民の人気はカルロスさんのほうが比較にならないぐらいあった。軍人を二等兵からさせたことが、かえって逆の効果を生み、フランコでも動かせない勢力を作ってしまったのです。

バルセロナ・オリンピックではバスク独立運動などのテロが起きるのではないかと心配されましたが、平穏に終わりましたね。組織化されたテロを抑えるには、組織を動かさなくてですよ。治安当局があるから大丈夫だなんて、そんな簡単なことではないんですよ。官憲も結局はテロリスト組織の上層部と話をつけて、親分たちの罪を斟酌《しんしゃく》してやるとか、そういうことで言うことを聞かせるんです。結局はカルロス王家と独立運動組織との取り引きですよ。

——バルセロナ・オリンピックには、日本人観光客がどっと押し掛けました。中には例によって、買春ツアーなんてのもあったようです。

どんなに惚れてもジターノ、ジプシーの女には手を出さんことだ。大変なことになる。ジプシーはジプシー以外では結婚するなという掟がありますからね。ジプシーの女には決して手を出さんこと。もし手を出したら、出国する前に殺される。とくにその女に惚れている恋人や婚約者がいたら、まずやられるな。パリへ行っても、ローマへ行っても追いかけてくる。本人でなくても、こういう人相、風体の男だと目星をつけて、いく先々に情報が伝わっていく。

——オットー大公の別荘での様子を話してください。

だいたいヨーロッパ各国の王家をはじめ貴族たちは、スペインでひと夏を過ごすのだが、八月の末頃には必ずベニドームの大公の別荘に招待されて、打ち上げの会がある。別荘にはオリーブの林やスイミング・プールがあり、パエリヤというサフラン入りの炊き込み御飯が二日も三日もかけて作られ、上等のシェリー酒を楽しむのが習わしです。きまってジプシーが呼ばれ、フラメンコギターとダンサーの一流どころが呼ばれる。それから闘牛士の名手もね。僕もしばしばこの別荘に招かれたものだから、一九七二年五月、ベニドーム市の名誉市民に選ばれた。

——欧州の貴族との付き合いで印象に残ることは。

こんな事があった。大公が別荘にきていたイギリスの貴族を紹介してくれたんだ。彼等は皆スペインに自分の別荘かホテルの部屋を持っている。紹介されて、相手が「アー ユー ジャパニーズ?」って聞くから「イエス サー」と答えたら、それっきりだ。目も合わさない。もちろん口もきかない。取り付く島もない。イギリス人には多いんです。見事なもんだ。そういう経験もあります。

——自分のことも言わないんですか。

なーんにも。同じような経験はミュンヘンでもあった。これもイギリス人。インドやビルマやシンガポールで日本軍と戦った連中だなと思った。過去の不幸な戦争の体験者でしょうね。だから簡単じゃないぞってことですよ。こっちは気を許して付き合うつもりでも、彼等は違う。退席しないでおっただけいいということでしょうねえ。大公の紹介ですよ。中国人に対しても、日本人はよほど気を配って付き合わないとね。こういうことを日本の政治家は言いませんか。

——天皇訪中に対して、自民党の一部に根強い反対があったところなんかを見ていると、日本人の歴史健忘症はむしろ彼等とは逆のような気がします。

謝られたりしたら自分たちの立場がないというのと、陛下の影響力を強めたくないというのと、理由は二つでしょう。先帝陛下に対してもそうだった。頭の悪い軍人連中や、偉そうに威張っているだけの自民党政治家のような成り上がり者と、天皇陛下と比べられるか、思い上がるのもいい加減にしろと言いたい。

スペインではこういうこともありました。フランコ政権下でしたが、萩原徹君の系統で佐藤正二というスペイン駐在大使がいた。その大使がこの間、面白いことがありましたと教えてくれたんだ。ある日本の大新聞の記者が、パリからやってきて、真っ直ぐ大使館にくるなり「デモはいつ起こるんですか」と聞いたんだそうだ。どうしたと聞くと、この特派員曰く「もうすぐフランコ政権が潰れるので大デモが計画中と聞いた。そういう情報をフランスで入手してきた。本当のことを教えてくれ」。大使館に行くと分かるということで来たのだろうが、大使は「君、何を言うのかね。また引っかかったな」と笑ったそうだ。多いんですよ。これはスペイン共産党や社民党系の連中の日ゼニ稼ぎなんです。千ドル出すと現場まで案内する、五百ドルだと情報だけ。それで飯を食っている連中がパリにはごろごろいる。独裁国の一つの生き方でしょうね。せっぱつまれば、いろんな職業が生まれてきますよ。

まだありますよ。スペインではオットー大公に紹介されて、ジャック・ボーメルというフランス・レジスタンスの大親分にも会った。フランスの小生意気な連中にいわせると「あれはテロリストにすぎない」と言うが、「お前さんにあれだけのことができるか」って言ってやったことがある。前に話したセンター・オブ・ヨーロッピアン・ドキュメント・アンド・インフォメーションの大会のときだった。戦前、ナチスにやられて片目、片足がない。これと僕が話したと言ったら、欧州では皆、顔色を変えるわ。「どうしてあの男を知っているんだ」と言ってね。日本でいえば、山口組三代目の田岡さんにテロリストの要素が加わったような感じかな。とにかく会ったら気迫が迫ってくる男です。あんまりものは言わんが、言うことはピシッ、ピシッと胸を打ちますね。ナチスドイツは莫大な懸賞金を懸けて殺しにかかったけど、結局、殺せなかった。

——日本ではまったく知られていませんが。

欧州では知らん者はない。ナチに対する最大のレジスタンスをやった人物だ。ドイツ占領下のフランスで、ナチの軍隊が列車でトンネルに入ったところを見計らって、トンネルの前を爆破して立ち往生させ、列車が後ろへ下がろうとすると、今度はトンネルの後ろを爆破して、ナチスドイツ軍の兵隊を蒸し殺しにするなんてことをやってきた。何回もナチは手ひどい目に遭わされている。年は俺よりも若いね。

萩原大使から名前は聞いて知っていた。大使は、

「ボーメルは日本でいえばやくざ者だが、これ無くしてフランスはナチのくびきから脱却できなかった。ド＝ゴールはよく使った。国が滅びるかどうかという境目には、ああいう人物が必要とされるんだな。だからものごとは一面だけで見てはいけない」

と言っていたが、その当人だ。ボーメルの本拠はマルセイユ。モロッコにもリビアにもアルジェリアにも近く、これらの国の事情に実によく通じていた。フランスにはいろんな国の人種や亡命者が入り込んでいて、それらが複雑に絡み合っている。アルジェリアの解放戦線、

モロッコのテログループ、アラブのテロリストたちとの付き合い方を、どれが本物でどれがいんちきかを、だれがアメリカの手先で、モスクワのエージェントはこいつだということまで、彼は克明に僕に語ってくれました。

彼は会うと僕のことを「ムシュー　ジャポネ」と呼んでいました。その彼がこんなことも言っていましたよ。「ムシュー　ジャポネ、このフランスで売られていく娘っ子がどれくらいいるか知っているかい。年間、六千人はいるんだぜ」。もう十五年くらい前のことですが、そうした女性も今はもっと増えているんじゃないでしょうか。彼はいつもびっくりするほど綺麗な女性を連れていましたねえ。片目、片足が不自由ということもあるけど、やっぱりあれだけの男ですから、気前もいいだろうし、女性にも惚れられたんじゃないですか。この男を紹介してくれたのは、オットー大公ですぜ。欧州きっての名門・ハプスブルク家の当主だ。ですからヨーロッパというのは、本当に多面的です。日本のように一面的、単純じゃありません。

ヨーロッパについて、日本人が意外に見落としていることの一つは、欧州には王政をしている国が多いことです。イギリス、オランダ、ベルギー、ルクセンブルク、スウェーデン、ノルウェー、デンマーク、スペイン、リヒテンシュタイン、みな王様がいる。王政でないのはドイツ、フランス、イタリア、ポルトガル、ギリシャ、スイスぐらいじゃないか。西欧はみな共和制の国だと思っている人が多いが、現実はそうじゃない。自由経済ではありますがね。これにアラブを入れてごらんなさい。世界中にどれだけ王政の国が多いかが分かるから。

ソ連が崩壊した後、ロシアでは宗教に対する関心が高まっているというじゃありませんか。共産主義は「宗教はアヘンだ」ときめつけたけど、たかだか七十年そこそこのイデオロギーで人間の本性なんか変わりっこないんですよ。

あらゆる物質は核、つまりケルンがなければ結晶はしない。真珠がそうだ。あこや貝に小さな粒を入れるから、その周りに分泌が始まって、あんなに綺麗な真珠の玉ができる。それから子供の頃に食べたコンペイトウというお菓子がありますね。あれはただ砂糖を入れただけでは、固まりません。小さい芥子粒を入れるから、結晶ができるんです。人間だって同じ。哲学のある人、信念を持っている人とそうでない人とでは、大変な違いがある。民族だって同じです。天皇制や王政がなぜ何百年、何千年たっても人類社会で続いてきたかを考えれば、私はまさにそれではないかと思う。民族にはバックボーンが必要なんだ。日本でもごく一部の人間が、共和制にするために、天皇制を除外するというが、できはしませんよ。やったら大変な混乱が起こるし、日本は壊滅します。

私は「自分は自由を愛するロイヤリストだ」と言っているんです。「アブソリュート・ロイヤリスト」ではありませんよ（笑）。これが平和を保つには一番いい政治体制なんです。自由主義や民主主義が共産主義に取って代わられるという妄想は止めた方がよい。これは頭の悪い欧米の連中の考えだ。なぜなら現実はそうはならないじゃないか。国には中心となる核が必要なんだ。二千年たとうが三千年たとうがそうだということは、歴史を見れば分かるじゃありませんか。

社会主義だって、ロシア革命で帝政を打ち倒した後、それに代わる核として、独裁を持ち出した。ツァーもスターリンも、独裁という点ではまったく同じじゃないですか。今その二つとも消えて、ＣＩＳ（独立国家共同体）では民族を結晶させる核がなくなり、何が起きていますか。

もちろん生活の困窮ということもあるでしょう。しかし、生活が苦しいということだけなら、世界中にもっと苦しい国はいくらでもあります。日本の敗戦直後もそうだった。しかし、それだけではないのです。民族に誇りを持たせる何かが必要なのです。その核となるものがあったからこそ、日本は明治維新も一九四五年の敗戦も、乗り越えて今日の繁栄を築き上げることができた。ＣＩＳではこれからも混乱が続き、私は内乱が起きるのではないかと見ているんです。

傍若無人のアメリカ人たち

――ヨーロッパでの体験談で、印象に残ることを話してください。

フランクフルトに「ヘッセンシャーホーフ・ホテル」というのがある。プリンツ・フォン・ヘッセン（ヘッセン公爵）の屋敷を利用したホテルです。このホテルに「ジミー」という名前のバーがありましてね。ここは上層階級が利用するので有名なんだが、在独米軍の将校連中も来ている。

俺が入って行ったら、アメリカの奴が「ヘーイ、お前、チャイニーズか」って言うんだな。黙って知らん顔をしていた。「聞こえないのか」って言われても、こっちは知らん顔だ。「こいつは俺が話しかけているのに、わからねえのかっ」といきり立っている。そこへドイツ人の知り合いが入ってきて「やあ、田中さん、お久し振り」ってドイツ語で話しかけてきた。こっちもドイツ語で答えると、そのアメ公が「お前はなんで俺が話しかけても返事をしないで、ドイツ人にだけ返事をするんだ。聞こえねえのかっ」とまだ大きな声で怒鳴っている。あんまりしつこいから、そのドイツ人が立って行って、

「君は人が話しているのに、大きな声で邪魔をしてくる。何か恨みでもあるのか。ここは人々が仕事を終えて、疲れを癒す場所であり、意見を交換する場所だ。決闘の場所じゃない。そんなにやりたかったら、表へ出ろ」

そうしたら、その酔っ払いが「ドイツ人には恨みがある。俺たちの恩をすぐに忘れる」と俺のところまできて、「お前は俺が話すのに返事もしない。そうして今度は、そいつが立ち上がって「クイックリー　フォアゲット」と言いやがった。そうして今度は、そいつが立ち上がって「俺は英語は習ってない。ドイツ語専門だから、英語は分からん」ってドイツ語で言って、通訳してもらったら、そいつのいまいましげな顔ったらなかったねえ（笑）。

もう一度同じような経験がある。これはパリだった。定宿にしている「ジョルジュサンク・ホテル」でのこと。このホテルは三部屋続きのスイートで、秘書や馬丁の部屋まである。

昔は馬を繋いだ小屋が、今はガレージになっているというホテル。一泊二十万円ぐらいするが、これぐらいのホテルに泊まらないと、相手も馬鹿にしてかかるからね。ここのバーも欧州では有名で、ラドルフというフランスバーテンダー協会の会長がいる。僕と非常に仲が良い。

そこで、アメリカの田舎の退役軍人らしいのが夫婦で来ていて「ヘーイ、お前はベトナム人か」って聞くんだ。ベトナム戦争の最中の頃だった。このときも知らん顔をしていた。しかし、何度もしつこくて、こっちも頭へ来たから「俺はジャパニーズだ。ベトナムとは親戚のようなもんだ」って、このときは英語で答えたら、そいつは「ヘーイ、ジャップか」と。それでこっちは「ヤンキー、黙れっ、ヤンキーのくせに一人前の口をきくなっ」。そいつがいきり立ってねえ。やっちまおうかと思った、本当に。そうしたらラドルフがきて、アメ公に言った。

「このバーのチーフの権限をもって、お前に退却を求める。飲んだ代金はいらない。お前は知らないだろうが、この人はムッシュー田中という日本人で空手の先生だ。自分は空手の演武会を隣のレストランでやったのを見たが、君なんかとてもかなわないから、惨めな目に遭う前に出ていけ」

奥さんが必死で引っ張っていった。アメリカ人というのは、そういうところがあるんです。やっかみと、自分達は偉いんだという、傲慢さと。先程のドイツでのことにしても、ドイツはすぐに恩を忘れるという、あの恩着せがましさだな。恩恵を与えたんだから、報酬を受けとるのは当たり前だという発想が、浸透している。

――ドイツにおけるアメリカの立場というのは、どういう感じですか。

非常に神経質だった。ドイツ人に対してね。ことあれば反ドイツでやりたいのだろうが、できない。やったらヨーロッパからアメリカは放り出される。だからせいぜい日本に威張りたいところだな。ミュンヘンにホッホー・ブロイハウスという、二万人ぐらい入る大きなビアホールがある。かつてナチスが発会式をやって有名になったところだ。ここには入り口に「アメリカ人、とりわけGIは入るべからず」と書いてある。米軍のほうが張っているんだ。入るとぶん殴られてしまう、喧嘩になってね。こんなでっかいビアジョッキで頭を殴られたら、ぶっ倒れて病院騒ぎだ。

――欧州における日本人はいかがですか。

パリで日本人のグループを何度怒鳴りつけたことか。うるせえから。レストランなんかで酔っ払って大声を上げている。うるさくて話もできないんです。「他にもお客はいるんだぞっ。そんなに騒ぎたければ外へ行ってやれっ」って言うと、黙ってしまう。もう本当に田舎者という感じですね。日本人ていうのは。

――ところで、お酒はあまり召し上がらないそうですね。

ガンの手術で胃を切ってからはとくにね。医者から禁じられた。もともと甘党なんです。日本酒はにおいが嫌でしたね。でもヨーロッパへ行くようになってから、ワインの味を覚えて、ドイツワインを少したしなむようになりました。もっぱら白です。

この伊豆の家を建てるとき、地下を掘ってワインセラー（貯蔵庫）を作りましたが、ここは非常に岩盤が堅くて、パワーショベルの歯が折れて、土建屋さんがびっくりしたこともありました。

そこへ樽買いしたワインを、瓶に詰め換えてねかせておき、お客さんがきたときにお出しするんです。オーストリアのメッテルニヒが失脚した後、彼がハプスブルク家からお城と農地を譲り受けて隠棲した、そのお城専属の醸造屋で作ったワインです。二百七十年続いてきた本物中の本物。主人はエサーという長年の僕の友人です。オットー大公も行けば必ず立ち寄られる。小さな造り酒屋で、決して大きくしないんだ。値段も決して高くない。もうとっくに減価償却が終わっているから、値段を高くする必要もないし、あまり高くしたら組合から放逐されてしまう。このエサーの親父さんが亡くなったときの墓碑銘がいい。

「葡萄の中に生まれ、葡萄とともに育ち、葡萄の彼方へ去って行く　カスパー・エサー」

人生そのものではありませんか。これがヨーロッパです。

――イタリアの話がありませんが。

スペインが馬泥棒の本場で、テロリストの本場だったら、イタリアはマフィアの本場で、詐欺師の本店だな（笑）。モンペルラン・ソサイエティー創設者の一人、ブルーノ・レオーニ教授のサルジニアにある別荘の隣が、イタリア共産党のベルリンゲル書記長の屋敷だった。彼の家は伯爵ですよ。贅沢な人間でねえ。ベルリンゲルが出てきたのは、イタリア共産党が絶頂期を過ぎて、没落過程に入ってからだが、彼はユーロ・コミュニズムを通した方がいいときには、それを唱え、モスクワを向いた方がいいときには、そっちで通すといった、融通《ゆうずう》無礙《むげ》な男だった。

イタリアへ行ったとき、ベルリンゲルに会わないかという話もあったが、もう先が見えているのに、意味がないと断った。大体、私はコミュニズムに反対というより、もうその時は、西欧文明そのものに批判的になっていましたから。イタリアという国は、ユーロ・コミュニズムが流行りだなんていうと、日本人以上にワーッといきますからね。なんせあのムッソリーニの国だから。それでいつの間にか、水が引くように引いていく。

このレオーニ教授に会いにミラノへ鉄道で行ったことがありました。飛行機の路線が廃止になって、それしか方法がなかったんです。列車がミラノの駅へ遅れて着いたためすでに夜になっており、教授とはお会いできなかった。それで駅前からタクシーに乗って「グランドホテルへ行ってくれ」と言ったら、運転手が「ヘイ、ヘイ」と返事して走り出した。ミラノ市内を三十分ぐらい走っただろうか。ホテルへ着いたというので、金を払って、とにかくチェックインをした。それで翌朝、目を覚まして、窓から外をのぞいて見たら、なんと駅の真ん前（笑）。

その日の晩餐にレオーニ教授に呼ばれて行ったら、教授は「昨夜はどうでしたか」と聞くから「便利で結構なホテルです。なにしろミラノ中が見物できました」とこっちはお答えした（笑）。教授の秘書が「セニョール、あなたは遠い日本からきたんで、タクシーの運転手が気をきかせて、市内を案内してくれたんでしょう」などと、慰めともつかぬことを言っていましたよ。これがイタリアのミラノへ着いた最初の晩の体験です。レオーニ教授はイタリアが驚異的な経済成長を遂げたときの大統領の秘書もつとめた方でしたが、残念なことに暗殺されてしまった。イタリアのエネルギー界で民族派と言われたエンリコ・マッティにも大きな影響を与えた人でした。

鄧小平は共産主義を超えた

――戦後初めて五十年ぶりに訪中した後、田中さんは毎日新聞で「残る人生を中国にかける」と語っていましたが、最近の中国をどう思いますか。

非常に素晴らしい。この十三年間で六回、中国へ行きました。いずれも鄧小平さんの招待です。国家としての統一を壊さずに、絶妙のバランスを取りながら十二億人の生活向上をやってのける。これはもう名人芸といってよいでしょう。

私が五十年ぶりで戦後最初に中国に行ったのは一九八〇年のことだが、鄧小平さんが始めた自留地にしても、初めてのときは腰掛け一つで、路傍で爺さん婆さんや孫娘が野菜を売っているという程度だった。ところがまたたく間に小屋掛けになり、バラックになり、本建築になりといった具合に、わずか五、六年で、政府の公設市場をあらゆる点でしのぐ大市場になってきた。人民公社を廃止したしね。

ロシアはいまだにコルホーズ、ソホーズを廃止できないでいる。一番の違いはそこで、現実に国民を食わせているかどうかです。ゴルバチョフは中国へ行き、自留地制度を取り入れてやろうとしたが、やり切れず中途半端に終わった。ペレストロイカなどの思想が先行してしまったからです。中国は農民に土地を持たせ、金を持たせた。土地は永久貸与ですが、実際は土地の私的所有を認めたのと同じことですよ。それによって流通と生産を一体化させ、少しでも安くていい物を国民に与えることに成功したんです。土地改革や自由農業、自由市場をやって、農民や都市の一般市民を握ったということです。

鄧小平さんはさらに百万人規模の軍縮をやったが、騒動一つ起きなかった。これは大変なことですよ。戦前の日本を考えてごらんなさい。軍縮どころか、軍事予算のちょっとした削減を口にしただけで、総理大臣や大蔵大臣がいとも簡単に殺されたんですから。浜口雄幸、原敬、高橋是清、斎藤実ら歴代の首相、それに井上準之助蔵相など、みなそれで暗殺されてしまった。軍人が軍備削減というものに対して示す反発、反動というものは、古来変わるものではありません。それが不平一つでなかった。現実に食べさせ、国民を満足させている者の強さですね。

よく鄧小平の中国は最後の共産主義だなんていうが、歴史的な現実に立脚しているということで、イデオロギーなんかとっくに乗り越えている。社会主義を崩せるような要素をちゃんと織り込みながら、時間をかけて徐々に変えようとしている。急速にやったら失敗しますよ。鄧小平さんはしかもアメリカ流の市場経済がどうの、自由経済がどうのなんて、ひとことも言わない。にもかかわらず、極めて自立している。中国が政治的にまとまって、社会的、経済的に安定して発展することが、これからの日本にとっても絶対条件だ。それを外務省なんかは、アメリカ、アメリカなんてアメ公だけでやっていけると思っている。とんでもないことですよ。

――イデオロギーの違いではないと。

ない。イデオロギーにとらわれていたら、ああいう事はできない。イデオロギーなんか乗り越えて、実在そのもの、歴史そのものに乗っかっている。俺が日本の指導者だったら、全力を挙げて鄧小平を引き取るな。彼は並の政治家ではないよ。

――ところで、なぜ鄧小平さんなのですか。

話は六十年も昔にさかのぼる。当時私はアジアの解放を信じて一九二七（昭和二）年、日本共産党に入党して革命運動に飛び込んだが、その頃、中国共産党は私たちの先生だった。三〇年五月、私は日本共産党の代表として、和歌山県二里ヶ浜での日本共産党再建大会の報告書を届けるため、バイオリニストに身をやつし、コミンテルン極東ビューローのある上海に渡った。周恩来さんがコミンテルン極東部長、アジア局長がフィンランド共産党の創立者クーシネン、後にスターリンに殺されるヤンソンも、コミンテルン極東担当としてウラジオストックや上海で極秘活動をしていた。

今の人には想像もつかんだろうが、当時は中国で共産党員と分かればただちに銃殺ですよ。中共中央委員に羅亦農《ロウイヌン》(1)という人が上海の中共党組織にいて、二七年に蔣介石軍につかまり両目をくりぬかれる拷問を受けた。しかし何も自白せず、黙って銃殺された。そんな人がたくさんいた。八〇年に訪中したとき、人民大会堂で一時間半にわたって鄧小平さんと会談したのだが、彼があまりにも当時のコミンテルン最高幹部の動向や、日本共産党内部のことなどをよく知っているので、「あんた、あの時どこにいたんだ」って聞いたら、「俺は一九二九年以来、党中央の秘書長をやっていた。周恩来同志の主任セクレタリーだった」

って言うんです。彼は十五歳でパリに留学して、入党したのが十七歳のときだって言っていました。そのころからの周さんの秘書なんです。だから、パリでも鄧小平さんは人気が高いですよ。北京へ行ったときは御土産にヘネシーの一番上等なのを持っていって「どうだ。パリ時代を思い出すだろう」って言ったら、喜んでねえ。

——鄧小平さんとはどんな話をされたのですか。

いろいろな話をしました。同じ田中姓なので、田中角栄さんと俺とは親戚かと聞くから「違う。越後と会津じゃ山を越えている。あっちは百姓だが、こっちは侍だ」(笑) そう言ったら「そうか、士大夫《したいふ》だな」って笑っていました。それから黄世明さん(現中日友好協会副会長)という神戸生まれの秘書が通訳をしてくれましたが、ものすごく日本語がうまい。僕が、

「私の日本語は中国で言えばウイグルの農民が北京にきて、北京官話を操るようなもので、訛《なまり》がひどく、とても聞き取れるものではありません。しかし、黄さんは本当の日本語で、大

変な名人です」

と言ったら、鄧小平さんがからからと笑い出して「俺と同じだな」って（笑）。彼も四川訛がひどいんだ。このときの話では、鄧小平さんの先祖は河南省で地方豪族だったが、その後一家を挙げて四川省に移られた客家《ハッカ》(2)なのだと言っておられた。そのときの会談でまず鄧小平さんが言ったことは、つぎのようなことでした。

「わが国は驚くほど広大だし、驚くほど貧乏だ。現在進めている四つの近代化は、絶対にやり抜かなければならない。それには平和が必要だし、この平和は最低でも十五年は続けさせなければならない。だからといって我々を軽く見て、理不尽なことを押し付けてくるものに対しては、断固としてこれを排除する」

このように中国の基本的立場を説明した鄧小平さんは、続けてこうも言った。

「覇権主義で我々を支配しようとするならば、自国のためにも、また太平洋諸領域のためにも、我々は敢然として立つ。なにしろ我が国は、世界で初めて虎の尾の上に腰をかけた国だ。ソ連という国は、デタントなどと大騒ぎをしては、池の水を掻き回して濁らせ、水が澄んできれいになった頃には、池の魚は取り尽くされて一匹もいないというようなことをやる国だ」

私に言わせれば、この鄧小平さんの一点の曇りもない対ソ認識は、ソ連が崩壊してロシアになった今も、寸分違わず生きている。なぜなら中国のこうした対ソ認識は、戦前、まだ中華人民共和国が成立する以前からの民族的な体験に基づくものであり、一九六〇年代に起きた中ソ対立よりもはるか以前からの問題だからです。中国が国共合作で抗日戦争を戦っていた頃、スターリンは国民党の蔣介石には、いくらでも武器援助をしたが、中国共産党にはどんなに「援助してくれ」と頼まれても、与えなかった。鄧小平さんは「スターリンは、中国では共産党よりも蔣介石の政権が成立するだろうと見ていたのです」と、ズバリ言われた。

このあと何回目かの訪中の時に、中国各地を案内して一緒に回ってくれた人に、中日友好協会の李福徳さんという方がおりました。日本語が非常に上手で、周恩来さんの秘書もやったことがあるとかで、こんな面白いエピソードを教えてくれました。長江の川下りを楽しんだときの船の中で聞いたのです。

周恩来さんがある会議に出るため、中ソ決裂後のモスクワを訪れたときのこと。当時のソ連共産党第一書記はフルシチョフだったが、レセプションの席上、各国共産党幹部に周恩来さんを紹介したフルシチョフは、続けてこう言ったというのです。

「彼も私も現在はコミュニストだが、根本的な違いが一つだけある。私は労働者の息子でプロレタリアートだが、彼は大地主の家に育った貴族である」

フルシチョフという人物は、だいたい国連総会での演説の最中に、靴を脱いでそのかかとで演壇を叩いて、米国への抗議と怒りを表すような傍若無人の男だから、満座の中で周恩来さんに恥をかかせ、自らの優位さを思い知らそうとしたのでしょう。しかし、その直後、顔色ひとつ変えずに立ち上がり、壇上に立った周恩来さんは、こう言ったそうだ。

「お話のように、確かに私は大地主の出身で、かつては貴族でした。彼のように労働者階級の出身ではありません。しかし、彼と私には一つだけ共通点があります。それはフルシチョフ氏も私も、自分の出身階級を裏切ったということであります」

満場、息を飲んで声もなかったそうです。

――重慶まで足を延ばされたのはこの時ですか。

そうです。李福徳さんに重慶を案内してもらって、紅岩を訪れた。紅岩というのは長江の船を上がって二キロほど高台にある場所のことですが、その辺りにはかつて中国国民党本部、中国共産党の代表部、ソ連大使館などが建ち並んでいたところです。私が日本でまだ獄中にいた頃ですが、ここには蔣介石や周恩来、それにルーズベルトも飛んで来て、抗日戦争の相談をしたところとして有名な場所ですよ。中共弁事処のあった建物も見せてもらいましたが、面白いのは周恩来さんの部屋はもちろんだが、賀竜と葉挺という二人の将軍の部屋もきちんと保存されていたことです。賀竜将軍というのはあの異常な文革のさなかに、江青ら[3]四人組によって批判され追放された。それをきちんと名誉を回復して、ゆかりの部屋を保存していたというわけです。この二人の将軍はともに馬賊の出身ですが、抗日戦争の頃に、日本軍を相手に戦って、さんざんに日本軍を悩ませた歴戦の勇士でした。

この訪中の時にはまだ江青が生きていました。しかし、李福徳さんは「江青は死刑にしても飽きたらぬ人間だが、我々は彼女を殺さずに、あくまでも彼女の転向を待つという方針で臨むことにした」と説明してくれました。将軍達の名誉回復といい、国家的政治犯でも殺さずに、息長くその転向を待つ姿勢といい、中国人の立派さを見せられた感じがしたものです。

――何回目かのときには、奥さん連れで行かれましたね。

あれはね。こんないきさつがあったんです。一九八〇年に最初の訪中があり、二度目のときだった。鄧小平さんと話して別れる際、僕はこんな挨拶をした。

「あなたが健康でおられるというだけでアジアは解放され、中国の復興も実現するのだから、元気で長生きをしてほしい。日本では私があんたのところへ行くというので、テレビも逐一情報を流し大騒ぎをしている。それは尖閣諸島についてあなたがどういう発言をするか、日本中が注目していたからだ。鉢巻きをした右翼たちが尖閣諸島に強行上陸するといって騒ぎ、あなたがそれを武力で阻止するかどうか、日本中が固唾《かたず》を飲んで見守っていた。ところがあなたは実にいい回答をされた。「力ずくで取ったり取られたり、また血を流すこともなしに、お互いが話し合い、三年で解決しないものは五年、五年で解決しないものは十年、十年で解決しないものは百年だ。後にやるほどみんないい知恵を出すだろう」と言われた。その言葉に日本人の多くは感銘を受け、奥さん連中はいつもテレビを見ているし、うちの婆さんもいたくそのことに感銘して、僕が中国で鄧小平さんに会うと言ったら、今まで何べん外国へ行ったって空港へなど見送りにきたことはないのに、今回だけは成田まで付いてきて「鄧小平さんによろしく」と言った」

そう言ったら、彼は「ハハハーッ」と笑って「あんたは奥さんをあまり大事にしないそうだな」って（笑）。それで「来年来る時は、是非奥さんと一緒にきてほしい。私たち夫婦がご案内する」と言われた。そんないきさつがあって、うちの家内も鄧小平さんの招待ということで行ったんです。これ、異例のことですよ。

――昭和天皇との会見の話が出たのは、八〇年の訪中のときですか。

うん。あれは聞いていてこっちも体が震えたよ。私はその前に、当時の入江侍従長から、鄧小平さんとのご会見のとき、真っ先に天皇陛下の方から、

「わが国はお国に対し数々の不都合なことをして迷惑をおかけし、心から遺憾に思います。ひとえに私の責任です。こうしたことは再びあってはならないが、過去のことは過去のこととして、これからの親交を続けていきましょう」

と言われたと聞いていたので、そのことを尋ねたんです。答えは「その通りだ」ということだった。鄧小平さんは陛下のこのご発言を聞いて「電気にかけられたようだった」と表現していました。ややあって鄧小平さんは「お言葉の通り中日の親交に尽くしていきたいと思います」と答えられたそうです。

――あの時、外務省の準備した資料には、昭和天皇のそういう発言は用意されていなかったし、陛下がそう発言されたことも、最初、宮内庁や外務省は公表しようとはしませんでした。

そこが問題なんだ。外務省や宮内庁は、いらんことはやらなきゃいいんだ。「数々の迷惑」と陛下は言われたが、実際に迷惑をかけたのは軍人と官僚と事業家、それにこれを担いだ一部のジャーナリズムじゃないか。彼等は軍部とくに陸軍と結託し、アジアへの侵略戦争をやった旧悪を暴露されるとの恐れを、いまだに強く抱いている。それでことごとくの武力行動

を先帝陛下のご発意だったことにして、自分たちの政権はもちろん、一切の特権を掌握し続けようとあがいているのが、今日の日本の政治の姿ですよ。それが陛下に自由な発言をさせない大きなブレーキになっているんじゃないですか。訪中に反対した連中も同じだ。これは日本にとって大変なマイナスですし、陛下をないがしろにすることと同じだ。ちょうど二・二六や敗戦のときの反乱軍とまったく同じで、これが怖い。いつ復活するか分からない。前に日本に軍国主義が復活すると言ったのは、こういうことをさしているんです。

そもそも毛沢東の意向を抑えるだけの力を持っていたのは周恩来ですよ。周恩来は最初は日本に留学したのだが、日本に失望してその後フランスに留学した。しかし、最後まで親日的な態度を崩さなかった。蔣介石だってもともとは孫文の弟子ですから、ほんらいは親日なんですよ。彼のその本質を読み切れずに、抗日戦争を主張した毛沢東の方に追いやり、みすみす敵に回してしまったのが日本の軍部という阿呆どもです。その軍部の言いなりになって近衛首相は「蔣介石を相手にせず」などと言ったのですからねえ。

日本の秀才というのはこの程度で、まったく底抜けの阿呆だ。ほんらい味方にするものを敵にしてしまうんだから。そこまで呵責ない批判を加えないと、こいつらは目を覚まさない。その亜流どもはまた何度でも同じことをやろうとする。

——従軍慰安婦の問題でも、一部には国の恥をわざわざさらす必要はないという声もありますが。

自分らにまず目がいくんです。自分らがみんな関与しているでしょう。慰安婦も。政府決定ですからね。軍命令であり、政府決定だ。それを知らん顔して押し通すつもりだったんですよ。自分たちの立場がなくなるもんだから、官僚がともに隠し合い、傷をなめ合ってごまかしている。このごまかしをはっきりしない間は、アジアは日本を疑うし、俺も疑う。「いつ軍国主義に戻るんだ。戻ったら同じことを、もっとひどくやるぞ」とね。仮に自分の娘や細君が、よその国によって力ずくで、工場で働かせるのだと行って動員され、それが実際は売春婦であったとしたら、どう思うか。文句を言わないか。同じことじゃないか。この日本人の悪さ加減が問題なんだ。これが日本の指導階級、中流階級の連中の考えだ。驚くほど欠点だらけの民族だねえ。よくまあ、神国だの神兵だのって、うぬぼれたもんですよ。

先帝陛下がおられたからこそ、戦後の日本は軍国主義に戻らないでやってこられたんだ。そのご遺志を継いでいらっしゃるのが、天皇皇后両陛下です。中には昭和天皇はよかったけど、今の陛下はどうかというようなことを言う奴がいる。とんでもないことだ。先帝陛下の残されたご遺志を立派にお受け継ぎになられて、世界の今日の事態に対する対応も、ものの見事にやっていらっしゃるのは、今の陛下ですよ。ご覧なさい。両陛下が訪中されたことで日中関係は全面的に固まったじゃないですか。

（1）羅亦農（一九〇一～一九二八）　中国湖南省生れ。モスクワの東洋勤労者共産主義大学卒。二一年、中国共産党に入党。二五年帰国し、周恩来らとともに上海で武装蜂起を指導。密告により逮捕され、国民党に処刑される。

（2）客家（ハッカ）　中国の広東、福建、湖南、江西各省に住む漢民族の一種で、客家とは「他郷から来た移住者」の意味。総数約千五百万人。独立心に富み団結力が強い。生活の中心は農業だが、女性が屋外の重労働に従事するのが特徴で、男性は海外の鉱山で働く者も多い。

(3) 江青（一九一四〜九一）毛沢東夫人。山東省出身。三〇年代の上海演劇界で「藍蘋」の芸名で女優として活躍。三九年毛沢東と結婚。文革を機に権力を握り、四人組の中心人物として「実権派」を弾圧したが、七六年失脚。反革命罪で死刑判決を受けた。その後、無期懲役に減刑。死因が自宅での自殺だったことから、八四年五月以降、病気治療のため保釈されていたことが分かった。

アジア連盟構想とは何か

――「そもそも天皇陛下の訪中を中国側に持ちかけたのは田中清玄さんだった」と中日友好協会の孫平化会長が、一九九二年秋のインタビューで明かしていますが、いきさつを。

八〇年に訪中した時のことです。鄧小平さんとの会談の席上、私の方から申し上げた。陛下はもちろんその時は皇太子でしたから、皇太子殿下の訪中ということです。鄧小平さんは「是非やりましょう」と即答されました。そればかりではありません。鄧小平さんは昭和天皇のご訪中も歓迎いたしますとさえおっしゃったんですよ。私がそのときに天皇陛下のご訪中の前に、まず皇太子殿下に行っていただこうと思ったのは、いきなり陛下のご訪中といっても、自民党は反対しますからね。なんといっても、それには時間がかかる。

いきなり陛下のご訪中などと言い出して、日中関係がおかしくなったら、そんなもの永久に駄目になりますよ。いわば将来、陛下がお出でになられるときの道開きだと考えた。皇太子さんがお出でになって、非常に歓迎されたら、陛下がいらっしゃってもいいじゃないかと、自民党や右翼の連中に言わせるための布石でもあったんです。昭和天皇が平和主義者であられたことは、中国側にも十分伝わっておりました。何もルートは外務省だけではありませんからね。

——先の天皇訪中を巡っては、自民党の一部などに、新たな謝罪を天皇に求めることだという根強い反対論がありました。

それが日本をアジア各地で誤解させ、疑わせている根本原因なんだ。「日本はいつ軍国主義になるか分からない。東南アジアの人々が抱いている気持ちを、天皇陛下にだれも言わないじゃないか」と。鄧小平さんに、昭和天皇の方から謝られたでしょう。あれがよかったんです。

ある新聞を使って、ご訪中に反対する右翼どもが一ページの全面広告を出しましたね。俺の所になんか最初から来やしません。というのは頭からどやしつけられるから。「君らもう一回、中国と戦争をやろうと言うのか」ってね。今回、新聞広告に名を連ねたような連中に引っ張り出されて、これまで何回論争したことか。黛《まゆずみ》敏郎[1]なんかの会合に呼ばれて、俺一人ですよ、反対したのは。黛がとうとう陛下のご訪中反対論を展開したから、俺は立ち上

がって、

「今の黛君の意見には根底から反対だ。中国はそんなもんじゃない。さんざん失敗しておいてまだ目が覚めんのか。もっとよく目を見開いて、歴史と現実を見ろ」

と言ってやったこともありました。

天皇訪中に反対した連中の中には、中国にはテロの危険があるといった者もおりましたが、私はそんなことは絶対にないと申しあげたんです。国内の一部に反日的な勢力があるのは事実ですよ。でも中国政府当局がそういう連中を説得できる力があるかどうかが重要なんです。組織化されたテロを抑えるには、組織を動かすしか手立てはありません。テロ組織を掌握しているのはもちろん治安当局ですから、治安当局とテロ集団のボスとの間で話をつけるのです。具体的なことは差し障りがあるから言えませんが、刑期を軽くしてやるとか、獄中にある者を釈放してやるとか、いろいろな方法があるのです。

いま中国からたくさんの人々が仕事を求めて、日本にやってきていますね。中には非合法的に入ってくる者もいる。日本に行けばたとえ刑務所に入ったって良くしてくれると、体験上知っているからなんです。それが大事なんだ。それを官僚が言うように取締りという観点だけでやって、彼等には益するところが何もないとなったら、彼等はいっぺんに反日に変わってしまいますよ。

――五十年ぶりの訪中で印象深かったのは何ですか。

面白かったのは、代々木（日本共産党）が、その当時まで「児玉と組んで田中清玄は中国を荒らし回っていた」なんて俺のことをさんざんデタラメな悪口を言っていたこと。反論しろって言ってきた者もいたけど、「ほっとけ、今に恥かくから」って放っておいた。中国の幹部と話していたら、日共と関係を改善しても何のメリットもないと、はっきり言うんだよ。それからなぜ野坂参三が偉くなったのか分からないって、首をひねっていた。とにかく「田中清玄が訪中して鄧小平氏と一時間半会談した」と中国側が発表したんだから、これが中国と私との関係の何よりの証明になった。

北京空港に着いたら、「紅旗」という中国政府差し回しの大きな車と、「上海」という車の二台が迎えにきていた。五十年前、上海に着いたときには、迎えがくるまでじっとしていろというので、夜になるまで船長室などに潜んでいたことを思い出し、感慨無量だったなあ。

――五十年前の上海でのことを、もう少し詳しく話して下さい。

その当時、日本から上海へ渡るには、長崎から出ていた長崎丸や上海丸などの連絡船に乗るのが普通でした。上海の共同租界の埠頭に船が着くのですが、日本からの渡航にはパスポートもビザも必要はありませんでした。もっとも我々のような非合法活動に携わっている人間にとっては、命懸けの渡航です。なぜなら共同租界には日本の特高警察と、租界の治安組織である工部局が一緒になって、一人ひとり写真と照らし合わせながら、共産党員が上陸しないか見張っているんです。

実は私が行く四年前の山形県・五色温泉での再建大会の報告に、上海に向かった中野文夫という派遣員が、中国人に変装して共同租界に上がったまではよかったんだが、工部局の中国人刑事に怪しまれ捕まってしまった。特高警察に身柄を移された中野は、党員名簿を押収されてしまったうえ、厳しい取り調べに耐えかねて、再建大会での討議内容を喋ってしまったんです。

このため共同租界は危険だから使うなという指令が、オムスから出ていました。そんなわけで、私は慎重の上にも慎重を期し、上陸地点は共同租界を使わずに、日本の警察が立ち入ることのできないフランス租界を選んだんです。夜になって仮泊地点の楊樹浦《ヤンシュプ》に船は着くのだが、「すぐに降りてはいけない。船長室で待っていろ」と船長に言われた。この船長というのはオムスの連絡員でした。

それで夜になって、文字通り夜陰に乗じて上陸したのです。わずか一週間ぐらいの滞在でしたが、上海市内をあちこち動き回ることは厳禁でした。最初の宿はオムスが準備した江蘇客桟《ジャンスーカチャン》だったが、すぐにここも出て、アジトを転々としていました。まえにバイオリニストに身をやつしてと申しましたが、実はそのために、私は人から借りた物ですが、名器で知られるストラディバリのバイオリンを持って行ったのです。ところがこんなものを手にしているものですから、邪魔になるし、第一、目立ってしようがない。それでこのストラディバリを中国側に預けてしまった。後で帰ってから、この人にずいぶん恨まれましたよ。戦後、私が事業をやるようになり、経済的にもゆとりができた頃、この人の家屋を修理してあげましたよ。そんなぐらいじゃとても足りないって言われましたが（笑）。

——鄧小平さんとの会見は、日本大使館はまったくノータッチだったようですね。

その通り。こちらは外務省のお世話になどは一切ならない主義ですから。日本から行っている新聞記者の連中が、手分けをして北京中のホテルに電話をかけまくり、捜し回ったようですね。北京のホテルにいたら、新聞記者がつぎつぎやってきましたよ。まず読売の記者がきた。「鄧小平さんに会ったそうですね」って聞くから「知らねえな」ってとぼけたら「いまテレビでやってました」って（笑）。話を聞かせろって言うから「読売はさんざん人のことを悪口書きやがって、そんな三等新聞に話すことなんか何もない」って言ってやった。

その次にきたのが朝日の船橋（洋一）君だ。まんざら知らん仲でもない。彼は読売と違って知恵もある。いきなり「鄧小平さん宛ての大平首相の親書を持ってこられましたね」と切り出した。「俺がたかが大平のメッセンジャーボーイをやってたまるかい」「ではどういう目的で来たのですか」「やがて分かる」「大平さんの紹介も、申し送りもない人がどういう資格で鄧小平さんにお会いしたんですか」「俺か、俺は日本だ。日本が会うのに何が文句あるか」とまあ、こんなやり取りだった。

今になって船橋君には気の毒だったと思うけど、実はある目的があったんです。これは今初めて話します。もちろん中国をこの目で見て、中国要人と意見を交わすのも目的の一つでしたが、もう一つは、アジア連盟をつくろうと思った。日本、中国、インドネシアの三国が中心となってね。アメリカに対抗するにも、またヨーロッパに対抗するにも、それは必要だというのが腹中にあったんで、訪中前にスハルト大統領に会ったんです。

――大統領は何と言われたんですか。

「鄧小平さんに会うんだが、何か注文はありますか」「ある。しかし、田中さんはどういう考えで行くんだ」「アジア連盟を作ってもらいたいと思う。それには中国とインドネシア、それに日本が一緒にならなければできない。だからインドネシアが中国を承認してくれ」というやりとりだった。その時、スハルトさんから条件がつきましてね。「中国政府は共産党がやったことについて、責任がないと言って逃れようとするけれど、これは言い逃れだ。党と政府とは分離できない。党の責任は政府の責任だ」と言うんだ。

——もう少し詳しく話して下さい。

スカルノ政権時代に、インドネシア共産党議長のアイジットが勢力をのばし、スカルノは容共的な政策に強く傾いていた。中国の拡張策にはインドネシアの民族派も軍も手を焼いていたんです。(八〇年六月三日付のスハルト・田中清玄会談の記録を示して)ここに書いてあるように、

「中国が共産国家であろうとなかろうと関係なく、国家間の友好付き合いをしたい。ただし、他国、隣国を尊重し、内政不干渉、相互互恵を守ること。また非共産国家を共産化するような言動、またはそういう団体に援助を与えないでほしい」

というのが、インドネシア側の条件でした。

そこで私がスハルト大統領に念を押して確かめたことは「鄧小平さんが大統領のこの申し入れを受け入れ実行されたならば、インドネシア政府は、途絶えていた中国との外交関係を回復されますか」ということだった。スハルト大統領は、

「中国が約束通りに東南アジア諸国の共産党活動から手を引き、友好関係の増進に力を尽くすならば、もちろんインドネシアは中国政府と国交を回復し、そのために必要なら平和条約も結ぶ用意がある」

と明確に言われた。そのためにどれぐらいの時間が必要かと問う私に対し、大統領は「インドネシア国民、とくに軍部の対中共感情の緩和などを考慮するなら、十年後になるだろう」と明言されました。僕がこの話をするために大統領に会ったのは、このメモにあるように、一九八〇年六月三日午後七時半から九時十五分まで、スハルト大統領の私邸でのことでした。

――中国側の反響はどんなものだったのですか。

鄧小平さんにありのままを報告しました。鄧小平さんは深くうなずいておられて、それで「よろしい」とひとこと言われた。さて、一九九〇年、ちょうど十年目に、スハルト大統領自ら北京に赴かれて、ピシッと国交を回復した。えらいものだねえ。

――アジア連盟構想というのは、具体的にはどのようなことをイメージされていたのですか。

そこまではまだいっていなかった。ただ、一般論としてアジアはアジアでやらなければだめだと。ヨーロッパの連中はECを政治連合まで進めると当時から見ていましたから。事実そうなったでしょう。

アジアとアメリカ、アメリカと欧州、欧州とアジアというように、結局、世界はトライアングルになるんじゃないですか。この話は三人とリー・クアンユーさんが知っている。スハルトさんとリー・クアンユーさんとは一体だから。スハルトという人は考えていることが、自国のことだけじゃないんだ、アジア全体です。だからインドネシア大統領に就任して直ぐにＡＳＥＡＮ（東南アジア諸国連合）を作った。今度、カンボジア問題が解決に向かうことになったのも、ＡＳＥＡＮがあったからですよ。

三年前の十一月に北京からの帰路、スハルト大統領は日本に立ち寄られ、我々に中国との国交を回復された事実をお伝えになった。私も会食に招かれましたが、その席上、大統領は、「田中さん、あなたはもう中国を承認したことを知っているから、多くは言わない。やったよ、ご苦労さま。アジア連盟はこれからだ。一緒にやろう」と言われましたよ。インドネシアが参加していなければ、イスラム諸国は動かない。アジアにおいてもイスラムというのを忘れないことが肝要ですよ。

（１）黛敏郎（一九二九〜九七）作曲家。横浜市生れ。東京芸大卒。五一年パリ国立音楽院に留学。帰国後、団伊玖磨、芥川也寸志と「三人の会」を結成。「日本を守る国民会議」運営委員長などをつとめ、改憲論者としても知られる。

第五章 ハイエク教授と今西錦司教授

素晴らしい経済人たち

――経済人で思い出に残る人々を挙げてください。

タイの話で触れた三井の池田成彬さん、松永安左ヱ門さん、それとモンペルラン・ソサイエティーでいろいろご協力いただいた木川田一隆さん、[1]大原総一郎さん、[2]石油のときには土光敏夫さん。[3]いずれも第一級のエコノミストでした。

こんにち地球環境が大事だっていって騒いでいますが、日本がつんのめっていき始めたころだから、まだ昭和三十年代と思うけど、松永の爺さんが俺に「消費が美徳だなんて馬鹿なことをいう者がいる。お前、気をつけろ」って言ったことがある。あの人は電力の鬼と言われたけど、水一滴が財産だともいっている。本当の経済人というものは、資源を大事にし、エネルギーを大事にし、地球を愛して、無駄な散財はしないものですよ。今でこそ「消費は美徳」なんて言われたって、ちょっと待てと言うことになるけど、いまから三十年も前に、松永さんは「気をつけろ」って言いましたからねえ。

それから松永さんが立派だったのは、ご自分のものは何にも残さず、文字通り身一つで他界なさったことだ。晩年、お住まいだった小田原の邸宅は、二万坪ぐらいあったけど、これを山ぐるみ、畑ぐるみ、所持していた名器と共に、全部、松永記念館に寄贈された。埼玉の野火止にあった邸宅も同様でした。さらに伊豆の土肥に広大な別荘もあったが、これは静岡県と土肥町に寄贈された。それでこの世に残されたのが、中部電力、東京電力、九州電力という三つの電力会社です。

それから木川田さん。この方は東京電力で松永さんの直系でしたが、非常に清廉で、しかも優れた見識をお持ちの人でした。モンペルラン・ソサイエティーの活動で大変お世話になったんです。大原総一郎さんもそうです。大原さんは経済学者のフリードリヒ・フォン・ハイエク教授と大変ウマが合いましてね。ハイエク教授を京都・白川にあったお屋敷にご招待されて、私にも来てくれと言うので参りましたら、奥様が自らお昼御飯を用意され、お茶を点《た》て、お子さんたちもご一緒で歓迎されて、長時間、教授を囲んで話が弾みました。大原さんは中国に対する贖罪意識が実にはっきりしておられて、政府はもちろん他の財界人が振り向きもしない時代から、中国へのビニロンプラント輸出に努力されたんです。お二人とも、まれにみるすぐれた財界人でしたが、残念ながら早死にされてしまった。

――財界人にも知性や教養や見識が必要だということでしょうか。

そうです。私がお付き合いいただいた財界人たちは、財界人であること以前に、いずれもまず、人間として大変立派な人格者であり、また豊かな知性と優れた見識を持つ知識人でした。金を儲けさえすればよしとする昨今のエセ財界人とは全然違います。玄峰老師が生前、こう言われたことがあります。

「君子、財を愛す。これを集むるに道あり。これを散ずるに道あり」

道理に従わない金の稼ぎ方と使い方は、許されないということですが、財を愛するということの本当の意味は、財物、つまり資源もエネルギーも無駄遣いはしないということですよ。今そのことが本当に分かっている財界人が、一体何人いるでしょうか。

土光さんについては、こんな思い出がありますよ。ある時、京都からきた連中がどうしても土光さんに会いたいというので、連れていった。横浜・鶴見区のご自宅へ伺ったのですが、畑の真ん中にぽつんと一軒だけ建っている日本風の家で、どう見ても住んでいる人は課長クラスといった感じの家だった。真夏なのに扇風機がなくて、団扇《うちわ》です。もちろんクーラーなんかない。そうしたら一緒に行ったうちの一人が、「土光さん、東芝では扇風機を作っているのに、お使いにならないのですか」と聞いた。土光さん、こともなげにこう言ったなあ。「あれは売るもんで、使うもんじゃありませんよ」(笑)。東芝の社長時代の話ですよ。

私は石油関係の仕事などで、土光さんにはずいぶんお会いすることが多かったが、いわゆる料亭なるところで会ったのは、たったの一回だけでした。「社会は豊かに、暮らしは質素に」というのが土光さんのモットーでしたが、今それだけのことを実践している財界人がだれかおりますか。口で言うのは簡単ですが、実行してみせなきゃ。

——モンペルラン・ソサイエティーというのは、そもそもどういう組織ですか。モンペルランという名前の由来は。

モンペルランという地名ですよ。この運動が始まったフランスの小さな村の名前です。スイスのジュネーブから下って一時間ほど汽車に乗ると、ローザンヌがあります。そのローザンヌから二十七キロほど山の中に入ったところにある村です。モンペルランというのは、フランス語で私の聖地という意味でしょうね。聖地巡礼と関係がある地名のようです。

自由主義を世界中に広げ、共産主義と計画経済に反対することを目的に、一九四七年に欧州で設立された組織です。直接のきっかけは七四年にノーベル経済学賞を受賞されたハイエク教授の名著『隷属への道』の刊行だったといわれております。この本はあらゆる形態の社会主義を断罪し、合わせてケインズ経済学に対しても呵責なき批判を加えた名著で、第二次世界大戦末期に刊行され、世界的なベストセラーになりました。

このハイエク教授を中心に、反ファシズム運動で知られるイタリアのブルーノ・レオーニ教授、オットー大公らが有力メンバーで、僕も一九六一年に入会しました。しかし、六七年の二十周年の会合のときに、あることがあって、以来この会合には出ていません。

――何があったんですか。

会場にスローガンが掛けてあったのだが、そこに「ユダヤ人が世界の自由を守る」と書いてあったんです。これを見た南アフリカのフランケル教授が「このスローガンはおかしい」と異議を唱えたんだ。僕もそう思った。ハイエク教授も、レオーニ教授も、オットー大公も、ナチズムとは文字通り生命を賭して闘った人達ばかりですから、反シオニズムではまったくありませんが、このスローガンはまったく唯我独尊だった。それで僕もフランケル教授らと一緒に、その会場から退席したんです。各国の伝統と、その国固有の事情に即して自由はあるはずで、それをユダヤ人だけが守ったなどというのは、おかしいと思ったんです。あのころになるとフリードマンなどユダヤ人の学者が一杯入ってきて、モンペルラン・ソサイエティー(4)を彼等ユダヤ人が引っ掻き回していたんです。

——ハイエク教授との付き合いは何がきっかけですか。世界的な経済学者と田中さんという取り合わせがおもしろいと思うのですが、ハイエク教授のどういう点にひかれたのでしょうか。

オットー大公の紹介です。もう三十年以上も前のことです。前に話したオーストリアのカレルギーさんもそうでしたが、ハイエク教授の生家も、もともとはハプスブルク家の家臣でした。教授は九二年三月に九十二歳で亡くなられましたが、私が世界中で最も尊敬する学者です。

教授の偉かったのは、何といっても透徹した洞察力の確かさでした。こんにちソ連、東欧が崩壊して、自由市場経済の確立が世界的課題になっていますが、教授はそのことをすでに戦前から主張しておられた。社会主義計画経済なるものがいかにいんちきで、人間を抑圧するものであるか、そのことを世界で最も早く、しかももっとも精緻な経済学理論によって証明して見せた人でした。すでに一九三〇年代の初めに「計画経済は必ず自滅する」と予言しているんですよ。今になってロシアや東欧諸国が市場経済だなんていって大騒ぎしているが、教授は計画経済の破綻など、とうの昔からお見通しで、そのように主張されておったのです。

さらにハイエク教授の立派なところは、戦後、四十年近くにわたって世界中の資本主義国を席巻したケインズ理論を、これまた戦前から批判し、約三十年の長きにわたって、ケインズ学派との論戦を続けてきたことです。ハイエク教授の主張の核心は、「人為的な信用を作り出すことで、一時的に景気を上昇させることはできても、それによって起きる相対的価格体系の混乱は、やがて景気を反転させ、不況を招かざるをえなくなる」ということでした。ケインズ学派が全盛時代は、教授のこの学説は一顧だにされなかったのですが、七〇年代中期に起こった世界的な大インフレと、その後の不況は、これまた教授の理論が正しかったことを実証してみせたのです。

それだけではありません。教授の年来の主張に「政府は法の維持という点では独占的権限が許されても、政府が行う様々なサービス機能という面では、独占を認めるべきではない」というものがあります。これは何を意味するか。政府の通貨発行権でさえ独占されるべきではないという教授の主張は、今まさに欧州統合で日々実証されつつあるではありませんか。さらに言うなら、冷戦の終焉と科学技術の発達は、今後ますますボーダレスな世界を作り上げていくことになるでしょう。つまり、教授のこの主張は二十一世紀へむけた豊かなメッセージでもあるということです。

もう一つは、ハイエク教授が偉かったのは経済学者でありながら、同時に哲学者、思想家でもあったことです。文化人類学に至るまで、学問的関心領域の広さはまさに超人的でありましたね。コンラート・ローレンツという著名な動物生態学者がおりますが、彼がハイエク教授の学問上の弟子だということ一つをとっても、それはお分かりいただけるでしょう。教授の尊敬すべきところはまだありますよ。それだけ自由や個人、さらには民主主義ということに高い価値を置いた教授ですが、それらをア・プリオリには信じなかったことです。人類は進歩もすれば、愚かしいこともする。いいことだからといって、怠けていればいつまた人類はそのしっぺ返しを受けるか分からないということですよ。まさに「真の自由人」としての面目躍如たるものがあります。「現行の民主主義は本来の理念を忘れ去り、単なる便宜的制度へと堕落した」という教授の言葉は、まさに日本の昨今の政治状況を、何よりもぴたりと言い当てているとは思いませんか。

時流にまったくおもねることなく、自分が信じた道をただひらすらに歩き続け、広い世界と遠い未来を極め尽くすなどということは、並の人間にできることではありません。しかもそれだけの偉大な学者でありながら、ご自分のことは、これっぽっちもひけらかそうとはされなかった。

——例えばどんなことですか。

もう四、五年ほど前のことですが、家内と共にドイツ・フライブルクにあった教授のお宅に招待されたことがあります。教授は世界中の大学からしょっちゅう招かれて教えていましたので、会う年ごとに住む場所が変わるんです。ロンドン大学、ニューヨーク大学、ウィーン大学、シカゴ大学などで教えたこともあります。まもなく次の講義のためにということで、私が家内共々お訪ねしたのは、ちょうど引っ越しの準備をしているときでした。

驚いたのは、ご夫婦が引っ越しの準備をしているんです。夫人がレンタカーを運転して荷物を運ぶんだというんだ。信じられますか。私たち夫婦はフライブルクの街のコロンビーというホテルに泊まって、ご自宅を訪ねたのだが、質素な暮らしぶりでした。教授は家内が奥様と話を始めたのを見て、僕を散歩に行こうと誘ったんです。近くのシュワルツワルト（黒い森）へ行こうと。ところが行ってみると、大気汚染のせいなのか、酸性雨のせいなのかは分からないが、木が枯れて赤茶けた色になっている。教授はそれを見やりながら「これはシュワルツワルトじゃない、ブラウンワルトだ」って笑っていました。そこで僕はこう聞いたんです。

「いま世界中で、環境の汚染が大きな問題になっていますが、人類は地球環境の問題を解決できるとお考えですか」

教授はこう言われた。

「残念ながら、ミスター田中、自分はその質問に答えることはできない。なぜなら自分は微生物のことをよく知らないからだ。自分もその問題は非常に重要だと思っており、そのことと微生物の問題とは大きな関係があるとも思っているのだが、自分は微生物学を十分勉強していないから、もっとよく勉強してから、今のご質問にお答えすることにしよう」

僕はその答えを聞いて感動したな。教授ほどの世界的な大学者が、僕ごときの素人の質問に答えるに、これほど誠実な答えがあるだろうか。これはまさにハイエク教授の学問に対する誠実さ、そのものというべきものでした。教授とはこれが最後の会話になってしまいましたが、忘れられない思い出です。

——ほかにはどんな思い出が。

ハイエク教授の一生はマルクス主義者からも、ケインズ学派の学者たちからも、攻撃され続けた一生でした。でも教授は一歩もひるみませんでした。もう半世紀も昔のことですが、教授は学生に向かって、

「経済学者たらんとする者は、自らに対する評価や名声を求めるべきではなく、知的探求のためなら、あえて不遇も厭うべきではない」

と講義したことがあったそうです。教授と三十年間以上にわたってお付き合いいただいて、この信念は一生を貫いたものであったことが、実によく分かります。ある時、ご夫妻と話していて、私が「日本人の欠点は、反対派に対して、非常にえげつない攻撃をすることです」と言ったら、夫人は「日本はまだいいですよ。ヨーロッパはもっとひどい。主人はロンドン大学の講演で。生卵や腐ったトマトをぶっつけられ、洋服の洗濯代がかかってたまりませんでした。まだ魔女狩りが生きているんです」とこぼした。それをひきとって教授は「人類は西も東も変わりませんよ」と言われたんです。

私の頭に長くこの言葉が残っていて、その後、日本に来られた機会をとらえて、私の尊敬するもう一人の学者、京都大学名誉教授の今西錦司[5]先生と、学問上の意見を戦わせてもらったことがありました。七八、八一、八三年と三回やったんです。最初の時は京都の妙心寺塔《たっ》頭《ちゅう》でやったのですが、桑原武夫さんや西堀栄三郎さんにも出ていただき、米山俊直さんが司会をしてくださった。二回目の時は私の親友で毎日新聞の社長、会長をやった平岡敏男さんに「ハイエク教授と語る会」の会長をつとめてもらいましてね。京都・都ホテルの日本間を

会場に、梅棹忠夫さん、河合雅雄さんにも出ていただき、上山春平さんが司会だった。

　この二回目の時でしたが、ハイエク教授が「お招きありがとう」と口火を切られ、これに対して今西さんがホテルの窓から外を見やりながら、「京都の山はまろまろしゅうて、やさしいですやろ。ヨーロッパでは山がとげとげしゅうてあきまへんなあ」と応じて二人の対話が始まったのを思い出します。

　――東西を代表する二人の碩学《せきがく》による対談の出来ばえはいかがでしたか。

　それが残念なことに嚙み合わなかった。今西さんはご存じのように、生物がこの地球上でよく似通った種類ごとに、周囲の環境に応じて、生息の場を異にするいわゆる「棲み分け」で、互いに共存しているという「棲み分け理論」を生み出した学者です。ダーウィンの自然淘汰、優勝劣敗に基づく進化論を否定し、種の変化は競争でなく、あくまでも共存によるとも指摘された。わたしはこうした今西理論の背後には、アジア独特の自然観、宗教観などに代表される東洋文明が色濃く反映していると思っている。

　学問領域の違いはあっても、今西さんのような東洋の学問と、西洋文明を極め尽くし、西洋合理主義の限界もよくご存じで、東洋文明にも比較的理解のあるハイエク教授なら、十分に対話は成立し、混迷する人類の危機を救うための端緒がつかめるのではないかと思ったのですが、そうはいかなかった。司会役をつとめられた上山春平さんはこの会談の後、毎日新聞に一文を寄せられ、

「ハイエクさんは今西学説の礎石ともいうべき「種社会」の概念に対して、ほとんど絶望的

といってよいほどの拒否反応を示した」

と書かれ、お二人があらかじめ相手の著作を読んでおいて欲しかったとも言われたが、私をして言わしめるならば、お二人の噛み合わなかったのは、やはり双方がそれぞれの風土に深い影響を受けているためではなかったかと思うのです。

――もう少し具体的に説明してください。

二人の学問の方法論にそう大きな違いがあったわけではありません。学問をふくめその社会そのものを成り立たせている風土の違いということです。例えば日本では四季が画然と分かれており、湿潤な気候、そして自然のすべてに神が宿るといった自然観、宗教観をもち、共存と和を何よりも重んずる日本古来のありようと、唯一絶対神をもち、論理性と合理性をどこまでも求めて止まない西洋文明の違いであると思う。

一九九二年、お二人とも相次いでこの世を去られた。しかし、私はお二人の対話が噛み合わなかったことこそ、今日もっと検証されるべきではないかと思っているんです。なぜなら、東西両文明の相互理解と融合こそ、人類社会が直面している危機を乗り越えるために、今もなお最も緊急の課題だと思うからです。

――ハイエク教授がノーベル賞を受賞した時のパーティーでは、メインテーブルに唯一招かれた日本人だったそうですね。

ええ。私にとってもこんな名誉なことはありませんでした。この時には教授のほかに、ソ連の作家、ソルジェニツィン[6]（文学賞）ともう一人の経済学者のG・ミュルダール[7]が受賞したのですが、この人は足が不自由だった。それでソルジェニツィンはその人のために、受け取ったメダルを持ってあげたのだが、自分のメダルは受け取るのを忘れて席に戻ってしまい、もう一度呼び返されて、改めて受賞する一幕があったんです。この後、受賞者を招いて、国王主催の晩餐会がありましてね。出席者は全部で二百人ほどでしたが、約八十人がメインテーブルに招かれ、スウェーデン国王ご夫妻、それに受賞者、僕もソルジェニツィンとハイエク教授の間に挟まって座りました。その時のチェアマンが、

「この賞は八十年近い伝統を持つが、今日のように一日に二度も、同じ人に賞を授与する椿事があったのは初めてのことです」

とスピーチして大受けでした。さらにチェアマンがソルジェニツィンについて、

「現在、彼はロシアには住んでいないが、彼の思想と行動は町から町へ、村から村へ、戸口から戸口へと伝えられ、いずれの日にか全ロシアを履い尽くし、民衆は彼を賞賛するであろう」

と非常に格調の高いスピーチを行い、満場の喝采を受けたのも忘れ得ぬ思い出です。

ハイエク教授が二度目に来日された時には、ここ伊豆の家にもお立ち寄りいただいたのですが、その途中、京都から奈良へ足を伸ばされ、三輪山の麓に住む日本刀の名工で人間国宝の月山《がっさん》貞一(8)を訪ねましてね。私もご一緒したのですが、教授はいたく興味を示され、三日間にわたって月山の仕事ぶりをご覧になったんです。

「世界には優れた刀剣が三つある。一つはシリアのダマスカス、二つ目はスペインのトレド、

そして日本刀だ。最初の二つはこれまで打つところを見たことがあるが、日本刀は初めてだ」

教授はこうおっしゃって、ご自分でも向う槌を打たれた。月山から「ハイエクさんは腰がすわっていて大変よろしい」とほめられ、子供のように喜んでいたのを思い出します。この時は、月山にお願いして小刀を打ってもらい、「これは武器ではない。美術品である」という文化庁の許可を添付して、教授にプレゼントしましたら、ことのほか喜ばれましてねえ。

それから、その次に来られた時には和紙の紙漉《かみすき》を見たいとおっしゃって、岐阜・高山まで足を伸ばされた。このように教授はヨーロッパ最高の知識人でありながら、日本の伝統文化にも実に深い興味と関心を示された方でした。

(1) 木川田一隆（一八九九〜一九七七） 財界人。福島生れ。東大経卒。戦後、電力事業再編問題が焦点となったとき、一部官僚統制を残す案に反対して、終始松永安左ヱ門を支持、電力会社間の資産配分問題を乗り切って松永に認められた。東京電力社長の後は経済同友会の代表幹事として「新自由主義」をとなえ、経団連の自由経済至上論とは一線を画す。企業の社会的責任を説き、志のある経済人として知られた。

(2) 大原総一郎（一九〇九〜六八） 経営者。岡山生れ。東大経卒。父の経営する倉敷絹織に入り、後に倉敷紡績（現・クラレ）社長。大原社会問題研究所、大原美術館、倉敷中央病院などの仕事も引き継ぎ発展させた。五年間をかけて中国へのビニロンプラント延べ払い輸出を実現させたほか、日本フェビアン研究所を創立するなど、企業の社会的役割を実践した経営者。

(3) 土光敏夫（一八九六〜一九八八） 経営者、財界人。岡山生れ。東京高工卒。石川島造船所に入社。

芝浦タービンに移り合理化を推進して再建を実現。東芝社長となり猛烈経営といわれた。経団連会長、第二臨調会長などをつとめ「増税なき財政再建」の推進役となった。井深大、本田宗一郎とともに技術系経営者の代表的人物。

(4) フリードマン（一九一二〜二〇〇六）　米国の経済学者。ニューヨーク市生れ。ラトガーズ大など卒。シカゴ大教授、スタンフォード大フーバー研究所上級研究員。七六年ノーベル経済学賞を受賞。ニクソン政権下で大統領の有力ブレーンの一人だった。

(5) 今西錦司（一九〇二〜九二）　人類学者。京都生れ。京大農卒。京大人文科学研究所、岡山大教授などを経て、岐阜大学長。ダーウィンの自然淘汰による進化論を否定し、種の変化は共存による棲み分けによるとする「棲み分け理論」は世界的に有名。ニホンザルの研究、ネパール、ヒマラヤ、アフリカでの文化人類学調査を行い、スケールの大きい学者として知られた。七九年文化勲章を受章。

(6) ソルジェニツィン（一九一八〜）　ロシアの作家。カフカス生れ。ロストフ大卒。四五年逮捕され八年間強制収容所生活。六二年収容所生活を題材に処女作『イワン・デニーソヴィッチの一日』を発表。七〇年ノーベル文学賞受賞。『収容所群島』をパリで出版したため、ソ連当局から市民権を剝奪され七四年二月国外追放。米国に在住。七〇年には再入国を認められなかったため、七四年に初めてノーベル賞を手にした。

(7) ミュルダール（一八九八〜一九八七）　スウェーデンの経済学者。ストックホルム大卒。同大教授、上院議員、通商・貿易相、国連ヨーロッパ経済委員会委員長。七四年のノーベル経済学賞を受賞。夫人のアルバ・ミュルダールは軍縮相をつとめたこともある社会学者で、八二年のノーベル平和賞を受賞。

(8) 月山貞一（一九〇七〜九五）　刀匠。大阪市生れ。祖先は出羽・月山の刀鍛冶。祖父・貞一は明治天皇佩刀を打ち、父・貞勝は天皇家の諸刀を手がけた。十歳から父につき刀鍛冶の手習いを始め、六五年奈良県桜井市に月山日本刀鍛錬道場を開設。翌年二代目貞一を襲名。この年から三年連続、新作名刀の最高賞の正宗賞を受賞。七一年人間国宝に認定。

歴代総理の人物月旦

——田中さんの話をいろいろ伺ってきましたが、女性に関する話はまったくありませんね。昔から硬派だったのでしょうか。

硬派も硬派、硬派すぎて武装共産党までいっちゃった（笑）。前に「男は何度もぶん殴ったことがあるが、女性に手を出したことは一度もない。これは子供の頃から厳しくしつけられた」と申し上げたが、硬派になった一つの理由は、家庭的な環境ですね。物心がついた頃から母は私にたえずこう言っていました。

「おまえの父は死んだ。しかし自分は独身でやってきた。貞婦二夫にまみえずというのが会津の精神で、それを貫き通している。だからおまえもしっかりしなきゃ駄目だ」

学校なんか行きたくないと言い出したりすると、必ずそう言ってやられた。

「乞食の子はお膳の音で目を覚ます。武士の子は轡《くつわ》の音で目を覚ます」

なんてことも言われたなあ。それからやかましく言われたのが「男子みだりに厨房に入るべからず」ということでした。今の人は奥さんの料理を手伝ってやれと、逆になっているが、僕の時はそうじゃあない。台所のことは全部女子に任せて、男子はみだりに入るべからずだと。だから今でも僕はもう一切、台所には入りません。子供の頃はうっかり口を出したりすると、口がひんまがるくらいぶん殴られた。「前掛け男になるな」というわけだ。

もう一つの理由は玄峰老師の影響です。妾を囲ったり、女にだらしない者に対して、老師は実に容赦なかった。身分や社会的地位の上下にかかわらず、徹底的に批判しています。元老といわれた西園寺公望公は、かつてこう言ったことがあるそうです。

「自分は明治、大正、昭和と三代の陛下にお仕えしてきたが、今上陛下（昭和天皇）ほど清廉な方はない。一穴主義だ」

先帝陛下は昭和になっていわゆるお局《つぼね》を全部廃止したでしょう。お局というのはお妾さんのことですからね。最初、内親王ばかりご誕生になったので、世間でいうところのお妾さんを何とか工作しようとした者もおったようだが、先帝陛下は自らそれを排除された。こうした点も日本の皇室が長続きする理由の一つじゃないですか。

――戦前の革命運動家にはいわゆるハウスキーパーなど、乱脈な男女関係が多かったと聞きますが。

自分には縁のない話だと思っていました。東大新人会の合宿所に、大河内子爵の屋敷の一部を借りていたことを前にお話ししましたが、その息子の信威は僕らと一緒に新人会のメンバーで、新劇活動家だった。彼は新劇の女優と結婚していたが、(1)この女優は大河内が警察に捕まってぶち込まれている間に、前進座の創立者だった河原崎長十郎に惚れ込んでしまって、大河内と別れて結婚してしまった。いったん結婚したら貫き通したらどうだと思うんだが、どうもその点が僕には解せない。たしかに河原崎長十郎は男も惚れるような姿形の人物でしたよ。ですから女が魂を奪われることも、あるのかも分かりませんが、そういう心の動きはどうも私にはよく分かりません。不得手です。

——三木睦子夫人によると、「田中清玄という人はとても素敵な人よ」ということですが。

さあ、どうでしょうか。赤坂の小泉さんという芸者さんから、「田中先生、ずいぶんおしゃれねえ。でもいくらおしゃれなさっても、だあれも惚れ手がいないでしょ」と言われて、その座にいた全員が拍手喝采だったことがありました。この小泉さんという芸者さんは、父親はさる長官をつとめた人物で、お姉さんが藤山愛一郎さんの実弟の奥さんです。本人も口は悪いが、なかなか鋭い女性でね。そんなわけですから、女性のファンというのもいませんね。最初から全然集まってこないし、こっちも興味がない。

これもあるお座敷での話ですが、一緒に行った客のみんなが俺のことを「先生、先生」と呼ぶので、芸者の一人が「お名前はなんておっしゃるのかしら」って聞くんだ。それから言ってやった。「俺は天野って言うんだ。性格があまりきつくなっちゃいかんというので、親父は弱って名前をつけてくれた」ってね、アマノ　ジャクだな（笑）。こんな調子ですからもてるわけありませんよ。

——パリでは女優の岸恵子やファッションモデルの松本弘子とお付き合いがあったとか。

ああ、友人でフランス大使だった萩原徹君がパーティーに呼んでくれて知り合ったんです。

ですからお二人とも、お会いするのはいつもパリでしたね。

岸さんは優れた女性です。彼女がエジプトからスーダンに入るとき、僕は生きては帰れんぞって言ったんですがね。テレビで見たが、牛の小便で人間の子供が頭を洗うような、過酷な生活環境をルポしていましたね。またイランにも入り、銃殺された人間の葬式に立ち会い、イスラムの冷酷で無残なやり方というものに触れてね。僕も彼女のためにいろいろなところを紹介してあげたけど、あの人の取ってきた情報は、いわゆる社交情報にはならない。でも政治情報としては、十分役に立つ。まるで男のようですね。それもかなり気の強い男だね。

松本弘子さんには、パリでずいぶん御馳走になった。一度結婚したんだが、フランス人の亭主が他に女を作り、結局別れてしまった。岸さんもシャンピという亭主が同じように女を作り、最後は離婚した。しかし彼女たちが偉いのは、別れた亭主の悪口を一言も言わんことだね。

——歴代の総理では、鈴木貫太郎さんのほかには、どんな方と親しかったんですか。

自民党からはまるで嫌われた。吉田さんと佐藤さんだけでした、私を信用してくれたのは。石橋湛山さんからはこんな話を聞いたことがあります。石橋さんが石井光次郎、岸信介の三人と総裁のポストを争い、決選投票で石橋さんが勝って、石橋内閣ができるときのことです。石橋さんが陛下のところへ閣僚の名簿を持っていったときに、外務大臣に岸信介の名前があった。本当は石橋さんとしては、二、三位連合を組んだこともあって、石井さんに副総理兼外相として入閣してもらうことに決めていたのだが、石井さんは受けなかった。受けりゃよかったんですよ。あのとき石井さんが受けていれば、石橋さんがわずか二カ月で倒れた後、つぎの総理は確実に石井さんになっていました。これも運命ですね。それで石橋さんが名簿を差し出したら、陛下は、

「これは大丈夫か」

と、外務大臣の欄を指されたと言うんです。

――池田さんとはどうでしたか。

一回だけ、東京・信濃町の自宅へ「何もないけど、お食事を差し上げたいので、是非に」と招かれたことがありました。私一人で来てくれということでした。池田さんはソ連に対して非常に甘い見方をしているので「ソ連という国はそんなもんじゃありませんよ。ソ連に対しては決して気を緩めてはいけません」と申し上げ、当時、ソ連の国内情勢に誰よりも通じていた高谷覚蔵を紹介した記憶があります。

――田中元首相とは石油ショック以来の付き合いのようですが。

そう。ロッキード事件が起きる直前の、油の問題が起きてからですよ。それまではほとんど付き合いはありませんでした。田中角栄さんは確かに天才的な人でしたね。今日でも田中さんに対しては、いい人だし、そもそも俺はあのロッキード事件というのは、アメリカの差し金と信じているから、なんとか名誉回復もしてあげたいと思っています。ただ惜しむらくは田中さんの周りには、知性のある人は一人もいなかった。早大雄弁会の竹下や、金丸程度が関の山だ。

鄧小平さんが日本に来られて目白の田中邸を訪れた時に、マスコミはどう言ったかね。刑事被告人の家を訪れるのはおかしいと書き立てた。しかし、それに対して鄧小平さんはこう言ったな。

「もし私が日本へ行って田中さんを訪問しなかったら、中国人民は私を恩義と礼節を知らない人間として非難するであろう」

さらに鄧小平さんは「水を飲むときには井戸を掘った人のことを忘れない」という周恩来さんの言葉も引かれた。これが中国人です。いま自民党の実力者たちの中に、田中さんを恩赦で救ってあげようと言っている者が、誰かおりますか。みな田中さんの恩恵に浴した者ばかりですよ。それなのに、彼等はただの一人もそう言わないじゃないか。これが日本人だ。

――鄧小平氏が目白の田中邸を訪問した時、田中さんも行かれたのですか。

いいえ。私が田中邸へ行ったのは、オットー大公のご希望で大公をお連れした時です。大公が僕に聞くんだ。「これは田中さんのメゾン（居宅）か」とね。僕は「いいえ、これはビューロー（事務所）です」とお答えした。当時日本のマスコミは「目白の御殿だ」「贅沢すぎる豪邸だ」と騒いでいて、その噂が遠くヨーロッパにも聞こえていたので、大公はどんなシャトー（城）かと思われていたのでしょう。しかし、ヨーロッパの人々の生活から見れば、そんなに大騒ぎするほど豪華であるとは、とうてい思えなかったのです。

ちょうどバスが着いて、選挙区の人達がたくさんやってきたところだった。それをご覧になった大公が一目見て「この人達はみな農民だな」とおっしゃったことも覚えております。

——岸元首相とは決定的に合いませんでしたね。

児玉ですよ。岸は児玉を使った。それから戦前は軍部、とくに東條とつるんだ。岸はある時、中山素平君に言ったそうです。

「中山君、キミは話せば分かるが、いくら話しても分からんのが田中清玄だ。困った奴だよ」

俺と中山君の仲がよいのを知っていて、そう言ったんだろう。それから僕は中山君にこう言った。

「田中清玄は困った奴だと、岸は言っているそうだが、本当に困ったようにしてやろうじゃないか。田中清玄はそう言っていたと岸に伝えてほしい」

スリーハンドレッド・ゴルフ倶楽部で岸がメンバーの選考委員か何かをやっていた時、東急の五島昇君がメンバーにどうかと言ってきたが、「岸のような人間が入っているゴルフ倶楽部には入りたくない」と言って断ってやった。

俺が岸と決定的に対立したのは、彼が戦前は軍部と結託し、戦後はGHQや国際石油資本（メジャー）の手先となって、軍国主義に覆い尽くされた戦前のような日本を復活させようとしたのが、最大の理由です。だいたい、岸は戦犯なのに、アメリカのダレスのように日本を再軍備しようと企んでいた連中が、岸を支持し、彼を戦犯から解放するのに全力を挙げたのです。ダレスが考えたのは、日本を黙ってアメリカのいうことをきく植民地にすることでした。吉田さんはそういうアメリカの要求に抵抗し、それを防いだ最大のダムの役割を果たされたのです。このような岸の意図を見抜き、彼に真っ向から立ち向かって、岸の体制を壊そうとしたのは、俺一人だ。

一方、児玉は権力に近付いて、自分の力を大きくしてきた。権力のあるところに動くんです。最初に児玉を使ったのは外務省の河相達夫という本省情報局長なんかをやった人物でした。外務省は自分のところに手足がないから、児玉を手足代わりに使ったんです。それから海軍に近づき、何人も親分を代えて、東久邇内閣では内閣の嘱託ですよ。それで最後は鳩山一郎、三木武吉[2]、広川弘禅、大野伴睦だ。

僕は三木武吉さんに言ったことがある。なぜ児玉のような人間を近付けるのですかと。「いや、あれは役に立つから使うんだ」って、三木さんはそう言ったなあ。三木さんはそこに甘さがあった。しかし、三木さんにしても、鳩山さんにしても、児玉を利用したつもりだろうが、実際は児玉に利用された方だよ。児玉は金と権力のあるところへと動き、相手の懐に手を突っ込んで金をむしり取るような男だからね。児玉は福島県二本松の出身だが、広川弘禅、小針暦二、みなあの辺の出身で、ろくでもない人間たちばかりです。

――岸元首相には、矢次一夫[3]という人物がいつも寄り添っていましたが、どんな関係だったのでしょうか。

矢次は陸軍特務機関の手先。児玉と一緒です。児玉よりも陸軍に食い込んでいた。Ａ級戦犯で絞首刑となった武藤章、板垣征四郎、それから張作霖爆殺事件の首謀者、河本大作が彼のバックにはいた。戦後、ＧＨＱに岸がつかまり、巣鴨に入っていたときに、矢次は岸が戦犯を逃れるために、GHQとの間を仲立ちしてやった。兵務局長までつとめ、戦後は極東裁判でキーナン検事の手先になった田中隆吉と一緒です。自分が助かるためにはなんでもやる。右も左も同じですよ。

——現役政治家の中では、中曾根元首相とは時々お会いになっているようですね。

付き合いが深まったのは、彼が総理になってからですよ。彼が総理を辞めるというときに、三人の候補者がおりましたね。岸の娘婿になるような安倍、裏切り、乗っとりが得意な竹下、官僚の宮沢と。僕はこんな者たちをいくら総理大臣にしたって、日本は駄目になるだけだと思ったから、中曾根君にこう言ったんです。

「あんな雄弁会の弁士や銀行マンのような男たちにあとを譲るのかね。総理大臣は自分なんだから、あと一期だろうが、二期だろうが、自ら必要と思えばやればいいじゃないか。自分を捨てて、日本になり切ってやってみろ。それでやってみて、どうしてもやり切れないというのであれば、その時にまたつぎの人間を考えればいいじゃないか。まずお前さんやれよ。そういう気迫がなくてどうするんだ。安倍だ、竹下だって、すべった、ころんだはもういい」

そうしたら、彼はウーンとうなって、「いや、党則がある」と言うから、「そういうものはどうにでもなる。変えればいいではないか」と申し上げたのですがね。彼はわりと軽はずみのところがあるから、竹下や金丸から、「今度でおしまいですよ」と言われて、うんと言ってしまったんじゃないかね。それと私が言ったのは、

「君はたしかにロン・ヤスと言われるような、日米首脳間の個人的信頼関係は作り上げた。あとやるべきは鄧小平の衣鉢を継ぐ胡耀邦と親交を結ぶことだ」

ということですが、残念ながら胡耀邦はその後、死んでしまった。もう一つ彼に言っているのは、付き合う人間を考えろということです。彼の周りにはいろんな人間がいましたからねえ。

例えば瀬島龍三がそうだ。第二臨調の時に彼は瀬島を使い、瀬島は土光さんにも近づいて大きな顔をしていた。伊藤忠の越後（正一元会長）などは瀬島を神様のように持ち上げたりしていたが、とんでもないことだ。かつて先帝陛下は瀬島龍三について、こうおっしゃったことがあったそうです。これは入江さんから僕が直接聞いた話です。

「先の大戦において私の命令だというので、戦線の第一線に立って戦った将兵達を咎《とが》めるわけにはいかない。しかし、許しがたいのは、この戦争を計画し、開戦を促し、全部に渡ってそれを行い、なおかつ敗戦の後も引き続き日本の国家権力の有力な立場にあって、指導的役割を果たし、戦争責任の回避を行っている者である。瀬島のような者がそれだ」

陛下は瀬島の名前をお挙げになって、そう言い切っておられたそうだ。中曾根君には、なんでそんな瀬島のような男を重用するんだって、注意したことがある。私のみるところ瀬島とゾルゲ事件の尾崎秀実は感じが同じだね。

（1）河原崎長十郎（一九〇二～八一）歌舞伎俳優。東京生れ。歌舞伎役者の家に生れ、三歳で初舞台を踏む。二世市川左団次一座に加わり、一九二八年の歌舞伎ソ連公演に同行。三一年、前進座を創設し

『戦国群盗伝』『人情紙風船』などの映画にも出演。代表作に『屈原』『天平の甍』など。河原崎長一郎は長男。

（2） 三木武吉（一八八四〜一九五六） 政治家。香川生れ。東京専門学校卒。憲政会幹事長、東京市議などを歴任。戦後は一時公職追放となり、解除後は自由党鳩山派、日本民主党などを作って、五五年には保守合同を実現させた。政界の舞台裏にあって権謀術数を得意とした。

（3） 矢次一夫（一八九九〜一九八三） 佐賀生れ。少年時代から放浪し、沖仲仕などを体験。野田醤油、日本楽器の争議の仲介役。統制派の軍人と結び、国策研究会を作る。戦後公職追放に遭うが、解除後再び国策研究会を再建。五八年岸元首相の密使として李承晩韓国大統領と会談。

大衆性が政治家をスポイル

――ところで、中曾根さんはなぜ自分の後継者として、竹下氏を指名したのだと思いますか。

分からんなあ。本人にも聞かないから。竹下なんて、こっちはまったく関係ないから、何の関心も持たなかった。佐藤さんが総理の時、京都府知事選で何とか蜷川（虎三）[1]を落としたいので、手伝ってくれと言われたことがあった。竹下がたしか青年局長か何かで、現地の運動はすべて彼が入って取り仕切っているという話だった。それで京都へ行ってみると、とんでもない。竹下は五万枚の選挙ビラを撒いたなんていっているが、こっちが調べてみると事務所の階段の下に、そっくりそのまま束ねて置いてあるんだ。要するに蜷川が本当に負けるのかどうか、様子を見ていたんだよ。その程度の男です。それっきり会ったこともない。その後、パーティーなどで擦れ違ったこともあるけど、向こうから顔をそむけるものなあ。

——その後、歴代首相との付き合いは。

全然。会いたくないもの。竹下からこっち、ガタ落ちだ。宇野、海部、宮沢か、こんなもの国際的に通らないよ。今日の事態を見れば、僕が中曾根君に「君がやれよ」と申し上げた理由がお分かりでしょう。

——伊東正義、後藤田正晴という人達とも付き合いがあるようですね。

伊東さんとは会津の関係ですよ。病弱でなければぜひ総理大臣をやってもらいたい人物だねえ。後藤田さんを最初に紹介してくれたのは水田三喜男さんか、内務省出身の町村金五さんだった。後藤田さんが徳島から衆院選挙に出たとき、危ないと聞いたので、大阪から飛行機で徳島へ応援に行きましたよ。あのとき徳島というところへ初めて行った。喜んでくれましてねえ。当選した後、東京で祝賀会があり、角さんも来ていた。挨拶をしてくれと言うので、

「後藤田さんは角さんの二代目だとか、ずいぶんいろんなことをジャーナリズムに書かれて、奥さんともども、じっとそれに堪え忍んでこられた。私は自民党員でもないし、入党するつもりもまったくないが、日本の国をよくしたい、アジアを解放したいという一念で、今日ま

でやってきた。後藤田さんもまた、それに力を注いでおられるので応援したまでだ」と申し上げたんです。そうしたら、ある新聞は「田中清玄は後藤田氏になんぼか貰った」と書いた。それからまた別なある新聞は「田中清玄は後藤田氏になんぼか出した」と書いたな（笑）。それで、僕はその新聞社の記者がきたから「おい、お前さんらは金で動き、金で記事を書くのかい」と言ったら、黙っちまった。

――その後でしょうか。箱根山で三木武夫夫妻に出会い、睦子さんから論争を挑まれたというのは。

うん。そういえばそんな事がありました。ドライブの途中だった。僕が後藤田さんを応援したことで、対立候補に自分の子分を推していた三木としては、面白くなかったんだろうね。それで、僕はなぜ僕が後藤田さんを応援したか、僕と田岡一雄さんとの関係についても、じっくり説明してあげましたよ。

――睦子夫人によると、その時の田中さんは「女子供が何を言うか」というそぶりはみじんもなくて、一時間近くにわたって、丁寧に応対してくれたということですが。

あの家は睦ちゃんのほうが傑物だものね（笑）。三木夫人は三木よりもはるかにいい。三木は体裁のいいことばっかり言ってきた。三木は奥さんがおるからあそこまでいったんです。僕は男に対しては、殴り倒したり、蹴飛ばしたり、いくらでも手荒なことをしてきましたが、女性に対しては子供の時分から、一切、手を上げてはいけないと堅くしつけられて育ちましたのでね。

三木武夫といえば、彼のいちばんの側近といわれてきた井出一太郎君は、私の家内の従兄弟で昔から付き合いがありますよ。家内は彼のことを「一太郎さん」と呼んで、幼馴染みなんです。井出家は長野県臼田町の名門で、お姉さんが丸岡秀子さん、異母弟が作家の井出孫六さんですよ。一太郎君は若い時から政治家にしておくのはもったいないような人でした。清廉な人格者です。三木はバルカン政治家といわれ、一言でいえばずるい。井出君には、「三木に財産を全部使いまくられてつぶされるぞ、気をつけろ。何か思案に余ることがあったら俺に相談しろ。俺がいくらでも断ってやる」と、そう言ったことがあるくらいです。昨年（一九九二年）夏は新潟県・妙高高原で一夏を過ごしたのですが、その帰路、政界を引退して郷里に戻った井出君を訪ねたら、大変喜んでくれました。残念なことに彼は目を患って、ほとんど失明状態ということでしたが、それ以外は昔と少しも変わってはおりませんでした。

——最近の政界のリーダーをご覧になっていかがですか。

昔がよかったとか、最近は小粒になったとか、単純に決め付けるつもりはないが、最近のアメリカナイズされた社会全体の風潮、それが政治家も駄目にしてしまっている。テレビ多用の選挙で大衆的人気さえあれば、だれでも大統領になれるような風潮です。日本ではそれにプラス金を集める能力さえあればいい（笑）。イギリスを見なさい。エスタブリッシュメントが厳然として存在している。彼等は子供のときから、指導者とはかく在るべしという教育を、徹底的に叩き込まれる。政治家としての勇気や情熱、それに歴史観に裏打ちされた洞察力があるか、ないかが問われる。日本の国民大衆はそんなことはまったく問わない。

——最近の首相の人気の高さは、いかに自分たちに身近な人かがものをいうようです。

その大衆性なるものこそが政治家をスポイルしてしまっている。こんなことをいうと、今は嫌われる。だがこれは身分制を復活しろなんてこととはまったく異なる次元の話だ。身分差ではなくて、長い時間をかけ自然に形成された指導層ということです。イギリスは労働党が勝とうが、保守党が勝とうが、社会も王政も微動だにしない。言うなれば歴史の重みというやつだな。

身分制度といえば、侍従長だった入江さんから、こんな話も聞いたことがある。敗戦直後、GHQが華族制度を廃止するという方針を発表した時のことで、陛下はこうおっしゃったそうだ。

「華族制度がなくなって本当によかった。もし残るとしても一代限りのものならまだ意味があると思っていたが、制度そのものがなくなったことはいいことだ。これで先祖の栄に生きる馬鹿な者たちが、終生とか世襲の華族として、名だけを継ぐおろかなことがなくなった」

——日本にも歴史的、伝統的に優れた点はあったと思うのですが。

社会融合と民族統合の象徴としての天皇制。これが一番だ。古来、憎しみ、殺し合いがなかったわけではない。しかし、戦国時代の一時期を除けば、内乱、戦争といった事態にまでこの国は進んだことはほとんどなかった。何よりも同胞同士の殺し合いがなかった。明治維新を考えてごらんなさい。歴史の大変な激動期にもかかわらず、旧社会の人間をほとんど殺さなかったからこそ、次の時代を切り開く人材として活躍できたのです。あれは徳川幕府の勲功であり、もちろん明治新政府の勲功でもありましたね。

いまPKOだといって自衛隊を派遣して大騒ぎをしているカンボジアを見たらいい。ポル・ポトというとんでもない独裁者が出てきて、国中のインテリや中産階級を根こそぎ殺してしまった。その結果、この国の近代化は世界の水準から比べると、五十年は後れを取るだろうといわれている。間もなく二十一世紀になろうかという今日においてそうだ。それと比べたら、日本が明治維新でやったことの意味がどんなに素晴らしいことであったかが分かるでしょう。

それから中産階級を立派に育てた。日本の社会が健全に近代化できたのは、それですよ。それをみんな見落としている。アメリカやロシアと違うのはその点だ。中国の立ち直りが早いのも、中産階級がしっかりしているからだ。何よりも家族を大事にするしね。

明治中期に地方に旧制の高等学校をたくさん作りましたね。あれは新指導階級、エスタブリッシュメントの形成に実に大きな役割を果たしています。最初は一高から八高までのナンバースクールだけでしたが、それだけでしたら、少数エリートだけの勝手な学校になってしまって、今日ほどの人材は集まらなかったでしょう。第一、我々が存在しない(笑)。弘前、山形、新潟、水戸、浦和、静岡、松本、松山、山口、みなそうです。戦前、頭の古臭い人間の中には、

「旧制高校を増やしすぎた。だからいい加減な人間も、成績がいいというだけでたくさん入

ってきて、日本を駄目にするアカの巣窟になってしまった」

なんてことを言った者もいる。

明治もその頃になると、もう官僚政治の毒素が出てきています。東大なんかその最たるもんじゃないですか。子供が大学に行きたいといった時にも、親父連中は大の東大嫌いだから「東大だけは止めてくれ」って言ったものです。もう毒素が体中に回って、自分たちの既得権を守ることだけにきゅうきゅうとしている。

――宮沢首相との付き合いは深いのですか。

深い付き合いじゃありません。軽井沢のゴルフ場で知っている程度。池田勇人さんの秘書だったでしょう。伊東正義さんが総理になるかどうかという話があって、どうしても伊東さんは受けないということがありましたね。その時ある財界人が「宮沢がいい。伊東さんがいいと言いさえすれば、この話はまとまる。宮沢を通じて伊東さんを説得してくれ」とうるさく言ってきたことがありましてね。そのことで宮沢君にも会いました。

「あなた、これから総理になるのは、一人ではできないし、伊東さんと提携することで初めて可能になる。伊東さんと提携しておやりにならぬか」

と言ったが、はっきりした返事はなかった。やってやるぞという気迫が感じられなかった。それで、ああ、この男はだめだ、まあせいぜい官僚だなと思った。官僚でももう少し頭のいい人間と思ったんだが……。吉田茂さんに可愛がられたり、池田勇人さんの秘書官をやったが、この人達のご苦労を本質のところで宮沢君はつかみ切っていないわ。

ひとことで言えば、宮沢君は衆愚の代表だ。ＰＫＯ法案を通して自衛隊を出したが、自衛隊を使うってバカあるかい。とんでもねえ。だいたい俺は民主政治とか国民の声とかいうものを信用しない。民衆の動向だけで国策を決定したら、国を滅ぼす。かつての日本はそうだった。先帝陛下があれだけ平和を唱え、日米戦争を回避しようとされたのに、民衆はそれを許さなかった。その民衆を動かしたのが軍部と官僚たちだ。そしてそのお先棒を担いで旗を振ったのが、ジャーナリズムだ。こんなものを我々は民主主義だとかいって、神様のように信じることができるか。現在もまだそういう馬鹿どもが残っている。衆愚といったが大衆はもともと馬鹿ではありませんからね。衆愚にさせる奴がいる。大衆を衆愚にさせちゃいかんということだよ。政治家、官僚、そして新聞の責任は大きいぞ。

昭和天皇はあれだけ国民のことを考え、戦犯たちを抑えて、戦争を止めることをご決断なさった。そのときに戦争推進派だった政治家、軍人、官僚、事業家、ジャーナリストなど、当時の指導階級は一体そのことをどう考えるんだ。何一つ自分が悪いとは思っていないじゃないか。それればかりか昔への復帰をこいねがっているありさまだ。そんなことが許されるのか。

今上陛下は憲法を守り、平和を守ると一番熱心に主張しておられる。もし陛下と政府が食い違うようなことになったら、俺は無条件で陛下を支持するな。楠木正成とおんなじだ。衆愚政治によって、二度と戦争という目には遭いたくねえ。衆愚となって軍国主義化に突っ走るのは、人間として一番卑怯で怯懦《きょうだ》な態度だ。俺がそんな弱い態度をとってたまるか。アメリカが強要する日本の軍備増強には決然と反対する。これが日本国民の行く道だし、人類の行く道だ。俺がいま最も言いたいのは、日本はアメリカ頼りをやめて、自分の足で世界を歩けということだ。

（1）蜷川虎三（一八九七〜一九八一）京都府知事、経済学者。東京生れ。京大経卒。芦田内閣の中小企業庁長官。京都府知事に転出し連続当選七回。革新自治体のリーダーだった。

（2）丸岡秀子（一九〇三〜九〇）評論家。長野生れ。奈良女高師卒。東京都社会教育委員、農村婦人協会理事長などを歴任し、農村、婦人、教育問題に積極的に活動。五五年スイスの世界母親大会準備会に出席し、日本母親大会の発足に動く。自伝小説『ひとすじの道』がある。

靖国公式参拝なぞとんでもない

——最近の政界の様子をご覧になってどう思いますか。

日本の現状、見るに忍びないということです。このまま心ある人達が立ち上がらなければ、何千年続いた日本は壊滅してしまいますよ。何かやろうとすると、これは自民党の幹部がそっぽをむくからできないとか、銀行が横を向くからとか、派閥の長を守らなければどうだとか、みんなどれもこれも利益がらみ、金がらみだ。これは昨日や今日に始まったことじゃない、長い間の悪習だけど、何とかここで打破しなきゃいけませんよ。

それから政治家や役人は平気で嘘をつくし、怯懦だ。アメリカは日本が嘘つきだといって、ジャパン・バッシングをやり、ひどいことをすると思ったけど、実際日本は痛いところを突かれている。日本の役人ぐらいその場逃れの、いい加減なことをいう者はいないからね。米国はもちろん、中国、アジア、欧州でも皆そう言いますよ。これを直すには百年ぐらいかかるかもしれないが、かかってもやらなければ。

それから、いま一番危険なのはね、湾岸戦争でもそうだったが、日本の艦艇や自衛隊を派遣しろという根強い声が依然としてあるでしょ。国際情勢から見たら当然と思うかも知らんが、日本の内部事情を見ますと、それがきっかけになって、日本には軍国主義復活の危険性が常にあるんですよ。

国際的な責任を果たすためにPKOが必要だなんて言って、何とか自衛隊を海外に出そうとやっていますが、国内的な理由だけですよ。

自分らの権力を強化するために、戦前に復帰するきっかけを作ろうとしているだけなんです。しかし、これが一番怖い。

かつてはそのために皇室が利用された。昭和天皇はたったお一人でそれに抵抗されたのですよ。だから二・二六と敗戦の時と、二度にわたってクーデターを起こされた。

かつて中国から鄧小平さんが来られた時に「鄧小平が陛下に会うのなら、その前に靖国神社にお参りせよ」などと言った馬鹿な右翼がいました。陛下が訪中されて鄧小平さんに会う前に、四川省か山西省か、どこか田舎のお寺をお参りしてこい。そうでなければ会わさないと、まったく逆のことを言われたら、日本人はどう思いますか。それとおんなじことだ。これほど陛下をないがしろにする話はないじゃないか。これで何が皇室崇拝だ。嘘とごまかし、それに時間をかけてもみ消すことだけだ。なぜ政府や官僚どもは、こんなことを放置しておくのですか。

しかも、もっとひどいのは、それを今、大挙して国会議員たちが、年寄りも若いのもふんぞりかえって参拝していることだ。今年も去年より何十人増えたとかいって騒いでいる。この政治家たちは「平和、平和」って、一体何を考えているんだ。彼等が平和って言ったって「戦争をやるための口実だ」ぐらいに思ったらいいですよ。俺は断固反対だ。この問題ははっきりしている。こういうことは遠慮会釈なく叩かねばいかん。

——田中さんは靖国神社へお参りしたことはないのですか。

ありましたよ。一九四六年か、敗戦直後のことだった。行って、お参りをしようとした。そうしたら若い神官が出てきて「ここは靖国神社である。数珠《じゅず》を持ってお参りをするのはけしからん。神道の形式をもって礼拝せよ」なんて言いやがった。こっちは龍沢寺へ行っていましたから、数珠を持っていたんです。これを聞いて、俺は言ってやった。

「貴様なにを言うか。拝もうという俺の心の中まで干渉するのか。日本人には仏教徒もキリスト教徒もいるんだぞ。お前のような国粋主義の馬鹿がいるから、戦争に負けたんだ。俺が拝むのを妨害するというなら、ぶちのめしてやるから出てこいっ」

そうしたら名前を名乗れと言うから「田中清玄だ」って言ってやったら、向こうは顔色を変えたな。「えーっ」って言ったきり、引っ込んでしまった（笑）。爾来《じらい》、行ったことはありません。

こんな程度だ。神道の何たるかも知らん。神道はほんらいそんな狭隘なものでは、まったくありません。神はこの世の中のありとあらゆる所におられる。森にも水にも空気の中にも神はおられるというのが、日本古来の神道という宗教の精髄ですよ。

靖国神社というのは、そもそも由来をたどれば、「官軍」の犠牲者を祀ったお社《やしろ》だった。いうなれば「官軍」の護国神社のような存在ですよ。それを大村益次郎（村田蔵六）が東京・九段に勧請《かんじょう》し、一般の神社が内務省管理下にあったのとは違い、陸軍省や海軍省が管理していた。したがって「官軍」の守り神にすぎないものを、全国民に拝ませているようなものなんだ。俺のような会津藩の人間にとっては、何が靖国神社だぐらいのもんですよ。しかもどれぐらいこの勢力が、今も日本を軍国主義化するために動き回っていることか。

――田中さんは右翼だと思っていましたが。

右翼。本物の右翼です。あんた、なんだと聞かれたら、今でも右翼だとはっきり言いますよ。右翼の元祖のようにいわれる頭山満と、左翼の家元のようにいわれる中江兆民が、個人的には実に深い親交を結んだことをご存じですか。一つの思想、根源を極めると、立場を越えて、響き合うものが生まれるんです。中途半端で、ああだ、こうだと言っている人間に限って、人を排除したり、自分たちだけで、ちんまりと固まったりする。自由人になり切ること。もっと分かりやすくいえば、対象になり切ること。政治家なら、国になり切り、油屋なら油田になり切り、医者ならバクテリアになり切る。それが神の境地であり、仏の境地だ。

――湾岸危機の際にはアマコスト米大使などが、日本も人を出すべきだと言ってずいぶん動き回っていましたが。

ああ、あのギャングのような大使か（笑）。前の大使のマンスフィールドさん(1)とは親しくお付き合いいただいたし、何度か招かれて御馳走になったこともあったけど、大変立派な方でしたね。アマコストなんかとは、全然人物が違う。マンスフィールドさんが十年余にわたって日本の大使を務められたというのは、まさにレーガン人事の傑作と言うべきです。掃海艇派遣のときを見ても、あれではまるでアメリカの脅迫じゃないの。それに一番乗っかったのが、あの頃は海部だ。もうブッシュ大統領から電話が来ると予知して、先にパッと手を打った。不退転なんて言いながら、なんぼでも転ぶからね。

アメリカの最高首脳陣は海部前首相を何と呼んでいたか知っていますか。「チャティ・キッド（お喋り小僧）」だ。日本の総理大臣のことをそんなふうに言うアメリカもひどいなあと思うけど、それが現実です。それと小沢ね、何でも自分の力ばかりで押し通そうとする人間だ。米国の三流議員がアマコストに電話してくるんだな。そうするとアマコストが、今度はあの小沢なんかに電話して、彼等が一生懸命になる。これが日本外交の現実です。まったくアメリカの軍拡論者のいう通りに日本は動かされてきた。小沢はいま自分の狙いから大きく外れてしまったようだが、何を考えているのかねえ。彼はまさに「力で立つ者は力で滅びる」という典型だね。田中角栄さんを恩赦で救ってあげたらそれだけで小沢は英雄だけど、あんな浅はかな学問じゃ思いもしないだろうがね。それから羽田孜だが、同じ選挙区だった井出一太郎君と話していても、まったく口の端にも上らんものねえ。若手では加藤紘一というのもいたな。全学連だった。彼には一度だけ会ったことがあるけど、こんな者会ってもしようがないと思ったね。

一番怖いのは、戦前への復帰のきっかけをそれで作ろうとしていることだ。こんな連中が首をもたげ、勢いがついて修復できなくなる限界点を越えてしまったら、救いようがなくなりますよ。かつては皇室が利用された。先帝陛下はそれにお一人で抵抗された。だから二・二六と敗戦のときと、二度にわたって陛下はクーデターを起こされたんです。私がそういうと、戦前にかえすことなんかできっこないと言う者がいる。それならばどうして現職自衛官によるクーデターの勧めが、堂々と週刊誌に載ったりするのかね。しかも陛下のご訪中の直前ですよ。どう見てもこれは根が深い。少なくともそうしたいと願っている者が、世の中にいるということだ。そうでなければ、こんなこと出せるわけがない。いくらレトリック上の問題といっても通らない。はっきりとクーデターを訴えているのだから。天皇制には直接触れていないが、これを読む限り天皇制の否定だな。この記事を読んで、僕は三島由紀夫が昔、「自衛隊へ入りたいので紹介してくれ」といってきたことがあったのを思い出した。

――そんな事があったのですか。

うん。自衛隊への乱入事件を起こす二、三年前のことだ。評論家の村松剛が最初、引っ張ってきたんだ。僕が石油の問題でアラブとの間を行ったり来たりしていた頃で、忙しい最中だった。初めは「剣を習いたいが、だれに教わったらいいか」と聞いてきた。それで「山岡鉄舟さんや千葉周作につながる一刀流がいいだろう」と答えてやった。そのつぎに三島が言ってきたのは、「自衛隊に入りたいので骨を折ってくれ」ということだった。「何でだ」と聞くと、自衛隊はクーデターを起こすべきだという、今回の週刊誌に載ったようなことを、とうとうと言うんだよ。日本の解体につながる危険な思想だった。

それで僕は、自衛隊に反乱を起こすような人間を紹介するわけにはいかんと断った。そうしたら、今度は、「いや、あれは自分の理想であって、実行するわけじゃない。自衛隊に入ってどんな訓練をしているのか、身につけたいのだ。できるだけ危険な所がいい。空挺部隊に入りたい」と言ってきた。

それで僕は陸上幕僚長をやり定年退職していた杉田一次さんに「三島は憲法を誤解しているし、自衛隊についても誤解しているが、よく話を聞いてやってほしい。危険な所へやって三島に命を落とさせるわけにはいかないが……」と言って、紹介してやった。杉田さんは戦前、山下奉文がシンガポールで英将パーシバルに「イエスかノーか」と迫ったときの参謀をつとめた軍人で、反東條で有名だった。あとで杉田さんは「三島の熱情は買うけど、考え方は二・二六の連中と同じだな」と言ったね。

――三島由紀夫という人物をどう評価されますか。

剣も礼儀も知らん男だと思ったな。自衛隊に入りたいというので、世田谷区松原にあった僕の家に、毎日のように来ていたんだが、二回目だったか、「稽古の帰りですので、服装は整えていませんが」とか言って、紺色の袴に稽古着を着け、太刀と竹刀を持って寄ったことがある。不愉快な感じがした。これは切り込みか果たし合いの姿ですからね。人の家を訪ねる姿ではありませんよ。

――つきあいはそれっきりですか。

その後、彼は「楯の会」というのを作って、青年たちを集めていろいろやり出した。僕も軽井沢に講師として引っ張り出された。

暴動が起こったら、自衛隊を中心にして立ち上がらなければならない。そのために俺を説得すると言うんだよ。毎日毎晩、彼等と激論だった。

「何を言うか。ソ連やアメリカが日本をつぶしにかかったら、貴様ら朝飯前にひねりつぶされてしまうぞ。立ち上がって、君らそれに対抗できるか」

こう言ってこっちは一歩も引かなかった。政治家はいなかったが、靖国神社の宮司の松平なんかがいたと思う。会津と同じ松平だけど、彼は福井の松平春嶽の子孫だ。会津にはあんな極右はいませんん(笑)。

――アラブに日本の青年を送ったとか。

アラブゲリラがしきりに活動していた頃、若い右翼が僕のところへきてあんまり勇ましい、革命的なことを言うから、「貴様ら、特等席におって革命もへったくれもあるかい。現実を見ろ」こう言って、四、五人、こっちが金を出して、アラブへ連れて行き、シリアのサイカというゲリラ組織へぶち込んでやった。当時からシリアはアサド大統領で、イラクのフセインよりも冷酷で狡猾と言われていたんです。シリアはイスラムではなかったが、バース党の支配する国で、イスラエルと対立し、サイカはレバノンも支配していた。

砂漠のど真ん中で、真夏だから日中は気温が四十度ぐらいにまで上がる。そこのキャンプへ入れて、毎日、匍匐《ほふく》前進だ。一週間、これをやったら、しまいには勘弁してくれと(笑)。ようするに極右も極左も、頭の程度がまるで同じ。ひとことで言えば無知だ。テルアビブのロッド空港で乱射事件を起こした岡本公三が、あとになって「相手の宗教のことなど何も知らずに、こんな文明国へきて残虐なことをしてしまった」と非常に悔やんだが、殺してしまってからでは遅いんだよ。

だいたい、同じような農村に育ち、塩辛や納豆や目刺しを食い、味噌汁を飲み、ちょっと読んだ本と物の考え方が違うからといって、殺し合いをしたり憎しみ合ったりするのは、どう考えてもナンセンスだよ。

それからテロリズムというのは、そのことによって歴史の歯車を大きく狂わせてしまうような、有為の人物を殺してしまう。例えば伊藤博文や浜口雄幸、犬養毅、高橋是清がそうだし、上海事変の時に、中国からの早期撤兵を主張した白川義則大将がそうでした。白川大将は軍人でありながら、陛下の意を受けて撤兵を主張されたんです。それを中国のテロリストは上海で爆弾を投げつけて殺してしまう。陛下は白川大将の死を悼んで、和歌をお作りになったが、軍部の力が強くて、この御製は戦前には発表されませんでした。

この話を私は、戦後、五十年ぶりに中国へ行ったときに、中国側に話してやりました。中国側は「当時は情報が十分伝わっていなかった。不鮮明だった」と言っていましたが、テロは殺してはいかん人を殺してしまう。そうなっては取り返しがつきません。私はテロリズムには絶対反対です。

――八九年にベルリンの壁が崩れて以後、世界的に軍縮・平和の機運が高まりました。しかし、日本だけは依然としてどうもちょっと違うのではないかという気がしています。自衛隊は本気でやっていますか。あの「たか号」とかいう遭難したヨットの救助騒ぎがありましたね。あれは結局、イギリスの貨物船、といってもイギリスの下請けの貨物船ですよ。それが見つけ、もう二、三時間そのままだったら死んでしまったような最後の一人を助け出した。しかし、その前に自衛隊の飛行機やヘリコプターは、なんべんも上空を飛んでいた。本気でやっていたら、下請けの貨物船が見つけるようなものを、上からなんべんも飛んでいる飛行機やヘリコプターが、発見できないわけがない。これはもうやる気がないということですよ。

潜水艦とぶつかった釣り船でもそうだ。「なだしお」といったな。あれなんかでも、艦長がその気になっておったら、避けられる話ですよ。事故が起きても、万全だったとか言って、あとは平気で口をつぐんでしまう。だからそんなもの、私はもう自衛隊削減論だな。日本の上から下まで平和を貫徹し、その力をもってアジアを平和の方向に走らせたら、それこそアラブのラクダを砂漠に解き放って、突っ走らせた以上の効果がありますわ。それで初めて、日本はアジアからも、世界中の人々からも、本当の尊敬を勝ち得ることができるんです。

(1) マンスフィールド（一九〇三～二〇〇一） アメリカの政治家。ニューヨーク生れ。モンタナ大卒。同大教授。下院、上院議員、民主党上院院内総務。七七年から八八年まで駐日大使。八九年米上院は五十年に及ぶ公務を称える特別決議を採択。

純一無雑の心境

――今、政界を揺るがしているスキャンダルについてはどうですか。

ああ、佐川とか共和ねえ。あの種の男たちを俺は全然知らないけれど、金ばらまき病みたいな男たちだなあ。考えられないことをやっているんですよ。有罪判決を受けた読売の竹井博友がね、昔僕がパリにおった時にやって来て、ロアールの城を買いたいのでアンドレ・マルロー文化相に紹介してくれと言ってきた。僕が親しくしているのをだれかに聞いたんだな。一体どうするんだと聞いたら「ゴルフ場とダンスホールを作る」って言うから「大体フランス人は、このロアール川沿いのお城を国宝のように思っているんだ。それを売れなんていったら、殺されるぞ。お前さんらにはわからねえだろう」と言ってやった。それでもしつこく「田中さんはダンスはお嫌いですか」なんて言うから「ああ大嫌いだ。俺は空手ならやるぞ」って言って追い返したことがある（笑）。多いんですよ、そういう手合いが。

もう一人いたな。秀和とかいう会社の社長で、医者だと言っていた。名前なんかどうでもいいと思ったから忘れてしまったが、これが会いたい、会いたいってしつこいんだ。会ってみると、興銀の中山素平君を紹介してくれと言う話だ。そんなもの相手にしないで俺のところでもう突き返してしまったが、最後にこの人間が言った台詞は「田中さんは金儲けは嫌いなんですか」だ(笑)。俺は「正当な金儲けなら嫌いじゃないよ。しかし、こんな愚にもつかん金儲けは御免こうむる。今一番大事なのは新エネルギーの開発と食糧問題だ。俺はこれに集中するから、そんな暇はない。俺は金儲けのために生まれてきたんじゃないぞ。あんたとは根本的に違うようだから、これで失礼する」と、そう言ってこれも追い返した。こんな程度の人間に会ってたまるかというようなもんだ。

竹井をヨーロッパで使っていたのが川部美智雄という岸元首相の秘書官だったのです。川部は一高時代の同級生が外務省や商社なんかにいっぱいいるのを使って、ロンドンやパリで大きな顔をしていた。岸はこの川部を使ってインドネシアでも、フィリピン、タイでも、また欧州各国でも、外交関係の利権はほとんど握っていました。政治家と役人の癒着、それに事業家が巻き込まれて、それに入り込める事業家が、腕があるといわれている。入り込む手段はもちろん金、それとポジション、役人を引退した後の職業である。

——岸元首相といえば、インドネシアの賠償汚職が発端では。

いや、もっと前から……、戦前からですよ。日本人のこの体質は変わりませんね。アジアを回ってみて、彼等、東南アジアの人々ははっきり言いますもの。「日本人は変わらない。

戦前と同じだ」と。中には「まだ戦前の方がよかった。我々にも儲けさせてくれたが、今は根こそぎだ」という人もいる。特に軍の機密費の使い方がひどかった。神がかりな軍人ほどひどかった。

――佐川事件についてはどう思いますか。

こんなことが通るようでは、日本は乱れますよ。なにをしたって構わないということになる。だいたい竹下や金丸らは自分たちの権力を作るために、田中角栄さんを失脚させたそもその元凶じゃないか。結局、自分らの権力維持だけだ。あんな者を最大派閥だとかいって、政治家もマスコミも持ち上げたが、日本がつんのめっていく始まりだよ。こんなことを許していると、日本は壊滅します。歴史をご覧なさい。

今の政界なんか、意気地のない、頭の悪い漬物石みたいな人間か、そうでなければ乞食泥棒みたいな者たちばっかりだ。思い上がりと欲の皮が突っ張っただけの連中の頭を、いくら並べてみたって、日本は良くなるもんかい。こんな手合いは踏み潰していかなければ、日本はアジアでも世界でも本当に孤立してしまうよ。現に孤立している。

あんな目腐れ金に動かされ、まともな政権も作れないような者は、できもしないことを言うなって言いたいね。世界情勢はああだ、こうだと生半可な知識を振り回すだけで、邪魔になるから、要らぬ口は出さぬほうがいい。とにかく、ものを知らぬわ。日本という財産をくいつぶしてしまうんじゃないか。政治家も官僚も、皆アメリカの方ばかり向いている。戦前、ナチの、ヒトラーの咳一つで日本の政治が左右されたのと、どこが違うんです。あの頃と何も変わっちゃおりませんよ。ぜーんぶ同じだ。

佐川急便って、あれ、もともとは便利屋だろ。昔は飛脚を便利屋とも言ったんだ。その便利屋に振り回されている国ってあるかい。多少とも政治家に羞恥心や見識があれば、こんなことは起こらないよ。一番低級な奴等が、一番高級な顔をしてのさばっているのが、いまの政界じゃないですか。

そういえば、佐川事件で名前の出た中尾宏[1]という政治家がおりましたね。彼が僕に妙なことを言って、二度ほど近づいてきたことがありましたよ。

――いつごろのことですか。

こっちがエネルギー問題で、アラブ世界を飛び回っていた時でした。レバノンのベイルート空港へ降りたら、見ず知らずの男がおって、空港で俺を待っていた。大使館のスパイでも来たのかとこっちは思った。「中尾です」と名乗ったから、「知らねえな」と答えたら、四元がどうだとか、ズラズラ、ズラズラ、人の名前を次から次と挙げるんだよ。

「何の用だ」と聞いたら、「自分は油の問題を自民党から全部任されてきている。現地の王に会いに派遣されて来た」というから、「全然知らねえなあ、大体これは素人の口を出す話じゃない」と言ってやった。そうしたら「いや私らがやらないと自民党はまとまりません。石油会社は動きませんよ」なんて言っている。こっちは来たなと思ったから「動くか動かんか、見てろ。お前たちは邪魔するのが関の山だ。もし邪魔をしたら、ただじゃおかないぞ」。こんなもの、時間の無駄だからほったらかしにして行こうとしても、まだついてくる。

空港にはPLOのボディーガードが出迎えに来ていて、やっちまおうかなんて言っているから「まあいい、短気起こすな」となだめたんだが、車のところまで行ってもまだついてきた。「君はどこへ行くのだ」と聞いたら「あんたのホテルまでついて行く」と言ったから、「冗談じゃねえ。俺が行くのは君らが泊まっているようなホテルじゃねえぞ。王家の別荘だ」。そう言い捨てて、それっきりだ。幹事長の橋本とかいう名前もあげていたが、とにかく妙な男だった。

——二回目は何の話だったのですか。

たったそれだけのことだったのに、この中尾が「田中清玄には聞くべき話がある」なんて言ったらしいんだね。それから間もなく、中尾がやってきて、自民党の青嵐会が俺を呼んで話を聞きたいと言うんだ。永田町から日枝神社の方へ坂道を降りていったところの大きな料亭に俺を呼んだ。中尾は総理もご出席になるし、全部で三十人はくるなんて言っていたが、総理なんて来やしねえ。国会議員も十四、五人だった。山梨の中尾栄一が幹事役で、藤尾正行もいたな。俺が話し始めてしばらくたったら、藤尾が「話が違うじゃねえか」って中尾宏にかみついた。それで一座は大もめよ(笑)。

——田中さんは何を話したのですか。

お前さんらは政界ゴロの集団じゃねえかって、言ってやったんだ(笑)。こっちはいっぺん言ったことは、撤回しないからね。やるなら来いっと言わんばかりだ。会合はめちゃくちゃになっちゃった。それが二回目。それで中尾には「貴様は嘘ばっかりつきやがる」と言ってやったら、汗みどろになって、なんだとか、かんだとか、弁解だ。とにかくあれはひどすぎた。こっちはアラブから帰ってゆっくり静養しようと思っていたのに、迷惑なことをいってきやがると思ったから、言いたい放題言ってやったんだ(笑)。

――これまで国内外でずいぶん多くの人的関係を作ってこられましたが、その秘訣は何ですか。

秘訣というほどのことではありませんが、何でも自分を捨ててかかること。自分というものを滅してかかること。これは面倒ですよ。我執になったらだめです。私はそれを純一無雑《じゅんいつむざつ》の心境といっている。この心境で相手と向かい合えば、相手の人物の器量がそのまま見えてくるものです。それと、相手が信用した以上は、こっちも信用するぞという態度を貫き通すことです。いったん約束した以上は、どんな困難があってもやる。嘘は言わん、これが世界中で通用する真理です。

――よく日本の外交の駄目な理由にあげられるんですが、いいときだけ相手と付き合い、政権から滑り落ちたり、逆境におかれると、交際を絶ってしまうということがあるようですが。

だから嫌われる。付き合いというものは、そんなものじゃないんです。仕事というのは人間と人間を結ぶきっかけにすぎないんですから。そのきっかけだけを漁って歩いて、だれが相手にしますか。人間と人間の本当の付き合いなら、生死を共にすることもあるだろうし、喜びと悲しみを共にすることもあるだろうし、少なくとも私は今日まで、そう信じてやってきました。

――それにしても田中さんに対する世間の評価は、これまで右翼、怪物、黒幕、フィクサーとあまり芳しくありませんでしたが。

いいんじゃないですか。私はこれまでマスコミなんかがあれこれ書いてきたことについて、一言も弁解めいたことは申しませんでした。弁解なんかする必要は何もない。言いたい人は勝手に言ったらいい。何を書かれても動じません。普通の人なら神経が参ってしまうことでも、私は平気です。告訴なんかいっぺんもしたことがありません。ほっとけ、いずれ恥をかいて自滅するわと、今日までそう言い続けてきました。遅かれ早かれ、事実はやがて明らかになるものです。

私はこれまで自分なりに一つの原則をもって行動してきました。それは自分が関係した人物のコネクションを利用して、仕事をしないということです。人の路線は使わない。やるときは全部自分が培った路線を使ってやる。これが私の原則です。私が昭和天皇にお会いしたことを知って、入江さんを通じて皇室絡みの仕事をしてはどうかとか、御下賜金を頂いたらどうかなどと、いろいろなことを言ってきた人々がおりましたが、そんなことをしたら、私が陛下を利用するためにやってきたことになってしまう。

玄峰老師についても同様でした。老師の下で修行をし、教えを受けたことがすべてであって、それ以外のことは一切関係がない。そうでなくとも、田中清玄は玄峰老師に食い込んで利用したというような人物が、おりましたからね。老師自身から「池田総理に会わんか」と言われたときにも、これを断ったぐらいです。

自分がお付き合いをいただいた人達のことを、自分の仕事や就職運動に使うことは一切やるまいと決心して、やってきたのですが、人間の世の中ですから、いろいろ噂は立ちます。誰だれに厄介になったとか、自分の出世のためにどうしたとか、いろんなことを言われましたよ。しかし、そんなものを一々相手にしている暇はありませんでした。こっちはいつも命懸けの戦いをしていましたから。

――なぜ黒幕なんて言われたんでしょうか。

さあ、私には分かりませんが、マスコミが流したことは確かです。戦後ある時期まで、新聞社はもちろん、出版社などにもずいぶん日本共産党の秘密党員やシンパがおりましたからね。それから私は岸信介や児玉誉士夫らと徹底的に戦いましたが、かれらもまたマスコミにはかなりの影響力をもっていました。彼等の双方から挟撃され、意図的にそのような情報が流されたということじゃないでしょうか。

(1) 中尾宏（一九二四～九二）鹿児島生れ。鹿児島高商卒。七二年から代議士一期をつとめる。落選後は政界フィクサーとしての活動で知られ、佐川急便事件でも政界と佐川側を結ぶキーパーソンとして名前があがったが、事件発覚直前に急死した。

尊大で傲慢なアメリカ

――田中さんはまもなく米寿、八十八歳を迎えますが、今どんなことに関心をお持ちですか。

日本とアジア、そして地球と宇宙のすべてに関心があります。私は中学、高校の頃からこの世の真理とは何なのか、人間は何のために生きているのかを求め続けて、今日まで生きてきました。そのため玄峰老師について禅の修行も行ってまいりました。しかし、悟りへの道は極まるということがありません。すべてはこれからですよ。

今私がもっとも知りたいことの一つは、ビッグバンがこの世に本当に存在したのかどうかということです。我々人間が宇宙になり切るためにも、そもそもこの宇宙はどのように生まれたのかを、極め尽くさなくてはなりません。

もう一つは遺伝子工学に関することです。地球上に生きるすべての生物には、遺伝子がそなわっており、その遺伝子には膨大な数の情報が書き込んであるそうだ。最先端の遺伝子工学によると、ヒトの遺伝子情報は、なんとコメ粒の五十億分の一という極超ミクロのスペースに、三十兆ものヒトの体に関する基本的な設計図が、情報としてインプットされているというじゃありませんか。一体誰がそんなことをしたのでしょうか。何のために。これはもう神とか仏とかいう世界にまで入っていかなければ、理解できない話ですよ。

それを人間は、西洋合理主義の作り出した科学技術を盲目的に信じ込んで、遺伝子の交換による新種の人間まで作ろうと言い出している。自惚《うぬぼ》れるのもいいかげんにしてもらいたい。自然、それを神といってもよいし、仏と呼んでもいいのだが、人間は太古から続く自然のそうしたことわりをぶち壊し、地球環境のみならず、太陽系宇宙、銀河系宇宙にまでその破壊作用を及ぼそうとしている。

私の尊敬する今西錦司先生のお弟子さんで、サル学博士の河合雅雄さんによれば、この地球上には三千万種類の種が共存しているという。そのすべてにヒトと同じような遺伝子がそなわっている。そして多種多様だからこそお互いの生存が可能となる。一つの種が他の種を駆逐して完全に絶滅させてしまうということは、決して起こらない。ところが、そこからはみ出しているのが人間だと河合さんはいう。ひとり人間だけが平和裡な棲み分けができないでいる。

玄峰老師もかつて「一番業の深い、最悪の生物は人間じゃ」とおっしゃったことがある。人間は飢えてもいないのにスポーツとして生き物を殺すし、金儲けのためにも殺す。もっとひどいことにはイデオロギーのために、そして正義のためと称して平気で同一種である人間を殺す。かつてはナチスがそうだったし、共産主義もそうだった。

冷戦が崩壊してそれが終わったと思ったら、今度はカンボジアだ、ボスニア・ヘルツェゴビナだ、イラクだ、ソマリアだといって、依然として殺し合いをやって止めようとはしない。

人間は動物が進化して人間になったと思い込んでいるが、俺に言わせれば動物が堕落したのが人間だと言いたいね。

さらにもっと差し迫った問題は、この地球環境をどうやって守っていくかです。九二年には地球環境を考える環境サミットがブラジルで開かれましたが、アメリカも日本も会議が終わった途端、きれいさっぱり忘れたように、ただの一人も地球環境なんて言わなくなってしまった。竹下が名乗りをあげたが、あんなものゼニ儲けと票欲しさだけだ。そんなことは最初から分かっていた。しかもアメリカはブッシュが当初の姿勢を大きく後退させてしまったものだから、アメリカ追随の日本は、もう誰も何も言わないというわけだ。そんないいかげんなものに頼るわけにはいかない。九一年十二月、東京にオットー大公をお招きして、「美しい地球を保つ国際フォーラム」を開きましたが、この時の大公の講演はすばらしいものでした。私はこの運動をこれからも引き続き進める覚悟です。実行しなければ何の意味もありません。

最後はアジアです。これまでも繰り返してお話してきたように、中国を始めとするアジア諸国との連帯は、私の生涯をかけた悲願でした。はっきりしたことは、一つの民族、一つの国家の中でも、棲み分けが必要になってきたということです。中国は国内に五十五の少数民族を抱えていますが、その中で比較的大きいウイグル族やチベット族などは自治共和国として、政治的にも経済的にもそれぞれに責任を持たせて自立させている。一握りの共産党幹部が十二億人もの人間の気持ちを汲み上げ、それを満足させる政治ができるはずもない。ロシアも遅まきながら、今になってやっとそのことに気付き始めてやり出したが、前途は多難だ。

幸いにアジアは多様性にこそ、その最大の特徴を持っている。この特徴を生かして日本は中国、ASEAN諸国を中心にしたアジアと、政治、経済、文化、技術など多面的な連携を強めていくべきですよ。EC統合が進む中で、私がかねてから主張してきたアジア連盟の必要性はますます大きくなってきています。

——アジア連盟という話ですが、これからのアジアをどう見ますか。

アジアの前途は洋々としている。共産主義、自由主義、社会主義の母胎である西洋合理主義そのものが間違っていると前に申し上げたが、これらは全て唯一絶対の神を信じる精神から生まれたものです。ゼウス、エホバ、キリスト、アッラー、みなしかりだ。その文明が今、人間を、社会を、民族を、そして地球そのものを滅ぼそうとしている。

ところがアジアは二元論、多神論の世界です。個人でも仏の面と夜叉の両面があるように、根本は異なるものと共存している。体の中のバクテリアだっていい物と悪い物がある。私は仏教徒だが、あなたを改宗させようなどとはまったく思わない。私はこのような精神的風土から生み出されるものこそが、二十一世紀の人類を救うきっかけを与えてくれると信じている。科学的な手段が全てを救えるというのは、西洋文明の幻想にすぎない。

オットー大公らが始めた欧州連合も、四十五年かかって、マーストリヒト条約の各国批准、経済市場の統合というところまでこぎつけました。日本も口先だけでなく、もっと真剣にアジアのことを考え、行動をしなくてはならない。それを日本がやり切って初めて、アジアの人々は日本を見直し、心底から尊敬の念を抱いてくれることでしょう。

ところがそれを何より警戒し、実現させたくないのがアメリカだ。この国は自分たちの意のままに、自分たちの影響の下に、日本もアジアもヨーロッパも世界中を、置いておきたいのだ。今は経済がちょっと不振だからアメリカも静かになっているが、これをしのいだらまた「アメリカ イズ ナンバーワン」が必ず出てきますよ。共和党になろうが、民主党が出ようが、尊大で傲慢なこのアメリカの体質は変わらない。

小沢一郎は「今後、少なくとも五十年はアメリカと組んでやっていくしかない」と言っているそうだが、こういう考えとは正面から対決していかなければならない。外務省や自民党のようにアメリカのいいなりになるのか。「そうじゃない、おまえさんは間違っている、我々はこれこの通りだ」とアメリカに見せてやるには、アジアの人々としっかりと手を結ばなければならないということだ。そのためには従軍慰安婦に売春をさせようが、虐殺をしようが、時間がたてば口を拭って、そんな事はなかった、関係はなかったと言い抜けようとする、このごまかしの性根を叩き直すしかないじゃないか。わが日本がそれをしなくて、アジアの国々とどうして手を結ぼうと言えますか。

歴史は起こってしまったことだから、作り替えることはできません。ソ連が崩壊して、世界の唯一の超大国はアメリカだという。アメリカ大陸を発見して五百年、建国以来二百年だとかいって騒いでいる。アメリカの歴史は、たかだかそれだけだ。アジアには五千年、六千年の歴史がある。そんな浅はかな歴史と文明を持って、自惚れていい気になるなとアメリカに言いたい。俺たちも努力するから、君らもアジアの心と歴史をもっと分かるように努力しろというのが、私の心からのメッセージです。

誤解されると困るので、この際断っておくが、アジア連盟構想は日本がその盟主面をして、アジアを再び自分の支配下に置こうとする、いわゆる大東亜共栄圏の再来ではまったくないということです。むしろ逆だ。唯物論や西洋合理主義をベースにしたパワーポリティックスでは、にっちもさっちもいかなくなったことがだれの目にも明らかになった現在、地球的な危機から人類を救うために、アジア連盟は大きな役割を担っているということです。これこそが日本が人類に対してなし得る最大の貢献じゃないでしょうか。

――世間では田中清玄という人は、右か左か分からないという人も多いのですが、田中さんのお話を伺ってきて、最後に思うのは、どうもこの世の中はもともと右だとか左だとかいうのは、関係がないのじゃないかということです。

宇宙をよく見ていないから、世間の人はそんな愚問を発する。ほんらい無一物、これ無尽蔵、宇宙に右も左もあるもんか。物理学から言っても、また禅の道、広く宗教一般から言っても、宇宙には右もなければ左もない。そうじゃないと言うなら、どれが右でどれが左なのかつかんで見せてみろ。そんなもの、人間の小賢しい知恵が、手前勝手に作り出した幻想だ。ありもせんものを、あるように言う、近代文明なるものの、一番低級な部分だ。世間の人のそんな低級な問いに答える必要を、俺は認めない。現実をよく見ろ。宇宙をよく見ろ。どれだけ自分が宇宙とともにあるか、その度合いの問題だ。ありきたりの西洋の学問の影響を受けて、右だ、左だとこねくり回している。そんな馬鹿げたことばかりやっているから、地球は人類ともども、のっぴきならない破滅へと落ち込んでいくのだ。これが最後の問いに対する私の回答です。

この二年近く、あなたとこうして色々と対話を続けてきましたが、お互いに自分をさらけ出し、時に苦しみ、時に哄笑しあい、ようやく一つの結節点にきたようですね。いつもあなたとお会いするときは、毎日、二、三時間、じっと動かずに座禅を組み、精神を集中させ、想を整えてきました。実は今お話ししたことを、今日は是非申し上げようと思って臨んだのですが、あなたからの質問が、まさにその点に切り込んでこられたので、私自身驚いています。

禅ではこれを一つの観《かん》を通ったと申します。一つの悟りの境地に達したと言ってもよいでしょう。禅の定に入った収穫です。ただしあくまでも一つのですよ。この先どれだけ自分が宇宙になり切れるか、どれだけ地球になり切れるか。それがこれからの私の課題です。

解題

大須賀瑞夫

大須賀瑞夫（おおすが　みずお）
一九四三（昭和十八）年、福島県生れ。六七年、早稲田大学政経学部卒業。毎日新聞に入社し、奈良支局、大阪本社社会部、東京本社政治部、サンデー毎日編集部、編集委員などを経て九六年に退社。著書として『野望の系譜』『首相官邸・今昔物語』（いずれも朝日ソノラマ）、共著には『金大中事件全貌』（毎日新聞社）『ブレーン政治』（講談社現代新書）『自民党――転換期の権力』（角川文庫）などがある。なお本書の「注」についても、そのほとんどを執筆した。

田中清玄という人物に初めて会ったのは、今から二年前、つまり一九九一年の春のことである。取材のため静岡県・伊豆高原に住む田中を訪ねたのが最初だったが、耳が遠いことと足腰がいくぶん弱いほかは、八十五歳という年齢をまったく感じさせず、身につけた服装のダンディーなこと、そして古武士然とした容貌が印象的だった。

取材の目的は一九七八年十月に行われた昭和天皇と鄧小平との会見の模様を、鄧小平から直接聞いている田中から聞き出すことにあった。しかし、その時の田中の話は中国はもちろんのこと、インドネシア、欧州、米国、中東、宗教、政界、エネルギー、環境問題ととどまる所を知らず、そのエネルギッシュなことに圧倒される思いのしたことが、鮮烈な印象として残っている。

六十代、七十代当時の田中を知る人達は、「興がのってくると、インタビューが七、八時間に及ぶこともしょっちゅうだった」と口を揃えて語っている。八十も半ばを過ぎたにもかかわらず、往年のこのエネルギーはいささかも衰えを見せてはおらず、途中、食事が入ったり、休憩となることはあっても、数分間会話がとぎれるだけで、また次の話が始まり、そこではユニークな人物月旦や初めて聞くようなエピソードが、まるで糸でも繰り出すように次々と現れるため、とにかく会っている間はテープレコーダーを回しっぱなしにしておかなければならなかった。

同じ頃、三木元首相の夫人・睦子にインタビューをする機会があった。何かのついでに田中清玄という名前が出た時に、睦子がそれまでの話の調子を一オクターブほど上げて「あの方、とっても素敵な方ですよ」と褒めちぎるのを、いささか驚きながら聞いたことがある。というのも、彼女にとっては忘れることのできない、三木・田中の代理戦争とも言われたいわゆる「徳島戦争」の時に、いわば敵方の立場にあった人物であったからである。詳しい内容はインタビューの中で田中自身が語っているから、ここでは繰り返さないが、政治的立場の違いを越えて「素敵な人よ」と言い切る彼女の弾んだ声を聞きながら、田中清玄なる人物への興味と関心は膨らんでいった。

それにしても田中清玄という人物は、不思議な存在である。政治家でも実業家でも学者でもジャーナリストでもないのに、時にはそのいずれをも凌駕《りょうが》するような力量を発揮し、常識を遥かに超える行動力と人脈を保持してきたからである。一方、これまで田中清玄について書かれた様々な資料は、彼が政界の黒幕であり、石油利権屋であり、フィクサーであり、怪物だと、一様にマイナーなイメージを振りまいたものが氾濫《はんらん》していた。こうしたマイナーなイメージの背後には、転向という、節を曲げた人間に対する、世の人々の呵責なき不信の目が潜んでいることを見逃すわけにはいかない。「転向者」という言葉が、日本では戦後長い間、「信用の置けない人物」とほぼ同義語で使われ、今もなおその傾向は続いているからだ。それにしても目の前にいる当の本人と、世間に伝わる田中清玄像の落差はいったいどういうことなのか。

ともあれ、田中清玄なる人物が「不思議な人間」として世間の人の目に映っているのは、疑いようのない事実だった。戦前のことだが、武装共産党の書記長までつとめた人間が、その後、転向の末、なぜ他に比較することのできないほどの熱烈な天皇主義者になりえたのか。六〇年安保では、なぜ右翼の彼が、左翼の全学連に巨額の資金を提供して、安保反対を叫ぶ学生たちの活動を支援したのか。石油危機では、一介の事業家にすぎないと見えた田中が、なぜ超大国・米国の意向に逆らって中東の石油を日本に持ち込めたのか。

そして何よりも、昭和天皇をはじめ、吉田茂、佐藤栄作、田中角栄、中曾根康弘など戦後日本の骨格造りに重要な役割を演じた歴代首相、池田成彬、松永安左ヱ門、土光敏夫らの財界首脳、鄧小平、スハルト、ピブン・ソングラム、アンドレ・マルロー、シェイクザイドなど、アジア、ヨーロッパ、中東諸国の傑出したリーダーたち、敗戦前後の政界に隠然たる影響力を残した禅僧・山本玄峰、京都学派の泰斗《たいと》である今西錦司、ノーベル経済学賞のフリードリヒ・A・ハイエク、ハプスブルク家の当主、オットー・フォン・ハプスブルクなど、日本はもちろん世界の錚々《そうそう》たる人物たちと親交を持ち、しかもその関係は単なる社交儀礼的な付き合いに止まらない、濃密なものであるのはなぜなのか。つまるところ田中清玄とは一体何者であるのか。

インタビューを終えた今も、この問いに一言で答えるのはむずかしい。しかし、彼の生涯を辿《たど》ってみると、日本人離れしたスケールの大きさとともに、いくつかの特徴が浮かび上がってくる。

その一つは、田中が極めてラジカルな人物であるということである。この場合のラジカルとは、極右、極左などという過激派の意味よりは、字義本来の「徹底的」あるいは「根源的」ということに近い。そしてそれは彼の生涯を貫いていることがわかる。旧制弘前高校時代にドイツ古典哲学に興味を持ち、やがてマルクス主義を知って革命運動へと走るが、何ごとも徹底性を求めなければ済まない彼は、弱冠二十四歳で武装共産党の書記長の地位にまで進む。

戦前のアメリカ共産党員で日本に秘密文書を届ける役割を果たした西氏恒次郎は、ソ連に密航しようとして函館に出向いた際に、当時弘前高校生で函館に帰省中の田中と出会った時のエピソードを、二十年ほど前、あるインタビューに答えて語ったことがある。その中で西氏は、ピクニックに行って喉が渇いたと言ったら、田中は田圃《たんぼ》の水を飲めと言って自分も首を突っ込んでその水を飲んだ話と、「一緒に農村へ行って演説をしよう。農民がクワやカマで地主を切っても、これは凶器にはならん」と田中に言われたことを紹介し、「田中清玄、あれはすごかった」と、感に堪えぬ様子で田中に関する思い出を語っている。もう六十五年以上も昔のエピソードだが、田中が当時から一種の凄味を帯びた人物であったことを窺わせる。

田中のこうした激しい性格は、現在もなお色濃く残っており、例えば佐川スキャンダルやリクルート事件に見られる最近の政治家の体たらく、アメリカ一辺倒の外務省をはじめとする官僚たち、大挙して靖国神社へ参拝し、天皇訪中に反対した政治家たち、さらには近衛文麿、岸信介、三島由紀夫、松下幸之助、池田芳蔵、黛敏郎などへの批判の激烈さが、まさにそうだ。相手がどんな権威を持つ者であっても容赦することはない。しかも本人はそれを隠そうとはしない。

政治家や官僚たちが人物評などをして本音を語っても、すぐにオフレコをかけてしまう昨今の風潮とは大違いである。しかも、このように曖昧《あいまい》な物言いを極力排し、善悪、理非、好悪をズバリと言い切る点は、ファジーな時代などといわれ、何事にも曖昧な表現が好まれる現代にあっては、小気味のよい啖呵《たんか》を聞く思いがして、かえって新鮮な印象さえ受ける。

何ごとにも徹し切らないと気の済まない田中の性格は、いったん信じ込んだ人間との付き合いの深さと長さにも現れている。その一例が山口組三代目組長、田岡一雄との関係だろう。二人の交遊が始まるのは敗戦後のことだが、二人は一九六三年に「麻薬追放・国土浄化同盟」を作って右翼の児玉誉士夫と対決し、ついにはそれが原因で田中自身が狙撃されることにもなる。しかし、身に三発の銃弾を受けながら、いささかもひるまず、かえって狙撃犯に立ち向かっていく気迫は、とても常人のものとは思えず、西氏が指摘したような彼の凄さは、戦後の田中にもそっくり引き継がれているようだ。

しかも、山口組が組織暴力団として勢力を拡大し、社会的に非難される状況となっても、田中の田岡に対する友情はまったく変わらず、田岡の長男、満の結婚式では、田中夫妻が仲人をつとめている。そればかりか田岡夫妻が死んだ後も、田中は二人の遺児の父親のような存在であり、田岡家との付き合いは今もなお続いているという具合だ。

田中がラジカルであることは、その天皇観にも窺うことができる。「社会的融合と政治的統合の象徴として、天皇制は日本にとって欠くことのできないものである」とする田中の主張は、昭和天皇に対する強烈なまでの尊敬の念とともに、彼の天皇観の中核をなしているが、同時にそれは靖国神社への公式参拝や、天皇訪中に反対した右翼と、その影響下にある政治家たちへの呵責なき批判となって現れ、田中と他の右翼たちとを峻別させている。

昭和天皇を「平和主義者」と言い切ってはばからぬ田中は、三島由紀夫、黛敏郎らの天皇観とは大きく異なり、時に自称左翼たちのラジカルさをも凌《しの》ぐ。昭和天皇がまだ人間宣言を出される前にあって、①天皇の地位の存続②皇室財産の放棄③復興に立ち上がった国民激励のための全国巡幸を、直接、天皇その人に向かって進言した日本人が、他にだれがいたかを考えれば、田中のラジカルさが生なかのものではなかったことが分かるだろう。

田中のもう一つの特徴は、他に比類のない行動力である。戦前の非合法時代の共産主義運動から始まって、戦後は天皇制擁護、土木建設、食糧増産、エネルギー、環境問題、アジア連盟と、時によりその目的は変わるが、六〇年代以降はその活動の舞台が世界中に広がっている。多いときには一年に十三回、世界を飛び回ったこともあるという。しかも、その活動の多くは時流に乗ってというよりは、むしろその反対に時流に逆行する形で、広がっているのがもう一つの特徴である。

例えばこれもまた天皇制についてだが、戦前の「天皇制打倒」を掲げた共産党の指導者として、非合法活動を行うことは、田中自身がこのインタビューでも繰り返し語っているように、「死刑または無期懲役」に相当する国事犯であり、当時にあっては日本社会そのものを敵に回すようなものであった。

さらに、戦後は敗戦と共に左翼思想が日本中を覆い尽くし、政界はもちろん、学界、文化界などがコミュニズムに席巻されると、こんどはこれと対決し、天皇制擁護のために、実力行使も辞さないという姿勢を貫くことになる。彼は学者でも作家でも評論家でもないが、日本の進歩的文化人たちが、多かれ少なかれマルクス主義の影響を受けてきたのに対して、その影響をまったく受けず、むしろこれと果敢に戦った日本人でもあった。

その一方で、アメリカ流の民主主義が日本に入ってくると、田中はその欺瞞性《ぎまんせい》にも容赦のない批判を加え、政治指導者の資質にも言及しながら「民主主義は衆愚政治に過ぎない」と言い切って、世間一般の常識に挑戦する。さらに一九七〇年代半ばに起こった石油ショックでは、エネルギー政策の自立を目指して中東石油の導入を企図し、巨大なアメリカ資本にほとんど徒手空拳で戦いを挑んだ末、大きな成果を上げている。

田中のもう一つの特徴は、国際問題に関する独特の見識と洞察である。とくに、朝鮮戦争や旧ソ連のアフガニスタン侵攻を予告し、マスコミからは「情報の卸問屋」というニックネームをもらっている。このインタビューを始めてからも、田中はいくつかの「予言」めいた発言を行い的中させている。一つはロサンゼルスで起きた黒人暴動であり、もう一つはペルーのフジモリ大統領による戒厳令の布告である。いずれもインタビューの途中に突然話題が変わり、「アメリカはこれから黒人暴動で手を焼くぞ」「ペルーのフジモリがやっていることは一体なんだね、あれは」と言い出し、こちらが面食らって何も答えられないでいると、その話はそれっきりということが何回かあった。ロス暴動や戒厳令の布告があったのは、それから一カ月も経たぬうちのことであった。

こうした予言が、いかなる根拠に基づくものなのか。本人は「感じるんだ」というだけで多くを語らないが、一つは彼の国際的人脈を通じ折りに触れ入ってくるかなり確度の高い情報がある。しかし、それだけではなさそうだ。それは田中自身が毎朝、新聞各紙をかなり丹念に読み、そのなかから本筋に関わる情報を峻別する類いまれな能力を持っていることとも関係がありそうだ。その場合に重要なことは、彼が「すべては現実に適合しているかどうかなんだ。イデオロギーなんかに惑わされていたら、何も見えない」とインタビューの中で繰り返し語っているように、日本人には極めて珍しいリアリストとしての目を持った人物であることだ。

田中のこうした現実主義者としての真面目は、このインタビューの中で至る所に顔を出すが、その最も典型的な事例は、彼が獄中で転向する過程で、スターリニズムと対決し、そこから離れていくプロセス、そして戦後における中国がソ連と対決し、独自の社会主義国を作り上げていくことへの共感に見ることができる。少なくともいったんは理想と信じたコミュニズムが、スターリンという独裁者によって見るも無残に打ち砕かれ、社会帝国主義へと転落していく過程を、だれよりも早く見て取り、以後これとの対決に一生を捧げたことを考えれば、彼の現実主義者としての本領が、時流に乗って旗を振った者たちの対極にあり、筋金入りであったことが分かるだろう。

さらに中国についても、脱毛沢東化を日本の中でいち早く指摘して、「すべては現実なんだ」と言い切り、鄧小平の中国がまさにその路線を現実化しつつあることを高く評価している。このような彼の現実感覚は、他の国際政治学者や政治家、官僚たちと比べても、際立っていたことは間違いないだろう。

中国といえば、田中清玄がアジア主義者であることもまた、見落としてならない点だろう。彼のアジアへの関心と共感は、すでに青年時代からのものであったことは、彼の獄中における転向声明などによっても明らかだが、その姿勢は田中が戦後、タイを皮切りに東南アジアの国々と付き合いを深めることによって、一層鮮明になってくる。ここで興味深いのは、田中がオットー・フォン・ハプスブルクとの親交を続ける中で、汎ヨーロッパ運動への興味と関心を強め、それをもう一度アジアにフィードバックさせる形で、アジア連盟構想を提唱していることである。

そのことはアジア主義者・田中清玄の存在をユニークなものにしている。どういうことか。そもそも日本におけるアジア主義者とは、伝統的にアジア侵略のイデオローグの役割を果たしてきたものがほとんどであった。口ではアジアとの連帯を唱えながら、実態は日本のアジア侵略への旗振り役だったのである。しかし、田中の場合、PKOを目的にした自衛隊の海外派遣、従軍慰安婦、靖国神社への公式参拝、天皇訪中問題などに関する一連の彼の発言を見ても分かるように、過去のアジア主義者たちと同様の陥穽《かんせい》に落ち込むことから、免れている。

これは多分、彼がアジアの生きた人間たちと実際に深く付き合い、彼等が日本をどう認識し、かつてのようなアジアの盟主面《づら》したやり方では、アジアはもちろん、広く世界中でまったく通用しないことを、だれよりもよく承知しているからだと思われる。田中が凡百のアジア主義者、ナショナリストたちから抜きんでている所以《ゆえん》である。

田中清玄のもう一つの特徴は、それだけ行動的でありながら、その一方でまるで思想家のような発言と人脈づくりを行ってきたことである。例えばノーベル経済学賞を受賞したことで知られるフリードリヒ・ハイエクとの親交がそうであり、また京都学派の中心的学者といわれた今西錦司との交遊もそうであった。しかも重要なことは、田中が彼等の学問の今日的、かつ将来的意義を正確に見抜いた上で、付き合いを深めていることである。単なる儀礼的付き合いなら、ハイエクのノーベル賞受賞のパーティーで、メインテーブルに座るただ一人の日本人には選ばれなかっただろうし、今西との対談のために、ハイエクが三回も日本に足を運ぶこともなかったに違いない。

二人の碩学《せきがく》は九二年、相次いで世を去った。アメリカ大統領のブッシュはフリードリヒ・ハイエクの死に当たりとくにステートメントを発表、その中で「ハイエク教授は世界の知的分野と政治に革命的な変化をもたらした。将来の世代は彼の成し遂げた業績から多大の恩恵を享受することになろう」と、最大級の賛辞を送った。時あたかも世界的規模で社会主義が崩壊し、ロシアをはじめ東欧諸国が雪崩を打つようにして、市場経済への移行を求め始めたまさにその最中のことであり、伊豆半島の一角にあって、ワシントンから届いたブッシュ大統領のステートメントをよむ田中の表情は、深い感慨に包まれていたのを忘れることはできない。

田中清玄は不思議な人物だという世間の評価は、それでもなお残る。それはスケールの大きい人物の宿命のようなものかもしれない。人間がすべて矛盾に満ちた存在であると同じように、彼もまたそうであるからだ。佐藤栄作とは深く交わりながら、その兄である岸信介とは時に命を張った対決を繰り返してきた。右翼と自称しながら、右翼が主張してやまない靖国神社参拝などには、真っ向から反対を唱えて戦いを挑む。さらにナチズムと戦った欧州の要人たちとも長い親交を続けながら、ユダヤに支配された国際石油資本とは、これまた真っ向から対決するといった具合である。とても一筋縄でとらえ切れる人物ではない。しかし、こうした一見矛盾に思えることが、彼の場合、魅力でもあることを指摘しないわけにはゆかないのである。

それにしても、このようにラジカルなリアリストとも言うべき日本人には極めて珍しいたぐいまれな個性は、どのようにして生まれたのであろうか。一つは冒頭で彼自身が語っている会津藩家老の血を引く家に生まれたことと、それは深く関わっているように思われる。実はこのインタビューで、冒頭の会津に関する部分は、彼が生まれるはるか以前の話であり、あくまでも彼の体験談に限って話を聞くという原則からすれば、カットすることも考えたのだが、敢えてそうはしなかった。その理由は北海道や東北の寒村に追いやられたかつての会津藩士たちが、その子弟たちにどのように戊辰《ぼしん》戦争を語り、伝えようとしたのか、そしてその話を聞いて育った田中清玄にとって、その倫理観、世界観を形作る上で、どのような影響を与えたのかを知るために、欠かせないと判断したからに他ならない。

まったく同じ理由で、田中の話の中で明らかに事実誤認と分かるものについても、一カ所だけそのまま掲載した部分がある。それは「蛤御門の変（禁門の変）」を語ったところで、会津藩主・松平容保が孝明天皇から贈られた御宸筆と錦の御旗に関する部分である。「福島県史」によれば、松平容保が受け取ったのは天皇からの宸翰（手紙）と御製二首であり、過激なまでの尊皇攘夷派であった長州藩を、公武合体派の中心勢力であった会津藩が宮中から一掃して、いわゆる「七卿落ち」を実現させたことへの感謝の気持ちを込めたものであった。

おそらくこの宸翰と御製二首が、遠く北海道に伝わる間に、その一方が錦の御旗に変わったものであろうが、重要なことは当時の会津藩が天皇から感状を受け、そのことが明治維新後も旧会津藩士たちにとっては何ごとにもかえがたい名誉として受け取られていたという事実である。田中はまた「幕末に先祖の田中土佐が藩主とともに京都に赴き、新撰組を組織したほか、ならず者たちを集めて市中見廻り組を作り、宮中の警護や京都市内の警備に当たらせた」とも語っているが、戦後、彼自身が共産党のデモに対抗して、皇居警備のために土工や沖仲士らを集めて、デモ隊と渡り合った事実を考えると、彼の行動の根底にこうした先祖の血が色濃く滲んでいることを見落とすわけにはいかないのである。

世間で俗にいう「氏、素性の話」は田中の話の至る所に現れ、とくに若い読者から見れば、いかにもアナクロニズムのような印象を与えるに違いない。だが「自分が会津藩家老の家柄に生まれたことが、おかしなものに自分を近付けさせなかった」「単に金を持っているというだけでは駄目なんだ」などと田中が語っているように、自立した人間がどのようにして成り立ち得るかを考える上で、こうした田中の姿勢は極めて示唆に富む。

それはちょうど幕末に咸臨丸でアメリカに渡った福沢諭吉が「ワシントンの子孫はいまどうしておるか」と尋ねたところ、アメリカ人はだれも知らなかったというエピソードを紹介し、日本における源頼朝や徳川家康の子孫を思い浮かべつつ、アメリカの政治制度の精髄を一瞬にして見て取ったことを「福翁自伝」の中で明らかにしているのと同じようなものではなかったか。

つまり、福沢が武家社会の本質を鋭く見抜いていたがゆえに、かえって近代化されたアメリカの政治制度を、幕府の使節団長であった軍艦奉行・木村摂津守らに先んじていち早く理解し得たと同じように、田中清玄における会津精神が、日本国内ではいかにも一見アナクロニズムに見えながら、その実、国際社会では彼が受け入れられ、その活動を可能にしてきたことと、それは深く関わっていると思われるからである。

自らの生い立ちに関する、田中のこのようなこだわりは、また彼の歴史に関する並々ならぬ関心の強さとともに、祖先の体験が現在の自分の行動に大きな影響を与えてきたと認識している点で、日本人には極めて珍しい歴史意識の持ち主でもあることを示している。インタビューの冒頭で、彼が日記をつけてこなかったことを悔いる件りがあるが、「歴史をよく見ろ」という彼の言葉とともに、彼が日本人の歴史健忘症を憂え、日本人が本当の国際性を持ち得るには、きちんとした歴史観が欠かせぬ要件であることを、自らの体験に即して語っているように思う。

同時にそれは、日本政府が過去のアジア侵略に対する清算を曖昧にしてきたことへの田中の憤りとなって現れ、逆に汎ヨーロッパ運動や中国の革命運動など、日本人の時間感覚では計り切れないほどの長さで進められつつある事柄への、共感や関心となって現れているようにさえ思われる。

もう一つ、田中清玄のような個性が生まれ得た秘密は、獄中を出てから山本玄峰について禅の修行に入ったことと、密接な関係がある。田中の話の中によく「宇宙になり切る」という言葉が出てくるが、これは明らかに禅の影響であり、なにごとも徹底して考え、実行しなければ気の済まない彼本来の性格に、一層磨きをかけたのが禅の修行だったことは間違いない。しかもその師、山本玄峰は戦前戦後を通じて鈴木貫太郎首相を初めとする政、財界人に大きな影響を与えた人物であり、その下での修行が彼の人物識別眼はもちろん、人生観、世界観にも大きな影響を与えたことは、田中自身が語っている通りである。

二年間に及ぶこのインタビューの間に、世界は大きく変貌した。彼が戦前に命をかけて飛び込み、戦後は一転して命を張って対決することになった革命運動の総本山とも言うべきソビエト社会主義共和国連邦は崩壊し、ロシアが誕生した。しかし、彼のソ連に対する警戒心は、ロシアとなった現在もいささかも緩んではいない。

前述したようにインタビューで語られたことは、ほとんどオフレコのないままに記述することが了承されたが、ただ一点、彼が最後までひっかかったのは、敗戦直後にナージャというロシア人女性を通じて伝えられたソ連の「日本攪乱工作」に関する部分だった。それは今日の我々から見れば、異常とも思えるほどに神経を使った慎重な対応であった。そのことは左翼運動を通じて、彼の受けた傷がいかに大きかったかを物語っているように思われる。

田中とほぼ同じ頃、スターリンの指示にもとづいて中国における都市武装蜂起を指導し、後にコミンテルンから「極左冒険主義」との批判を受けた元中国共産党宣伝部長の李立三は、「学習・査問のため」と称してモスクワへ召喚され、その後、十五年もの長きにわたってモスクワに足留めされている。

田中自身、インタビューの中で、武装共産党の書記長時代にコミンテルンから「極左冒険主義」と批判され、モスクワに来るよう執拗なまでの誘いを受けたことを明らかにし、「自分は危険を感じてその誘いには乗らなかった」と述べている。さらに戦後になってからも、GHQに派遣されてきていたソ連のデレビヤンコ将軍から危うく訴追されそうになった事実を明らかにし、「ソ連へ連れていって銃殺にでもしようと考えたのだろう」とも語っている。修羅場をかいくぐった者にしか分からない独特の感性と警戒心とでもいうのだろうか。

戦後、田中が五十年ぶりに訪中することを踏み切らせた李立三の名誉回復は、訪中のわずか一カ月前のことである。本人は「鄧小平の中国がストンと私の胸に落ちたような気がした」とそのことを表現しているが、田中にとって中国はその時初めて、安心して足を踏み入れることのできる場所となったはずだ。彼のロシアに対する異常なまでの警戒心も、あながち荒唐無稽のこととばかりは言えないのかもしれない。

李立三とはついに出会うことはなかったが、同じころ革命の同志として田中が実際に交渉を持ったカール・ヤンソンのことにも触れておきたい。戦前の革命運動史に欠かせぬ人物といわれながら、ヤンソンはごく最近までその素顔も動静もほとんど分からず、謎の人物といわれてきた。ところが一九八一年に彼の祖国であるラトビア共和国で『カール・ヤンソン伝』が発刊。それが村田陽一によって翻訳され、三年前に『法政大学大原社会問題研究所雑誌』に掲載されて以来、その実像が日本でもしだいに明らかになりつつある。

ヤンソンは一九二〇年代から三〇年代末期にかけて、コミンテルンがアジアに派遣した革命運動の陰の指導者として、とくに日本と中国の運動に大きな影響を与えていたことが分かってきたのだ。

ヤンソンが在京ソ連大使館員の肩書きで日本に滞在したのは一九二五年からわずか二年間にすぎないが、その後も三〇年まで上海、ウラジオストックなどを転々としながらコミンテルン極東ビューロー代表として、東アジアにおける革命運動を指導した。この時期は田中が旧制弘前高校で東北学生連盟を結成して左翼運動に参加してから、治安維持法違反で逮捕されて入獄するまでの五年間にぴったりと重なっており、まさに両者は革命の同志としての関係であったことが分かる。

その後、田中は転向、ヤンソンはスターリンの粛清によって三九年に殺され、両者は再び会うことはなかったが、証言の中で田中はひとかたならぬ懐かしさを込めてヤンソンに繰り返し言及している。『カール・ヤンソン伝』の公刊によって、彼は福本イズムの一掃と日本共産党の再建という使命を帯びて日本に派遣されてきていたことが明らかになったが、田中の思い入れに満ちたヤンソンへの言及は、たんに同じ時期に革命運動に従事したことへのノスタルジックな感情のなせるわざだけではなさそうだ。

その後の研究によって、ヤンソンは極めて有能な職業的革命家であり、二十近い変名を持ちながらフィンランド、アメリカ、カナダ、イギリス、ドイツ、フランス、日本、中国、インドなどを舞台に活動した、文字通りインターナショナル・コミュニストを地で行く人物であったことが分かってきたのである。

しかも彼は「そのころの日本の革命運動に欠かせぬ人物であったことに間違いない。彼はこと革命に関する限りきびしく鋭い。その頭脳の冴えは他を圧倒するものがあった。がこと私事に関する限り、極めて単純素朴、指導者根性などカケラも見せない人間に些かもいや味のない」（白石芳松『ある革命的海員の思い出』）人物であったという。

また田中証言にも登場するモスクワでの福本イズム批判のための会議の席上、ヤンソンは当の徳田球一その人を前にして「徳田は国際的山師だ」と厳しく批判し、福本和夫をはじめ渡辺政之輔、鍋山貞親、佐野文夫、ブハーリンなど並みいる一同を「唖然たらしめた」というエピソードなどを考え合わせるとき、革命の同志としてよりは、むしろ人間としての並々ならぬ親近感を彼がヤンソンに対して抱いていたであろうことは、言葉の端々からも十分に読み取ることができた。

こうしてみてくると田中清玄という人物は、いかにも人間離れをしていて、型破りであるかのような印象を持たれるかもしれないが、実際に会ってみた印象はまったくそうではない。この種の黒幕とかフィクサーなどと呼ばれる人間には、えてして女性関係がルーズであり、金銭感覚もかなりいい加減な人物が多いのが世間一般の印象だが、田中の場合はむしろ逆である。家庭的にはまったく普通の人であり、ひで夫人との結婚生活は獄中結婚以来、実に六十年の長きにおよぶ。しかも、本人が「硬派中の硬派」を自称する通り浮いた噂一つなく、かえって女性関係にルーズな人間に対する容赦ない批判は、近衛文麿、岸信介、安岡正篤らであっても手を緩めることはない。

さらに田中の義理堅さには、定評がある。彼が獄中にあった当時、看守として付き合った人間を、戦後彼が自ら興した会社の社員として雇った話や、同じく獄中で世話になった思想検事、戸沢重雄の未亡人との長い付き合いは、このインタビューにも登場するが、それ以外にもこの種の話は枚挙にいとまがないほどである。田中の逆鱗に触れて彼の元を去って行かざるを得なかった者も多いかわりに、いったん信じ込むと、とことん付き合う彼の性格がよく現れており、そうして付き合いを続けてきた多くの人々は、田中の誠実さと優しさに、魅了されてきたといえるだろう。

田中は今、伊豆高原の閑静な別荘地に建つ自宅で、すべての仕事から身を引き、ひで夫人とともに静かな余生を送っている。一昨年には心臓にペースメーカーを埋め込む手術を行い、今年一月には白内障の手術を受けた。しかし、八十七歳という年齢にもかかわらず、その記憶力のよさには何度こちらが舌を巻いたことか。それはこのインタビューを読んでいただければお分かりだろう。

ふだんは背筋をぴんと伸ばし、いかにも古武士然とした姿勢のよさを保っているが、七、八時間にも及ぶインタビューの中で、さすがに疲れてくると、時にそのままソファーに長々と寝そべってしまうこともなかったわけではない。しかし、まったく話を止めてしまうわけではなく、「俺の遺言のつもりだ」という話で始まったこのインタビューにかける彼の気迫は、ソファーに寝そべってしまっても、なお話を止めようとはしないことからも、ひしひしと感じ取ることができた。

（文中敬称略）

インタビューを終えて

このインタビューは一九九一年三月から九三年一月にかけて行われた。「日記がわり、遺言のつもりで」と本人が述べている通り、生い立ちから始まって、これからなお取り組んでいきたい課題に至るまで、話された内容は多岐にわたり古今東西に及ぶ。明治生まれで大正に育ち、狂乱怒濤の昭和時代を文字通り波瀾万丈に生きた田中清玄氏の一生が、これだけ系統立てて本人の口から直接語られたのは初めてのことである。本書のタイトルを『田中清玄自伝』とした所以である。

このインタビューがまず田中氏の名前の読み方を聞くことから始まっているのには、わけがある。紳士録や人物辞典などであらかじめひと通りのことを調べたうえで田中邸を訪問したのだが、「たなか　きよはる」というのが正式な名前と思っていたのに、門柱には「Seigen Tanaka」と書かれた英文の表札が架かっており、不思議に思った気持ちを率直にぶつけたのである。その答えは本文にある通りだが、田中氏は「話の大筋さえ通っていたら、そんなことはどうでもいいんだ」と一言のもとに言い切ったものである。

次に彼の出自を尋ねると、田中氏は故郷、函館の名刹・高龍寺に建つ大祖父、田中玄純の墓碑銘の拓本を秘書の武石晴彦氏に広げさせ、会津藩家老に連なる祖先の説明をとうとうと始めた。桐の箱に入って立派に表装されたこの拓本の高さは、大人の背丈をはるかに超える大きさで、家の中にはこの拓本を掛けるだけの格好の場所がなく、武石氏は傷つけないように広げるので苦心惨憺《さんたん》していたが、田中氏は「破けたって構わん。俺はそんな瑣末《さまつ》なことにこだわるような人間じゃないよ」と、こともなげに言い放った。

ささやかだが、インタビューの冒頭に見せたこの二つのエピソードは、「瑣事《さじ》にこだわらず、ひたすら核心に迫る」という彼のたどってきた人生のありようそのものをよく表している。六〇年安保の頃に彼のボディーガード兼秘書をつとめた藤本勇・日本共同企業専務によると、安保の騒乱状態の中で田中氏は「だれがその中心人物なのかを一瞬にして見抜き、どんな危険があっても臆することなく、一気にその中核に飛び込んでゆく独特の勘と勇気を持っていた。それはタイでもパレスチナでもまったく同じだった」と語っているが、さもありなんと思う。証言に登場する人物の錚々《そうそう》たる顔ぶれを見れば、彼の人物識別眼が生なかのものではなかったことが十分お分かりいただけるはずだし、二百時間を超えるインタビューの全体を通じても、田中氏のこの姿勢は貫かれた。

とはいえ田中氏がすべてに大雑把で、細かいことなどは無視する人物だったのかといえば、事実はまったく逆である。「細部をないがしろにすると、証言全体の信憑性《しんぴょうせい》が疑われる」と語る田中氏は、正確な記憶を呼び起こして事実を確定するまで、同じ部分の話を何度も繰り返して語り、出来上がった原稿にもいく度となく手が入った。九二年秋に田中氏は白内障を患い、細かい字は読めなくなったが、それでも武石秘書やひでで夫人にそのつど原稿を読ませて内容を細かくチェックし、最後の一行までおろそかにしない周到さだった。とりわけ警戒心と目配りの緻密さは「解題」にも書いたように、非合法時代の革命運動を潜り抜けた人にだけ通用する、とでもいうしか言いようのない独特のものであった。しかも八十半ばを越えてなお「枝葉に左右されない大局と、正確な事実」という、時として二律背反になりかねない二つのテーマを同時に自らのものにしようとする田中氏の姿は、一心不乱に禅の修行にはげむ苦行僧のような印象すら与えたものである。筆者にとっては知ったかぶりや付け焼き刃がまったく通用しなかったことは言うまでもない。まさに裸でぶつかるしかないインタビューであった。

そうはいっても、堅苦しい雰囲気の中でこのインタビューが行われたわけでは決してない。主として伊豆高原の自宅で会うことが多かったが、時には都内のホテルや谷中の全生庵、赤坂の馴染みの小料理屋などで、食事をはさみ寛いだ雰囲気のもとで、これらの話の多くは語られた。日ごろ政治家に取材することの多い筆者にとっては、それはかなり趣の変わったインタビューではあったが、しかし、痛快で啓発されることの多い話が続き、この人は「怪物」どころか「快傑」と呼ぶに相応しいのではないかと何度思ったことだろうか。

証言の中の戦前の左翼運動時代のことを確認するため、ある左翼系歴史学者に電話を掛けたときのことである。「なに、田中清玄？　ああ、あれはインチキですよ」と切り出したのを忘れることはできない。実は証言の一部は九三年春から今年にかけて『サンデー毎日』『毎日新聞』『諸君！』でも報道されたのだが、この時にも「転向したあげく反共主義者となった田中清玄のような人物の話を、まともに取り上げるとは何ごとか」といった式の投書がいくつか届いた。冷戦が終わり共産主義がこの地球上からほとんど姿を消そうとしている現在、いまだにイデオロギーに振り回され、「転向」の一事をもってその人物そのものを全否定しかねない人が、世の中にはまだまだ結構いることを改めて思い知らされた感じがしたものである。

しかし、そうした反応とはまた違った反響があったことにも触れておきたい。『サンデー毎日』を読んだというフランス人と結婚したある日本人女性は、遠くパリから手紙を寄せ、彼女がかつてフランスで航空会社に勤めていた頃に、アラブ諸国とパリを往復していた二十年前の田中氏の印象を伝えてくれたし、大阪のある男性は獄中にあった田中氏が、六十年も昔に作家の藤沢桓夫氏に宛てて出した手紙を送ってきた。長野県に在住のある男性などは、わざわざ筆者を訪ねて来て「もっと田中さんについて詳しい話が聞きたい」と言われたこともあった。さらに筆者の長年の知人でもある元社会党代議士は、その政治的立場を越えて、「田中氏の話に感銘を受けた」と率直な感想を寄せられた。いずれも田中氏の証言によって、彼等の内部で何かが触発され行動を起こした人々であるが、人をして何かそうした行動に駆り立てるものが田中氏にはあるようだ。

この原稿がほぼ出来上がった直後に、田中氏は健康を害し、入院、療養生活に入られた。「この本をぜひ若い人に読んでもらいたい」と出版を楽しみにしていただけに、一日も早い快癒を祈りたい。言うまでもないことだが、この本は田中氏の強い意思がなければできなかった。ここに改めて感謝の気持ちを記したい。そして、ひで夫人にも。

夫人はインタビューが伊豆高原の自宅で行われたときにはいつも田中氏に寄り添って、時には田中氏の記憶の足らざるを補うなど、文字通り夫唱婦随の協力を発揮された。とりわけ、戦前の左翼運動時代については彼女自身の実に貴重な証言を聞くことができた。ひで夫人の語り口は穏やかそのもので、淡々としたものではあったが、六十年の長きにわたって彼女の内部に秘められてきた思いが、そのままほとばしり出るように語られたものであったことを申し添えておきたい。

本書は当初六月に刊行される予定だったが、田中氏の入院等で遅れたことをおわびしたい。最後に田中清玄氏の長男・俊太郎氏、二男・愛治氏、前秘書・武石晴彦氏、文藝春秋の浅見雅男氏、それからここに一々名前は挙げないが、それ以外の多くの方々にも一方ならぬお世話になった。ここに記して心からの感謝としたい。

一九九三年七月

文庫版あとがき　歴史の地下水脈をたどって

今回、『田中清玄自伝』がちくま文庫として復刊されることを誰よりも喜んでいるのは泉《せん》下《か》の本人かもしれない。というのも今回、この文庫版を読まれた方はすぐお分かりになったはずだが、この本は「聞き書き」、つまり筆者の質問に田中が答える形で話が進んでいる。

冒頭の質問に対して自分の来歴と生涯を簡潔に説明したあと、「私のそういう一生が、若い人達に多少なりとも役に立てばと思って、遺言のつもりでこうしてお話しすることにしたんです」と語ったことは、お読みになった通りである。

そう語って数年後にこの本が出版されたとき、彼はすでに重篤な病で病床にあり、『自伝』への反響や評価を知ることもなく、出版からわずか三カ月後にはこの世を去ってしまった。彼が話したことは、文字通りすべて「遺言」となったのである。人一倍鋭い感性を持ち禅の修行に励んだことのある彼は、自分の死期の近いことを本当は知っていたのかもしれない。

今回の復刊を一番喜んでいるのは、泉下の田中かもしれないと書いたのは、その後書店から姿を消してしまった本書が、彼が望んだ若い読者（その大半は彼の名前すら知らないはずだが）の眼に触れる機会が再び訪れたことも理由の一つではある。

だがそれ以上に強調したいのは、彼が「遺言」として語り残したことを、この十四年間に起きた現実に照らし合わせてみると、今さらながら思い当たることがあまりに多く、彼の洞察力の鋭さに驚き、今や「遺言」は「予言」へと昇華されたのではとの思いを抱くことを、私自身禁じえないからである。

たとえばアラブ情勢である。聞き取り当時はいわゆる湾岸戦争のさなかで、米国は現在のジョージ・ブッシュ大統領の父親が政権を担当していた。

田中が真っ先に言ったのは「アメリカはアラブを敵に回すべきではない」という、今にして思えば見事に核心を突いたひとことだった。そして「日本はヨーロッパやアメリカと、アラブとの間に立ってその仲介役をやれ、と主張している」と続けた。

理由について彼は、「なにせイスラム教徒は世界中に十億と言われている。中東だけでなく広く世界中にいるんですから」と述べて、「アメリカがイラクを攻撃するたびに、世界中で反米主義者を増やしていっているようなもの」と、世界規模の平和と安全にかかわる緊急にして重要な課題であることを強調した。

日本に対しては、アラブと欧米との間に立って仲介の労をとることを求め、「そんなアメリカの後ばかり追っていてはだめだ。サダム・フセインに『言いにくいことだけど、お前さん引退しろ。責任があるぞ。ただし裁判にはかけないから』とね。そこが一番のポイントだ」と、日本政府の果たすべき役割と最後の落としどころまで、噛んで含めるように語ったものである。しかし、こうした田中の一連の提言は、現実には一顧だにされなかった。

その死後に起きたことをもちろん田中は知らない。しかし、我々はそうではない。

二〇〇一年九月にはアメリカで同時多発テロ事件が起き、三千人近い人々が犠牲となった。アメリカは一連のテロがウサマ・ビンラディンをリーダーとする国際テロ組織・アルカイダによって計画・実行されたと断定。彼らが潜伏するとされたアフガニスタンのタリバーン政権にビンラディンらの身柄の引渡しを要求して、同政権がこれを拒否するとアフガンを空爆。圧倒的な米軍の制圧下で同年末にタリバーン政権は事実上崩壊、三年後には米国が後押しするカルザイ政権が誕生した。

だがその後も、武装した反政府勢力の勢いは衰える気配を見せず、未だにウサマ・ビンラディンを拘束することさえできないでいる。

一方、アメリカは二〇〇三年三月、イラクが大量破壊兵器を隠し持っているとの予断の下にイラクを空爆。これまた世界一の軍事力を行使してフセイン政権を崩壊させ、穴倉にひとり潜むフセイン元大統領を引きずり出して死刑に処し、イラクのバース社会主義復興党の指導者にすぎなかったサダム・フセインを、あろうことかジハード（イスラム教徒にとっての聖戦）の殉教者に仕立て上げるという愚を犯したのである。

それればかりではない。二〇〇四年十月、アメリカ政府調査団は「開戦時にイラク国内には大量破壊兵器は存在せず、具体的開発計画もなかった」という最終報告書を米議会に提出。さらに二〇〇六年九月には、米上院情報特別委員会が「旧フセイン政権とアルカイダの関係を裏付ける証拠はない」と公表して、米国自身がそれまでの主張を全面否定したのである。

アメリカが憎んでやまないテロはその後、スペインや英国にも広がり、両国とも米国支持の政策の変更を迫られている。

アメリカによるアフガン、イラク両国への軍事攻撃は、田中の予言通りアメリカ自身の行為によって、全世界のイスラム教徒を敵に回す結果を招来したのである。

その後、現在に至るもアメリカはイラクやアフガンから六万人にものぼる軍隊を撤退させることもできず、米兵を狙った自爆テロが今なお頻発し、イラクでは開戦以来すでに四千人もの米兵の命が失われたという。さらにアフガンにせよイラクにせよ、両国民の犠牲者数は一体どれだけの数にのぼるのか、正確な数字は今もって明らかではない。

日本政府は欧米とイラクとの仲介の労をとるどころか、「そんなアメリカの後ばかり追って」(243頁)、引くに引けない米軍への「後方支援」と称してテロ特措法なる法律を作り、イラク南部の都市サマーワへの陸上自衛隊の派遣や、インド洋に展開中の米艦船への燃料補給を続けてきた。

このように「尊大で傲慢なアメリカ」と、それに追随する日本政府への批判は、本書の至る所で展開されている。

対照的なのがアジアに対する田中の思い入れの深さである。彼はアジア情勢についても注目すべき遺言を残した。

「アジア連盟という話ですが、これからのアジアをどう見ますか」という問いかけに、一言のもとに「アジアの前途は洋々としている」と答えたのである。

当時読者の多くは、「アジアの前途は洋々ではなく、むしろ混沌としていると言うべきではないのか」とかなりの懐疑心を抱きつつ、この一節を読んだはずである。少なくとも私自身はそうだった。

中国では華国鋒体制がすでに幕を閉じ、鄧小平が登場し経済の改革開放政策がかなりの成果を挙げつつあることは、本書にも書かれている通りである。だが、中国共産党の独裁体制は依然続いており、二度の天安門事件を経て、中国の前途がそれほど平坦でないことは、大方の読者にとっては自明のことと受け取られていた。

そのほか北朝鮮、カンボジア、ミャンマー、パキスタン、フィリピン、東チモールなど、当時、アジア各地には文字通り争いの火種をかかえた国々が山積しており、田中の発言はあまりに楽観的と受け取られても仕方がない情勢であった。

ところが現在では、中国とインドの二つの大国を中心にアジアは大きな変貌を遂げ、とりわけ経済の成長が著しい。短期的には不安材料があるとはいえ、二つの大国を中心にしたアジアの将来像は、「洋々としている」と表現しても、それほど違和感のない時代が到来しつつあることを、日々私たちは実感している。

とはいえ、彼がそう言ったのはなにもアジアの経済発展だけについて言及したわけではない。それはもっと深い哲学的意味を込めた発言だったのである。

彼の真意は、戦前に自らの命をかけて取り組んだ共産主義を筆頭に、自由主義や社会主義の母体である西洋合理主義そのものが、唯一絶対の神を信じる精神から生れたものであり、その文明がいまや人間や社会や地球そのものを滅ぼそうとしているという点にあった。

いる。「これに対しアジアは二元論、多神論の世界であり、一人の人間にも仏の顔と夜叉の両面があるように、異なるものとの共存が根本にある」、「アジアは多様性にこそその最大の特徴を持っている」――そう主張する田中は、日本が中国やＡＳＥＡＮ諸国を中心とするアジアと、政治、経済、文化、技術などで多面的な連携を強めるべきだと、「アジア連盟」の設立を提唱した。

彼がこうしたアジア観を持つに至る過程で、大きな影響を受けた人物が二人いる。一人は生物・人類学者で探検・登山家としても知られる今西錦司博士であり、もう一人はノーベル経済学賞受賞者のフリードリヒ・フォン・ハイエク教授である。田中は東西両文明を基盤に生れた学問の精髄を究めたこの二人なら、「二十一世紀の人類を救うきっかけを与えてくれるのではないか」と熱い期待を抱き、二人による対談を企画する。

大原総一郎、中山素平、土光敏夫など錚々たる財界人に協力を呼びかけ、自ら勧進元を買って出た田中は、三度にわたりハイエクを日本に招いて、この対談を実現させた。しかし、専門の異なる二人の世界的学者の対話は、残念なことに最後まで嚙み合わなかった。

西堀栄三郎とともにこの対談の実現に尽力した桑原武夫が、ハイエク教授を送る会（一九八一年十一月）で述べた挨拶の中で、二人の碩学の対話の意義と、すれ違いのもつ意味について語った部分を紹介したい。桑原はあらまし次のように語った。

「経済とサル学という異なる分野で世界をリードする二人の学者が、自らの深い専門を捨てることなく、それを超えて哲学するという、二人の優れた思想家の対談であった。しかし三日間に及んだ今回の対談でも、二人の思想の根底には一神教と多神教の世界という、超えることの出来ない違いがあることを痛感した。

そうした現実があり、ご高齢にもかかわらず西洋の一流の学者としてはほとんど特異なといってよいほど、ハイエク先生は東洋の学問と思想の理解に心魂を尽くし、今西君というこれまた特異な思想家を媒介にして理解しようと努められた。だが、二人の思想家が完全に分かりあったというところに達していないというのが、私の正直な感想だ。

お二人が自分の生まれ育った文化圏や社会について、生半可な知識や感覚であるならば脱却できるのだろうが、真面目でまともな思想家であればこそ、それがいかに困難なことであることか。

お二人による対談が、もう一度なされることがお二人にとってのみならず、ややオーバーに言えば世界の文化にとっても、大変必要なことであろうと思う。合理主義への深い理解とフィーリングのないままに、合理主義の時代は終ったなどと、簡単に言うことはいけないと痛感している。

お二人は深いところで対立しつつ、次第に理解へと進みつつあるが、しかし放物線のように永劫に重ならないかもしれない。しかしそうであってもギリギリまでもっていくことが、学界の最高の地位におる学者たちの責任であろうと思う」

情理を尽くした桑原の感懐を踏まえて、二人の学者の対話に世界の未来を賭けようとしていた田中の真意を探っていくと、彼の主張が単なる思い付きなどではなく、近い将来、地球規模で起こるであろう難問に真正面から立ち向かい、その打開策を探ろうとする田中の切迫感のようなものが伝わってくる。

彼は学者を集めて対談を設定しただけで、こと足れりとするような人間ではない。鄧小平やスハルトのもとに自ら足を運んで、日本、中国、インドネシアという三国が中核となって、「アジア連盟」の結成を働きかけてもいる。

もともと田中清玄という人物は、自分が正しいと信じたことについては躊躇なく突き進み、何事であれ即座に、しかも、とことん実行するという性格の持ち主である。

だが、新聞記者だった経験を踏まえて言うのだが、彼のこうした熱意と行動に興味と関心を示した政治家や高級官僚は、私の知る限り皆無である。何より、「私はお二人の対話が噛み合わなかったことこそ、今日もっと検証されるべきだと思っている。なぜなら東西両文明の相互理解と融合こそ、人類社会が直面している危機を乗り越えるために、今なお緊急の課題だと思うからだ」と田中本人が本書の中で語ったことが、それを裏付けている。

ここに登場したすべての人々は、既に世を去ってしまった。いま、残された私たちの前にあるのは、地球温暖化と環境の破壊、民族間の抗争とテロリズムの横行、宇宙空間にまで広がりつつある軍拡競争、遺伝子操作による様々な課題と障害、インターネットによる人間と社会の劇的な変容など、いずれも二十一世紀に入って急速に顕在化した難問の数々である。

「とくにヨーロッパ的現象だが、知識人というのは自分の知識の届く範囲しか理解しようとしない。しかし、人間の知識は限られているから、証明できることしか信じないのは、あまり利口な人間とはいえない」、「私は資本主義という語をあまり使いたくない。資本家に奉仕する経済ではないのだから。マーケット・エコノミー（市場経済）というのも正しくない。正確にはマーケット Catallaxy（カタラクシー）なのだ。カタラクシーは交換するというギリシャ語が語源で、ほかに〝敵を友とする〟という意味もある。それが経済の本質だ」と平明な言葉で知識人と経済の役割を語り、田中の構想に期待を抱かせたハイエク（一九八一年十月二十三日付、毎日新聞朝刊）。

他方「棲み分け理論」の立場から適者生存を唱えたダーウィンを批判し、最後はサル学の祖として家族や社会の起源を探ることで、異なるもの同士の共存を目指した今西錦司。

この二人の対話は、問題の核心にかなりの所まで近づきながら交差することなく宙吊り状態のまま、いまも私たちの前に厳然としてある。

ところで、西洋合理主義がもたらす弊害を中和・無化し、異なるものとの共存と多様性というアジアの特性を融合させることで、二十一世紀の危機を乗り切ろうと田中が考えたことはすでに触れたが、それを実現するために「アジア連盟」の創設という発想を彼が持つに至る上で、重要な役割を果たしたもう一人のキーマンがいる。本書では「オットー大公」として、しばしば登場しているオットー・フォン・ハプスブルクである。

ヨーロッパで最も長く続いた神聖ローマ帝国最後の帝国、すなわちオーストリア・ハンガリー二重帝国最後の皇帝となったカール一世の長男である。第一次大戦で帝国が崩壊するまでは、皇位継承権順位第一位の立場にあった。本書での肩書きはEU議会議員だが、その後一九九九年には議員を引退。現在九十五歳のオットーは今もドイツで健在である。

田中とオットーとの最初の出会いは、一九五七年九月、イタリア・トリノでのことである。二人を引き合わせたのはイタリア・パヴィア大学のブルーノ・レオーニ教授で、トリノで開かれたモンペルラン協会のパーティーの席上だった。

モンペルラン協会は一九四七年にスイスの保養地モンペルランで創立された思想・学術団体である。共産主義と計画経済に反対し、法の下における徹底した自由主義を信奉する思想家・学者たちで構成され、初代会長がハイエク、オットーは名誉会長的存在の有力メンバーだった。

経済学者が中心で、現在までにハイエクを筆頭にミルトン・フリードマン、ゲーリー・ベッカー、バーノン・スミスなど、十人近いメンバーがノーベル経済学賞を受賞している。日本からは五八年に木内信胤、松下正寿、西山千明らが初めてメンバーとして参加。間もなく田中も正式メンバーとして入会が認められている。

その後、一九六二年三月に田中の主宰する二日会がオットー夫妻を初めて日本に招待して以来、九回も来日。逆に田中が欧州へ行くと必ずオットーを訪ねるほど親しい関係になった。本書でも田中は「一九六一年に訪欧した際、オットー大公がクーデンホーフ・カレルギー氏を紹介してくれた。その後、自分がフランクフルトのホテルに滞在していたら、カレルギー氏がわざわざ訪ねて来て「オットー大公が汎ヨーロッパ連盟の会長を引き受けるよう説得してほしい」と頼まれたことがある」（196頁）と語っている。

そもそも、クーデンホーフ・カレルギー家は代々伯爵の肩書きを持ち、ハプスブルク帝国に属するチェコのロンスペルク地方を治める領主で直属の臣下である。その彼がわざわざ田中を頼みごとで訪ねて来るほど、オットーと田中の関係がこの時点で既に深まっていたということを示すエピソードといってよい。

ついでに言えば、終戦直後から田中に仕えて、その人望もあって幾度も田中の危機を救った側近の太田義人は、この頃の田中が何度か欧州行きを繰り返すうちに、元々の紹介者だった木内、松下といった人たちの存在感がいつの間にか薄くなり、オットーがもっぱら田中だけを相手にするようになったことを覚えているという。

結局、オットーがクーデンホーフの跡を継ぐのは一九七二年に伯爵が亡くなってからのことだが、オットーはその後三十二年間にわたり、パンヨーロッパ連盟の二代目議長をつとめたことになる。

注目すべきは、田中がクーデンホーフ・カレルギーとのエピソードの後に続けて、アデナウアー、シュトラウス、ド・ゴール、シューマンなど、世界的に著名な欧州の政治家の名前を挙げながら、「オットー大公の周りにはこういった人たちが集り、汎ヨーロッパ運動の仲間として心血を注いでおられた。私は汎アジア主義者として、日本の、アジアの復興はどうしたらいいか、事業家としていろいろ取り組んでいた頃だから、この運動には大きな関心を抱いていたのです」と語ったことである。

汎ヨーロッパ運動とは第一次大戦の直後に、クーデンホーフ・カレルギーが自著『パン・オイローパ』で提唱したもので、現在のEUにまでつながる思想の源流である。「ヨーロッパを一つに」という発想そのものは、中世以来欧州になかったわけではないが、ヨーロッパ統合を最初に政治運動として実践したのはクーデンホーフ・カレルギーである。

彼の狙いは第一次大戦で台頭したアメリカから国際社会におけるヘゲモニーを取り戻すことに加え、ソ連への警戒心があった。それ以上にクーデンホーフ・カレルギーが重視したのは、国境を接して多くの国と民族が存在する欧州でうち続いた戦争が、科学技術の進歩によってそれまでとは比較にならぬほどの惨禍をもたらすことへの悲憤があった。異なる国家と民族間に起こる憎しみの連鎖を断ち切るにはどうすればよいのか。

母親が日本人だったクーデンホーフ・カレルギーにとって、調和を尊ぶ日本人の知恵が一方のベースになり、そこに「異なる民族同士の共存」というハプスブルク帝国の伝統が加わって、二十一世紀に通用する普遍性をもたらしたのだと思う。

田中が亡くなって六年後の一九九九年秋、長男・俊太郎らの招きで来日したオットー夫妻の歓迎パーティーで、オットーは次のように挨拶した。

「前回の九一年末の日本訪問は、友人である田中清玄氏の招きによるものだった。彼と知り合ったのはたいそう昔の出来事だ。良き友人として、互いに切磋琢磨してきたのは幸せだった。

私はリヒャルト・クーデンホーフ・カレルギー伯爵を良く知る一人だ。彼の体に流れていた血ゆえにこそ、彼は欧州統一の必要に目覚めた。彼の母ミツコがもたらした仕事とも言えると考えれば、欧州と日本にとってクーデンホーフ・カレルギー伯爵とその母親は友好のシンボルである。

欧州の統一は一九八九年八月、ハンガリーのショプロンという村で起きた出来事によって、それがまたベルリンの壁の崩壊に結びつくことによって形を整えた。そのきっかけとなった「パンヨーロッパ・ピクニック」について、今欧州で思い出す人は少ない。ところが最も事実に忠実に、最も感動的にその出来事を描いたのは、実は日本だったのである。私はＮＨＫのドキュメンタリービデオを見て、最もよく真実を伝えていると確信した。

今ここにこうして私たちがつどっていることは、考えてみれば今は亡き田中清玄のおかげというほかはない」

「パンヨーロッパ・ピクニック」とは、二十世紀最後の世界史的出来事となったベルリンの壁の崩壊を誘発するきっかけとなったとは信じられないほど、それはまことにささやかなエピソードとして始まった。

壁の崩壊のわずか三カ月ほど前の夏に、ショプロンで数百人の旧東独からの旅行者達が、東西を隔てる長大な有刺鉄線のほんの一部を切断して、まるで裏木戸でも開けて出て行くように、オーストリアつまり西側へと逃れ、それがきっかけとなって最後には怒濤のような巨大なエネルギーを生み出した運動である。

「パンヨーロッパ連盟」と「ハプスブルク家」主催のピクニックに名を借りて、共産主義の息の根を止める最初の一撃という名誉ある役割をになったこの出来事を、企画、実行したのはオットー一家とハンガリーの市民団体であった。むろんハンガリー政府との綿密にして周到な打合せがあってのことである。

思えば第一次世界大戦に敗れ、七百年にわたって続いたハプスブルク帝国が崩壊して、両親や弟たちとともに祖国オーストリアを追われたのは、オットーがわずか六歳のときである。その後、一家は文字通り流浪の民のように欧米各地で亡命生活を余儀なくされた。

オットーは一九九二年にウィーンで刊行されたある本の中でインタビューに応え、「私の全人生はある勢力、多くの人はそれに打ち勝つことは不可能であろうと思った勢力との戦いで成り立っています」と語った。一つはヒトラーとの戦い、もう一つは「鉄のカーテンとの戦い」、すなわち共産主義との戦いである。後者については既に触れたので、前者について説明したい。

第二次大戦の前年、ヒトラーはオーストリア併合に際し極秘作戦を立てるが、その暗号名を「オットー作戦」と名付けた。ヒトラーにとって弱冠二十六歳のオットーは、当時のオーストリア共和国首相シュシュニックよりもはるかに手ごわい存在であり、何よりもナチに敵対する同国内で唯一の勢力、すなわち正統主義者達のシンボル的存在であったからだ。

しかも亡命先にありながら、オットーは政治的迫害にさらされている故国のユダヤ人、さらには政治的や人種的迫害を受けている人々を救うために、寸暇を惜しんで活動を続けたのである。併合から一カ月後、ヒトラーは全土にオットーの手配書を作って配布させたが、彼はナチの目を巧みにかいくぐり、祖国の防衛とレジスタンス運動に関わりながら戦後を迎えたのである。

田中からさんざん「オットー大公」について聞かされて来た私は、その後、東西を隔てていても修羅場をかいくぐり、狂瀾怒濤の二十世紀を生き抜いて来た二人の男の出会いは、一つの必然ではないかと思うようになった。そこで九九年のオットー来日に際し、「生前、田中さんは日本国内で必ずしも正当に評価されていたわけではなく、誤解された点も少なからずありましたが、オットー大公は清玄さんについてどのような印象をお持ちですか」と尋ねてみた。以下は彼の答えである。

「第一に田中さんは偉大な愛国者でした。私は愛国者が大好きです。第二に田中さんは「日本のために」という強い精神の持ち主でした。私も同じ精神の持ち主です。第二次世界大戦の前から、私は日本に対して畏敬の念を持っておりました。日本の発展には名誉、勇気、礼節といった要素が重要な役割を果しましたが、このような高邁で道徳的な価値観が、田中さんの人格形成にも非常に重要な役割を果たしていると思います。

田中さんの考え方が必ずしも受け入れられないことが多かったことは、私もよく知っております。人と対立した意見を持たない人は、そもそも自分自身の意見というものを持たない人なのです」

単行本がのちに文庫版として復刊される場合の「あとがき」は、文章も短く内容もきわめて簡素なことが通例である。今回の「あとがき」が異例に長く、内容も多岐にわたっている ことに奇異の感を持たれたとしたら、私の非力《ひりき》のためでありお詫び申し上げたい。ただ、ものを書くことをなりわいとしてきた一人としては、どうしてもこれだけは書いておきたいという、内側から突き上げてくるような思いに駆られることが、時にはあることを分かっていただきたいと思う。

私にとっては田中清玄という人間がまさにそうであった。右翼かと思えば左翼のようでもあり、ナショナリストかと思えば反対に抜群の国際的センスと超一流の人脈を持った人物だった。毀誉褒貶がこれほど激しい人物も珍しい。

なぜそんなに世間の評価が分かれるほどの人物に、自分は多大な興味と関心を抱いたのか。逆に言えば、ほんの少しばかりのことを聞くために行っただけの自分に、田中はなぜあんなにも沢山のことを語ったのだろうか。こうした疑問について、とつおいつ思案するうちに、ずいぶん昔のある体験に思い至った。以下はいささか私事に類することだが、お許し願いたい。

まだ学生の頃、大学の授業に飽き足らず、中国文学者の竹内好が主宰する「中国の会」に入会し、毎月一回の例会を楽しみに通ううち、神田にあった事務局の手伝いをするようになった。会は十年ほど続き、日中国交正常化がなった一九七二年に事実上閉じられたので、今ではこの会に言及する人も少なくなってしまった。

メンバーは野原四郎、尾崎秀樹、橋川文三、藤田省三、今井清一など論客ぞろいで、例会ごとに著名人が招かれて、直接その人たちの話を聞くのが楽しみだった。鶴見俊輔が頭山満の話をしたり、武田泰淳が文化大革命について論じ、伊藤武雄が満鉄調査部や中江丑吉について話すなど、知的刺激に満ちた時間は大学では得られぬ貴重なものであった。

卒業して新聞記者となり関西に住むことになったため、竹内の謦咳に接した期間はわずか四年足らずのことに過ぎない。しかし、私にとり竹内は他の学者や評論家とはまったく異なる知識人に思われた。己の過去の言説に頬かむりをし、時流に迎合することの少なくない学者や文筆家の世界にあって、彼は徹底して自らの過去の言説にこだわり、戦後はそれを基点にしながら日本とアジアとの関係に新たな地平を拓くため、あえて苦闘を求めるようなタイプの知識人であった。

会には「とりきめ」があり、その第六項目には「日中問題を日本人の立場で考える」と書かれていた。竹内の思想の根底にナショナリズムが深く根を張っていることが分かる。その具体的表れが「大東亜戦争と我等の決意（宣言）」と題する論文である。昭和十六年十二月八日、真珠湾攻撃の報を聞いて即日彼が書き上げたと言われるこの宣言文は、武田泰淳らと作った中国文学研究会発行の雑誌『中国文学』に掲載された。

「歴史は作られた。世界は一夜にして変貌した。われらは目のあたりにそれを見た」という簡潔な文章で始まるこの宣言は、明治以降の西欧列強に対するアジアの抵抗戦争をわが日本が担い、東亜に新秩序を布き、アジア民族を解放するために日本が立ち上がったことへの感動を率直に綴ったもので、ナショナリスト竹内の真面目が表出した記念すべき文章といってよい。だが、彼は単純に大東亜戦争の開始を喜んだわけではない。
「率直に云えば、われらは支那事変に対して、にわかに同じがたい感情があった。（中略）わが日本は、東亜建設の美名に隠れて弱いものいじめをするのではないかと今の今まで疑ってきたのである」と、開戦に至るまでの疑念を正直に吐露してもいた。竹内にしてみれば、そう付け加えることで、いわば大日本帝国に釘を刺す狙いもあったと思われる。しかし、そうした彼の試みは完全に裏切られる。

この宣言文が書かれてから、ほぼ二十年後の一九六〇年一月、竹内は国際基督教大学アジア文化研究委員会主催の「思想史方法論講座」で、「対象としてのアジアと方法としてのアジア」と題して講演を行なった。

その中で彼は、会場から、戦後日本の教育制度に関連して「西欧的な個人を前提にして民主主義のルールを持ち込んだことが得策であったのかどうか。むしろ西欧的なものの跡を追わないで、アジア的な原理を基礎におくべきではなかったか」との意見が示されたことに対し、「人間類型としては、私は区別を認めないのです。人間は全部同じであるという前提に立ちたいのです」と答えた上で、西洋と東洋とのあるべき関係について、実に興味深いことを話している。

西洋が東洋に侵略する、それに対する抵抗がおこる、という関係で、世界が均質化すると考えるのが、いま流行のトインビーなんかの考えですが、これにもやっぱり西洋的な限界がある。現代のアジア人が考えていることはそうでなくて、西欧的な優れた文化価値を、より大規模に実現するために、西洋をもう一度東洋によって包み直す、逆に西洋自身をこちらから変革する、この文化的な巻返し、あるいは価値の上の巻返しによって普遍性をつくり出す。東洋の力が西洋の生み出した普遍的な価値をより高めるために西洋を変革する。これが東対西の今の問題点になっている。これは政治上の問題であると同時に文化上の問題である。日本人もそういう構想をもたなければならない。(『竹内好全集　第五巻』114―115頁　筑摩書房)

田中が企図したことと、竹内がここで言わんとしたこととの暗合について、考えてみないわけにはいかないが、田中が竹内のこの文章を読んでいたとはとても思われない。前に触れたように田中は読書や思索よりも、行動が先行する人間だからである。そもそも田中と竹内とは、性格もたどった人生も、まったくと言ってよいほど共通するところがない。強いて挙げるとすれば六〇年安保で反岸を鮮明にして、安保反対運動に深く関わったことぐらいだが、そのことに関して二人の間に何らかの接点があったとも思えない。せいぜい、左からは右と見られ、右からは左と見られたことぐらいが、二人の共通点と言えば言えようか。

それにしても人間とは合理性だけでは割り切れぬ、なんとも不思議な存在だと改めて思う。先に田中とオットーとの出会いを「一つの必然ではないか」と表現したが、私自身と田中との出会いにも、いま同じ表現を使いたい欲求を抑えきれないでいる。

これもいささか因縁話めくが、今回『田中清玄自伝』が『竹内好全集』の出版元である筑摩書房から文庫として復刊されることとなり、本当に嬉しい限りである。

さらに田中家の長男・俊太郎氏、次男・愛治氏には前回同様、一方《ひとかた》ならぬお世話になったことに改めて謝意を表したい。

最後にこのような長い「あとがき」を書くわがままを許してくださった、ちくま文庫編集部の湯原法史氏には、なんともお礼の申し上げようもない。

二〇〇八年三月十八日

関係略年譜（太字は本人に関する事柄）

年	月日	出来事
1906年 (明治39)	3月5日	**北海道亀田郡七飯村大字七飯字鳴川十二番地に田中幸助、愛子夫妻の長男として生まれる。父は逓信局に勤務していた**
1912年	7月30日	大正と改元
1918年	4月	**函館中学（旧制）入学**
1922年	7月15日	日本共産党、非合法に結成。堺利彦委員長
1923年	6月5日	堺利彦ら検挙（第一次共産党事件）
	9月1日	関東大震災
	9月16日	大杉栄、伊藤野枝ら甘粕憲兵大尉らによって殺害される
1924年	4月	**弘前高校（旧制）入学**
1925年		東北学生連盟結成
	4月22日	治安維持法公布
	10月15日	小樽高商軍事教練事件
1926年	12月4日	山形県五色温泉で日本共産党再建大会
	12月25日	昭和と改元
1927年	4月	**東京帝大文学部美学科入学。新人会にも加わる**
	7月15日	コミンテルン、二七年テーゼを決定。君主（天皇）制廃止をスローガンとして掲げる
1928年	2月20日	最初の普通選挙
	3月15日	**全国で共産党員の一斉検挙。本富士署に引致されるがすぐ釈放**
	3月21日	**共産党入党**
	6月4日	関東軍、張作霖を爆殺
	10月	**横浜磯子署に検挙されるが脱走**
1929年	4月16日	全国で共産党員の一斉検挙。共産党は壊滅的打撃を受ける
	6月	佐野博と共産党再建活動を始める
	11月22日	新人会解散

年月日		出来事
1930年	1月	**和歌山・二里ヶ浜で共産党再建大会。再建ビューローの中心となる。3、4月ごろコミンテルンにより正式に再建が認められる。書記長として武装方針をとり、警官隊と拳銃などでわたりあう**
	2月5日	**母・愛子割腹自殺**
	2月下旬	**小宮山ひで検挙**
	5月	**コミンテルンとの協議のため上海へ密航**
	7月14日	**治安維持法違反容疑で逮捕。公判で無期懲役を宣告される**
1931年	9月18日	満州事変勃発
1932年	2～3月	血盟団員により井上準之助前蔵相、団琢磨三井合名理事長が暗殺される。3月11日、血盟団主井上日召自首
	5月15日	五・一五事件
	7月10日	コミンテルン、三二年テーゼを決定。天皇制廃止を改めて主張
1933年	6月7日	佐野学、鍋山貞親、獄中で転向声明発表
	9月	**小宮山ひでと獄中結婚**
1934年	3月	**転向声明**
1936年	2月26日	二・二六事件
1937年	7月7日	日華事変勃発
1941年	4月29日	**紀元二千六百年の恩赦で仮出獄**
	6月	**三島・龍沢寺に入山、参禅**
	12月8日	太平洋戦争勃発
1943年	9月8日	**長男・俊太郎誕生**
1945年	1月	**神中組（のち三幸建設と改称）設立**
	4月7日	鈴木貫太郎内閣成立
	8月15日	日本、連合国に無条件降伏
	12月21日	**昭和天皇に拝謁**
1948年	6月12日	**長女・喜代子誕生**

年	月日	出来事
1949年	12月	**GHQ・アーモンド参謀長主催のパーティーで朝鮮戦争を予言**
1950年	6月25日	朝鮮戦争勃発
1951年	9月8日	対日講和条約調印（52年4月28日発効）
	11月17日	**次男・愛治誕生**
1955年		**タイを訪問**
1957年		**イタリア・トリノでのモンペルラン協会に出席し、初めてオットー大公に会う**
		ピブン・ソングラムが日本亡命
1960年	1月18日	**全学連主流派（反日共系）幹部と接触**
	6月15日	全学連主流派、国会突入を図り警官隊と衝突。
1961年		**モンペルラン協会に入会。クウェート訪問**
	2月1日	深沢七郎『風流夢譚』に怒った右翼少年が嶋中中央公論社長の自宅を襲い女性二人を殺傷（嶋中事件）
	6月3日	山本玄峰老師遷化
1963年	初夏	**「麻薬追放・国土浄化連盟」を作る**
	11月9日	**東声会組員に狙撃される**
1965年	9月30日	インドネシアの共産党武装蜂起失敗
1967年		**アブダビのシェイクザイド国王と会見**
1969年		**アラブ諸国を十三回訪問**
1970年	9月	**アブダビのシェイクザイド国王と会見**
	12月2日	**胃癌のため胃の五分の四を切除**
1971年	4月	**インドネシア訪問**
	7月	**欧州訪問**
	12月2日	アラブ首長国連邦独立
1972年	9月29日	日中国交正常化
1973年	9月26日	**田中角栄首相訪欧に土光経団連会長らと同行。北海油田開発問題で尽力するが失敗**
	10月23日	国際石油資本、産油国が相次いで原油価格をひきあげる。第一次石油危機の始まり

年	月日	出来事
1974年	2月6日	パレスチナ解放人民戦線の武装ゲリラがクウェートの日本大使館を占拠し大使らを人質にする
	2月10日	**ハイエク教授のノーベル賞授賞式でパートナー役をつとめる**
	4月24日	ブラント西独首相の秘書ギョームがスパイ容疑で検挙
1976年	5月	**総合人間科学研究会を設立**
	7月27日	田中角栄前首相、外為法違反容疑で逮捕（ロッキード事件）
1979年	1月17日	国際石油資本、対日原油供給削減を通知。第二次石油危機
1980年	4月14日	**五十年ぶりに訪中し鄧小平と会見。以後、六回訪中**
	6月3日	**インドネシアのスハルト大統領と会談**
1989年	1月7日	平成と改元
1991年	6月	**心臓を手術**
	12月4日	**オットー大公とともに宮沢首相と会見**
1992年	10月23日	天皇、皇后訪中
	12月27日	野坂参三、山本懸蔵を密告し無実の罪に陥れたかどで共産党を除名
1993年	1月	**白内障を手術**
	12月10日	**脳梗塞で死去。87歳。**
1999年	8月9日	**妻ひで死去。91歳。**

＊本書は一九九三年九月、文藝春秋から刊行された。底本としたのは、その第九刷である。
＊＊本書のなかには、人種・民族や風習・風俗、職業、性別また精神的・身体的障害などに関して、今日の人権意識に照らして不当・不適切な語句や表現がある。これらのことについては、インタビューされた著者が故人であること、また作品の発表された時代的背景にかんがみ、そのままとした。

責任　ラバウルの将軍今村均　角田房子
ラバウルの軍司令官・今村均。軍部内の複雑な関係、戦地、そして戦犯としての服役。戦争の時代を生きた人間の苦悩を描き出す。（保阪正康）

東條英機と天皇の時代　保阪正康
日本の現代史上、避けて通ることの出来ない存在である東條英機。軍人から戦争指導者へ、そして極東裁判に至る生涯を通して、昭和期日本の実像に迫る。

〈敗戦〉と日本人　保阪正康
昭和二十年七、八月、日本では何が起きていたか。歴史的決断が下されるまでと、その後の真相を貴重な史料と証言で読みといた、入魂の書き下ろし。

巨魁　岩川隆
戦後日本を作り上げた「昭和の妖怪」岸信介とは何者か。注目の政治家安倍晋三は孫にして後継者。日本の未来を占う必読書。（猪瀬直樹）

大政翼賛会前後　杉森久英
戦前昭和史の全体主義的な気分を象徴する大政翼賛会とは何だったのか。崩壊に至る過程を体験した著者が、その真実を解き明かす。（粕谷一希）

武士の娘　杉本鉞子　大岩美代訳
明治維新期に越後の家に生まれ、厳格なしつけと礼儀作法を身につけた少女が開化期の息吹にふれて渡米、近代的女性となるまでの傑作自伝。

新・武士道論　俵木浩太郎
孔子に端を発し、松尾芭蕉を育み、明治にあってなお福澤諭吉が讃えた武士道とは何か。その現れを日本史の中にたどり、和魂の再生を考える。

日本の右翼　猪野健治
憂国の士か？　テロリストか？　右翼とはそもそも何なのか？　思想、歴史、人物など、その概容を知るための絶好の書。（鈴木邦男）

三代目山口組　猪野健治
山口組の全国制覇を成し遂げた三代目・田岡一雄。事業への進出、政財界との関係、そして、抗争と和解、その軌跡をたどる。（山之内幸夫）

右翼・行動の論理　猪野健治編
保守化が進行する今こそ、右翼の発言に耳を傾けてみたい。故野村秋介、衛藤豊久、阿形充規、蜷川正大ら運動家たちが思想と心情を大胆に語る。

昭和史探索1 半藤一利編著

「大正」の重い遺産を負いつつ、昭和天皇は即位する。金融恐慌、東方会議（昭和二年）、張作霖爆殺事件（三年）、濱口雄幸内閣の船出（四年）まで。

昭和史探索2 半藤一利編著

ロンドン海軍軍縮条約、統帥権干犯問題、五・一五事件、満州国建国、国際連盟の脱退など、戦争への道すじが顕わになる昭和五年から八年を探索する。

昭和史探索3 半藤一利編著

通称「陸パン」と呼ばれる「陸軍パンフレット」の波紋、天皇機関説問題、そして二・二六事件――昭和九年から十一年は、まさに激動の年月であった。

昭和史探索4 半藤一利編著

「腹切り問答」による広田内閣総辞職、国家総動員法の成立、ノモンハン事件など戦線拡大……。昭和十二年から十四年は、戦時体制の確立期と言えよう。

昭和史探索5 半藤一利編著

天皇の憂慮も空しく三国同盟が締結され、必死の和平工作も功を奏さず、遂に「真珠湾の日」を迎えることとなった、昭和十五―十六年を詳細に追究する。

昭和史探索6 半藤一利編著

運命を分けたミッドウエーの海戦、ガダルカナルの激闘、レイテ島、沖縄戦……戦闘記録を中心に太平洋戦争の実態を探索するシリーズ完結篇。

昭和史残日録 1926―45 半藤一利

昭和天皇即位から敗戦まで……激動の歴史の中で飛び出した名言・珍言。その背景のエピソードと記憶すべき日付を集大成した日めくり昭和史。

昭和史残日録 戦後篇 半藤一利

昭和史の記憶に残すべき日々を記録した好評のシリーズ、戦後篇。天皇のマッカーサー訪問からベトナム戦争終結までを詳細に追う。

第二次大戦とは何だったのか 福田和也

第二次大戦は数名の指導者の決断によって進められた。グローバリズムによって世界の凝集と拡散が進む今日、歴史の教訓を描き出す。（斎藤健）

軍事学入門 別宮暖朗

「開戦法規」や「戦争（作戦）計画」、「動員とは何か」、「勝敗の決まり方」など〝軍事の常識〟を史実に沿って解き明かす。（住川碧）

「戦争」に強くなる本　林信吾
「戦争」を避けるためには「戦争」をよく知る以外にない。アジア太平洋戦争についての基礎から応用篇までを、ブックガイドを通して読み解く入門書。

東京の戦争　吉村昭
東京初空襲の米軍機に遭遇した話、寄席に通った話。少年の目に映った戦時下・戦後の庶民生活を活き活きと描く珠玉の回想記。（小林信彦）

スパイと言われた外交官　工藤美代子
投身自殺をした日本生まれのカナダの外交官。死因は謎含みだった。幾多の資料を解読し、ノーマンスパイ説の真相に迫る。（深田祐介）

文化防衛論　三島由紀夫
「最後に護るべき日本」とは何か。戦後文化が爛熟した一九六九年に刊行され、各界の論議を呼んだ三島由紀夫の論理と行動の書。（福田和也）

戦中派虫けら日記　山田風太郎
〈嘘はつくまい。嘘の日記は無意味である〉戦時下、明日の希望もなく、心身ともに飢餓状態にあった若き風太郎の心の叫び。（久世光彦）

同日同刻　山田風太郎
太平洋戦争中、人々は何を考えどう行動していたのか。敵味方の指導者、軍人、兵士、民衆の姿を膨大な資料を基に再現。（高井有一）

増補　司馬遼太郎の「場所」　松本健一
司馬遼太郎は日本人の自己イメージに決定的な影響を与えた。小説、随筆、紀行文など多彩な司馬作品を読みとき、その光源に迫る。（阿木津英）

明治を生きた会津人　山川健次郎の生涯　星亮一
戊辰戦争後の苦難を嘗めた山川健次郎は、後に帝大総長となり近代教育の礎を築く。終生会津人の魂を持ち続けたその生涯を描く。（有馬朗人）

天皇百話（上）　鶴見俊輔／中川六平編
史上最長の在位を記録し、激動の時代の波をくぐりぬけた天皇裕仁の歩みをエピソードで綴るアンソロジーであり、「昭和史」でもある。（鶴見俊輔）

天皇百話（下）　鶴見俊輔／中川六平編
上巻では、天皇の誕生から昭和二十年八月十五日まで、下巻では戦後の歩みをまとめる。皇族側近から庶民まで、幅広く話を集めた。（中川六平）

ちくま文庫

田《た》中《なか》清《せい》玄《げん》自《じ》伝《でん》

二〇〇八年五月十日　第一刷発行
二〇一一年七月十日　第四刷発行

著　者　田中清玄（たなか・せいげん）
　　　　大須賀瑞夫（おおすが・みずお）

発行者　熊沢敏之
発行所　株式会社　筑摩書房
東京都台東区蔵前二―五―三　〒一一一―八七五五
振替〇〇一六〇―八―四一二三

装幀者　安野光雅
印刷所　中央精版印刷株式会社
製本所　中央精版印刷株式会社

乱丁・落丁本の場合は、左記宛にご送付下さい。
送料小社負担でお取り替えいたします。
ご注文・お問い合わせも左記へお願いします。
筑摩書房サービスセンター
埼玉県さいたま市北区櫛引町二―六〇四　〒三三一―八五〇七
電話番号　〇四八―六五一―〇〇五三

ISBN978-4-480-42440-2 C0123